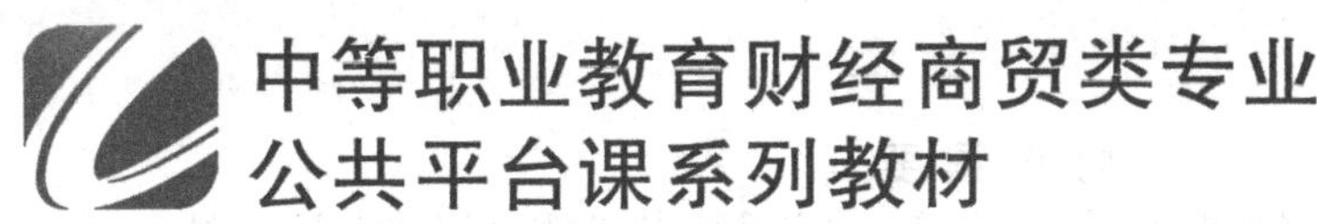

会计基础

KUAIJI JICHU

◎主　编　陈玲霞

◎副主编　徐凌静

重庆大学出版社

内 容 提 要

按照教育部人才培养模式的要求，以培养社会需要的应用型、技能型专门人才为目标，结合新企业会计准则，全书共分为5个模块，包括会计凭证的填制与审核、账簿的设置与登记、财产物资的清查与处理、会计报表的编制与分析、会计综合工作及模拟实训。前4个模块为单项工作，最后一个为综合工作。每个模块下又分为若干个任务，共12个任务，并都附有相应的实训练习，有利于学生会计基本技能的训练和提高。

本书可作为中等职业学校财经商贸类专业的教材，也可作为相关专业及会计行业从业人员的参考用书。

图书在版编目(CIP)数据

会计基础/陈玲霞主编.—重庆：重庆大学出版社，2009.9(2018.8重印)
(中等职业教育财经商贸类专业公共平台课系列教材)
ISBN 978-7-5624-5053-5

Ⅰ.会… Ⅱ.陈… Ⅲ.会计学—专业学校—教材 Ⅳ.F230

中国版本图书馆CIP数据核字(2009)第146107号

中等职业教育财经商贸类专业公共平台课系列教材
会计基础
主　编　陈玲霞
副主编　徐凌静
责任编辑：江欣蔚　　版式设计：汤　立
责任校对：任卓惠　　责任印制：张　策
*
重庆大学出版社出版发行
出版人：易树平
社址：重庆市沙坪坝区大学城西路21号
邮编：401331
电话：(023) 88617190　88617185(中小学)
传真：(023) 88617186　88617166
网址：http://www.cqup.com.cn
邮箱：fxk@cqup.com.cn (营销中心)
全国新华书店经销
POD：重庆新生代彩印技术有限公司
*
开本：720mm×960mm　1/16　印张：20　字数：363千
2009年9月第1版　2018年8月第3次印刷
ISBN 978-7-5624-5053-5　定价：49.00元

编委会

总序

随着经济的不断发展，中等职业学校财经商贸类专业的毕业生，就业岗位群发生了巨大的变化。近几年来，对毕业生的跟踪调查表明，财经商贸类专业毕业生就业岗位群趋同性严重，就业岗位主要集中在会计、收银员、出纳、财务文员、银行柜员、证券柜员、跟单员、营销业务员等基础性的一线服务工作。本套财经商贸类专业公共平台课程系列教材，包括公共关系基础、商务文书基础、企业管理基础、纳税常识、经济法基础、会计基础、统计基础、金融基础、市场营销、商务礼仪、电子商务基础、财经职业技能训练等12门课程的教材。

公共平台课程注重职业岗位群所需要的最核心、最基本的知识和技能，以培养学生综合职业能力为目标，以工作(学习)任务的完成为主线，以实践活动为中心，理论与实践通过工作过程中典型工作任务的完成为载体，达到有实际内涵的一体化。

本套教材在栏目设计上别具匠心，重视职业情景的创设，有利于小组学习的开展，任务目标明确，通过“导入语”栏目，如对话、故事、案例等，生动有趣，迅速吸引学生注意力和求知欲望，“学一学”和“做一做”栏目，通过实训及体验性活动达到教与学的双向交流，提升学生自主学习能力，“议一议”(知识拓展与链接)提出学生独立思考后提高进阶的问题，也可以作为学生课堂讨论的拓展课题。

栏目设计思路改变了过去知识传授型的教学组织方式,以适合学生在自主、合作学习的过程中展开教学活动的组织,聚焦于学,体现了以学生为主体的新课改精神。

本套教材由广州市旅游商贸职业学校付红星担任编委会主任,各书主编担任编委会委员。本套教材适用于中等职业学校学历教育,也可用于社会培训。随教材配套的有教学光盘、PPT 课件、教案等教学资源,供老师教学时使用,相关教学资源可在重庆大学出版社教学资源网上免费下载。

本套教材的编写得到了全国众多国家级重点中职学校的积极支持和参与,在此表示衷心的感谢!书中不足之处,敬请广大读者批评指正,以便我们及时修订完善。

编委会

2009 年 8 月

前言

一直以来，人们似乎习惯于会计类教材四平八稳式的严谨、不苟言笑的肃然，专业与通俗之间犹如存在着一道鸿沟。初学者想亲近，却实在不知道冲着哪段文字展开笑脸。当你掀开本书的面纱时，你一定会感到会计的学习原来有很多的乐趣。于是，我们便希望将这种乐趣尽快地传达给更多的初学者。

与现行已出版的同类教材相比，本书主要有以下特色：

1. 采用任务驱动的编写思路，从认识原始凭证入手，运用通俗易懂的文字表达方式，由浅入深，使学生用更好的学习方法，掌握更多的知识内容。

2. 选取中小企业典型经济业务作为教材中的学习、训练内容，以实践性的问题引领学生的学习，培养学生解决实际问题的能力。

3. 融“教、学、做”为一体，强调理论与实践的统一，突出会计工作的过程，培养学生的综合职业能力。

通过本书的学习，力图使学生掌握以下能力：运用会计要素及会计等式，分析企业日常经济业务的能力；通过填写或审核原始凭证，编制记账凭证，登记账簿，具有简单的记账和算账能力；能看懂会计报表，并通过分析懂得企业管理的能力。

本书由武汉市财政学校陈玲霞担任主编和总纂，成都铁路运输学校徐凌静担任副主编。具体分工是：武汉市财贸学校秦丽华负责编写任务1、任务2；武汉市财政学校陈玲霞负责编写任务3、任务10、任务

11和任务12；成都铁路运输学校徐凌静负责编写任务4、任务5和任务6；贵州省物资学校任丁汀负责编写任务7；武汉市财政学校余惠琴负责编写任务8、任务9。

本书建议课时72时，具体分配如下，请参考：

模块	任务名称	主要内容	学时
会计凭证的填制与审核	1. 原始凭证的填制与审核	支票、各种银行的结算单证、各种发票、差旅费的有关单据、入库单、出库单等常见的原始凭证	6
	2. 记账凭证的填制与审核	会计的含义及其基本职能 会计要素及其关系、会计等式 会计科目与账户 借贷记账法 记账凭证的填制与审核	14
	3. 认识工业企业主要经济业务及其核算	资金筹集 供应过程 生产过程 销售过程 利润的形成与分配 账户的试算平衡、科目汇总	14
账簿的设置与登记	4. 账簿的设置、登记	各种账簿的设置、登记	6
	5. 对账、结账	各种账簿的对账、结账	2
	6. 错账更正	错账的更正	2
财产物资的清查与处理	7. 财产物资清查与处理	盘存制度 清查的方法 清查结果的处理	6
		库存现金的清查 银行存款日记账与银行对账单 银行存款余额调节表	

续表

模块	任务名称	主要内容	学时
会计报表的编制与分析	8. 编制资产负债表	财务报告 编报要求 资产负债表的编制方法及其实例	6
	9. 编制利润表	利润表的结构内容 利润表的编制方法及其实例	2
会计综合工作及模拟实训	10. 账务处理程序	记账凭证核算程序 科目汇总表核算程序	2
	11. 会计工作的组织与管理	会计凭证的传递、会计凭证的装订 会计账簿的装订	1
		会计机构与会计人员 会计法规	1
	12. 基础会计综合模拟实训	根据小型工业企业一个月的经济业务，完成从填制和审核会计凭证、登记会计账簿，编制会计报表等会计核算的全过程，业务内容不超过30笔	10

本书可作为中等职业教育学校财经商贸类专业的教材，也可作为相关专业学习的参考书，以及从事相关专业工作的在职人员进行培训的辅导用书。

本书是对会计类教材进行任务化改革的一次创新，由于时间仓促，加之编者水平有限，不足之处在所难免，欢迎广大读者批评指正。

编　者

2009 年 6 月

目 录

任务 11 会计工作的组织与管理

任务 12 基础会计综合模拟实训

参考文献

任务 1
原始凭证的填制与审核

任务目标

1. 学会填写常用的原始凭证；
2. 能读懂原始凭证中反映的经济信息；
3. 学会审核简单的原始凭证。

学时建议

6 课时

【导学语】

你知道什么是原始凭证吗？原始凭证对会计职业来说很重要吗？

曹师傅的烦心事

五一节前，湖北荆州司机曹师傅驾驶货车先后3次经过十堰收费站，拿到了3张车辆通行费专用收据，回去之后，曹师傅拿着这3张收费发票去报销，可会计一看票据硬是不给报，为此他还和会计产生了言语上的冲突，双方闹得很不愉快。

到底是什么原因会计不同意给曹师傅报销呢？乍一看，这3张发票并没有什么问题，两张90元的和一张50元的，而且财务章和十堰公路管理处章都有。但拿着与其他高速公路车辆通行发票作了比较后发现，盖在湖北省财政票据监制章下的“收据联”变成了“存根联”。

事后经收费站刘站长调查证实，原来是负责票据印刷的公司把这些发票印错了，印章下面的字印成了“存根”，但上面盖有税务和财务专用章，发票本身绝对是真的。情况搞清后，他们和票据印刷公司的人连夜赶到荆州去，给曹师傅换上等值的印有“收据联”的发票，并聘曹师傅为他们的行风监督员。刘站长最后表示，过路司机拿到类似发票需要解决的，他们和票据印刷公司会尽力妥善处理。

看完这个故事，大家一定觉得会计工作很了不起吧！任何单位发生的各项经济业务都会以各种各样的书面凭证形式记录下来，而会计人员则要对这些凭证进行详细审核，并加工处理成会计信息提供出来，为企业经营管理服务。

那么这些记录经济业务的原始凭证是怎样填制的，会计又将如何对它们进行处理呢？学完本门课程你就会对会计日常的工作有一个全面的认识和了解。还等什么，快跟我来吧！

【学一学】

1.1 认识原始凭证

任何一项经济业务的发生都要取得相应的凭证，否则口说无凭。原始凭证是在经济业务发生或完成时取得或填制的，一般由发生经济业务单位的经办人员填写，其中大部分由企事业单位的业务经办人员填写，少部分由会计人员填写。但不管是不是会计填写的，与本单位相关的原始凭证最终都要经过会计的审核，确认无误后方能作为记账的依据。

1.1.1　原始凭证的概念

原始凭证又称单据，是在经济业务发生或完成时取得或填制的，用以记录或证明经济业务的发生或完成情况的文字凭证。如借款单、发货票、委托银行收款的结算凭证、收料单等。

值得注意的是，原始凭证是证实经济业务真实发生的凭据，因此，凡是不能证明经济业务已经发生或完成的各种单据，均不能作为进行会计核算的原始凭证，如购货合同、请购单、对账单等。

原始凭证的作用如下：

①记录经济业务的具体内容；

②证明经济业务已经发生或完成；

③用来明确经济责任；

④用于会计记账的原始依据。

1.1.2　原始凭证的种类

企业、行政事业单位的经济活动是多种多样的，因此，原始凭证的种类和格式也呈现出多样化来。原始凭证按其来源、填制的手续和格式的不同，可分为几类，如图1.1所示。

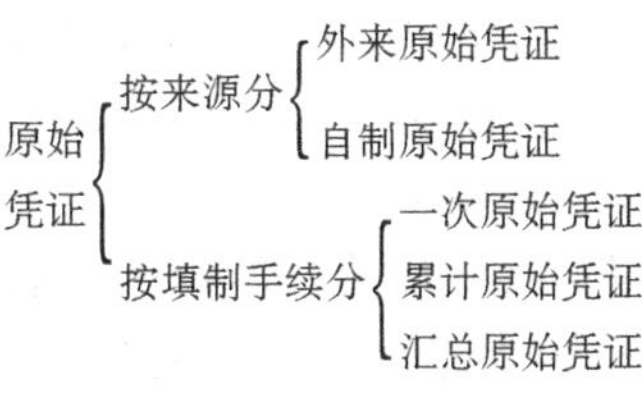

图1.1　原始凭证的分类

1）按取得的来源渠道不同分类

原始凭证按其取得的来源渠道不同可以分为外来原始凭证和自制原始凭证两种。

外来原始凭证是指在经济业务发生或完成时，从外单位或个人手中取得的原始凭证。例如购货时收到的发票、坐车时取得的车票、存取款时银行开出的收付款结算凭证等，如图 1.2 所示。

湖北省电信有限公司武汉分公司营业收款专用发票　发票代码：242010640091

开票日期：2008年 9月 3日　发票联　发票号码：18511385

付款方	全称	武汉宏图商贸批发公司		收款方	全称	湖北省电信有限公司武汉分公司
	账号或地址	40586123768江岸三阳路423号			账号	47852131258
	开户银行	工行江岸支行	行号 42786		开户银行	中国建设银行江岸支行
收费金额人民币(大写)		贰佰肆拾柒元整				¥24700
款项性质	2008年08月份电信业务费用		合同号码	37762620	附寄单证张数	一张
备注：业务号码：84675369						
固话/PHS月租费25.00　市话费 216.00　功能使用费 6.00						
实收款：247.00　本期余额 0.00						

批准字号：0004，01，4201，14

单位主管：　会计：　复核：　记账：　（收款单位盖发票专用章有效）

图 1.2　外来原始凭证示样

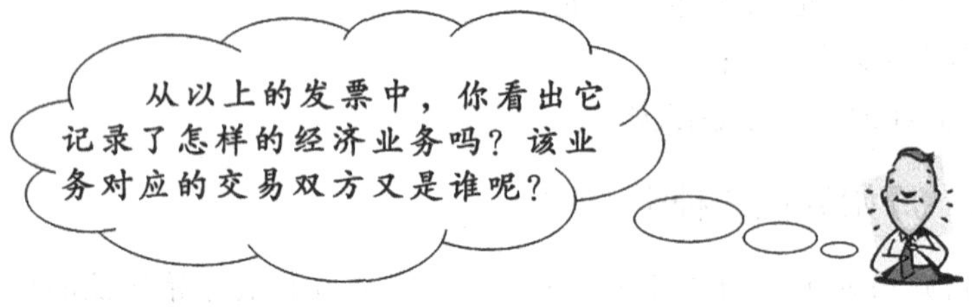

自制原始凭证是指在经济业务发生或完成时，由本单位业务经办部门或个人自行填制的原始凭证。例如产品入库时的入库单、领用材料时的领料单、出差人员填报的差旅费报销单等，如图 1.3 所示。

【想一想】

假如你到超市购买学习用品，销售员为你开出一张发票，那么这张发票对于你来说是自制还是外来原始凭证？对于超市来说呢？

2)按填制手续和方法的不同分类

原始凭证按其填制手续和方法不同可以分为一次原始凭证和累计原始凭证。

一次原始凭证是指一次填制完成，只记录一笔经济业务的原始凭证，例如现金收据、入库单、发货票等。外来原始凭证一般都属于一次凭证。

累计原始凭证是指一定时期内多次记录多笔同类型经济业务的原始凭证。其特点是一张凭证内可以连续多次登记相同性质的经济业务，并计算出累计数。累

差旅费报销单

2009年3月15日　　单据张数 12张

姓名 王玫　　部门 销售部　　出差事由 深圳出差

起止日期				起止地点	火车费	市内车费	住宿费	途中伙食补助			住勤费		其他
月	日	月	日					标准	天数	金额	天数	金额	
3	10	3	14	武汉—深圳	278.00	55.00	320.00	20.00	4	80.00	4	100.00	
3	14	3	14	深圳—武汉	278.00	10.00							
合计人民币(大写)壹仟壹佰贰拾壹元整								￥1 121.00					

审核:王长江　　部门主管：杜月　　财务主管：高琦

图1.3　自制原始凭证示样

计凭证一般为自制原始凭证,如累计销售凭证、限额领料单等。

在实际工作中,还有将多张记录同类型经济业务的原始凭证进行汇总的原始凭证汇总表,又称汇总原始凭证。

【想一想】

累计原始凭证与汇总原始凭证到底有什么不同呢?

1.1.3　原始凭证的基本内容

由于经济业务的多样化,记录经济业务的原始凭证内容与格式也不尽相同。但任何一张原始凭证都必须同时具备一些相同的内容,即原始凭证的基本内容:

①原始凭证的名称及编号;

②填制原始凭证的日期;

③接受凭证的单位名称或个人姓名(俗称抬头);

④经济业务的内容(含数量、单价、金额等);

⑤填制单位名称(章)或填制人姓名;

⑥经办人员或责任人签名或盖章。

【想一想】

以图1.2的原始凭证为例,看它是否具备原始凭证的基本内容,如果缺少一两项可以吗? 为什么?

1.2 原始凭证的填制

1.2.1 原始凭证的填制要求

原始凭证是会计核算的基础。为保证会计核算的质量,填制原始凭证时必须做到如下要求,如表1.1所示。

表1.1 原始凭证的填制要求

记录要真实	原始凭证所填列的经济业务内容和数字,必须真实可靠,符合实际情况
内容要完整	原始凭证所要求填列的项目必须逐项填列齐全,不得遗漏和省略
手续要完备	单位自制的原始凭证必须有经办单位领导人或者其他指定的人员签名盖章; 对外开出的原始凭证必须加盖本单位公章; 从外部取得的原始凭证,必须盖有填制单位的公章; 从个人取得的原始凭证,必须有填制人员的签名盖章
书写要清楚	文字要简要,字迹要清楚,易于辨认; 大小写金额必须相符且填写规范; 小写金额前要加人民币符号"¥"栏头(即"¥"与阿拉伯数字之间不得留有空白); 金额数字一律填写至角分,无角分的,写"00"或符号"—",有角无分的,分位写"0",不得用符号"—"; 大写金额前未印有"人民币"字样的,应加写"人民币"字样; 大写金额到元或角为止的,后面要写"整"或"正",有分的,不写"整"或"正"
编号要连续	如果原始凭证已预先印定编号,在写坏作废时,应加盖"作废"戳记,妥善保管,不得撕毁
不得涂改、刮擦、挖补	原始凭证有错误的,应当由出具单位重开或更正,更正处应当加盖出具单位印章; 原始凭证金额有错误的,应当由出具单位重开,不得在原始凭证上更正
填制要及时	各种原始凭证一定要及时填写,并按规定的程序及时送交会计机构、会计人员进行审核

1.2.2 几种常用原始凭证的填制方法

1)发票的填制

发票的种类繁多,主要是按行业特点和纳税人的生产经营项目分类,每种发票都有特定的使用范围。

①普通发票主要是由营业税纳税人和增值税小规模纳税人使用，增值税一般纳税人在不能开具专用发票的情况下也可使用普通发票。

普通发票的基本联次为三联：第一联为存根联，开票方留存备查；第二联发票联，购货方作为付款的原始凭证；第三联为记账联，开票方作为记账的原始凭证。商业零售普通发票如图 1.4 所示。

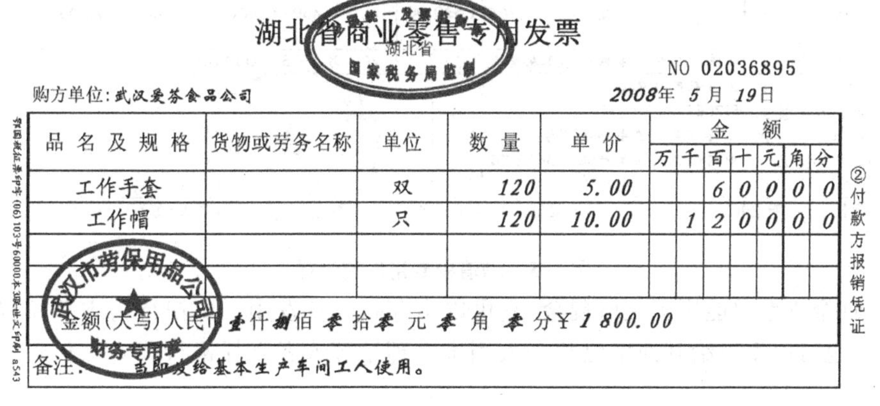

湖北省商业零售专用发票

湖北省 国家税务局监制

NO 02036895

购方单位：武汉爱芬食品公司　　2008年 5 月 19日

品名及规格	货物或劳务名称	单位	数量	单价	金额						
					万	千	百	十	元	角	分
工作手套		双	120	5.00			6	0	0	0	0
工作帽		只	120	10.00		1	2	0	0	0	0
金额(大写)人民币壹仟捌佰零拾零元零角零分￥1 800.00											
备注：当即发给基本生产车间工人使用。											

②付款方报销凭证

武汉市劳保用品公司 财务专用章

图 1.4　商业零售普通发票示样

②增值税专用发票只限于增值税一般纳税人使用。它主要用于工业、商业企业结算销售货物和加工修理修配劳务。

增值税专用发票持卡开票，一式三联：第一联为抵扣联，购货单位作抵扣税款凭证；第二联为发票联，购货单位记账；第三联为记账联，销货单位记账。增值税专用发票如图 1.5 所示。

③专业发票是指金融、保险企业凭证、保险凭证；邮政、电信企业的邮票、邮单、话务、电报收据；铁路、民用航空企业和交通部门、国有公路、水上运输企业的客票、货票等。经国家税务总局或者省、自治区税务机关批准，专业发票可由政府和主管部门自行管理，不套印税务机关的统一发票监制章，也可根据税收征管的需要纳入统一发票管理。如图 1.2 所示，即为电信业专用发票。

2）支票的填制

（1）支票的分类

支票是出票人签发的，委托办理存款业务的银行或其他金融机构，在见票时无条件支付确定的金额给收款人或者持票人的票据。我国支票分为普通支票、现金支票、转账支票 3 种。

上海市增值税专用发票

发票联　上海市

NO 02687923

开票日期：　2008年 6月 3日

购货单位	名　　称：武汉长江贸易公司 纳税人识别号：514093862387652 地 址、电 话：湖北省武汉市江汉区香港路特1号 开户行及账号：中国工商银行江汉支行 40586123768	密码区	124587478/>+<1248<-<　加密版本:01 *+--457-</148<-22-45　3844216972 *-3-65>879458136845<7+0　14785412 9/92/279>>->98>><1　478131

货物或应税劳务名称	规格型号	单　位	数　量	单　价	金　额	税率	税　额
洗发精		箱	300	1 530.00	459 000.00	17%	78 030.00
合　计	人民币伍拾叁万柒仟零叁拾元整				（小写）¥537 030.00		

销货单位	名　　称：上海利民日化公司 纳税人识别号：517863920714637 地 址、电 话：上海市黄浦区东南路28号 开户行及账号：中国银行上海支行50473652792	备注	上海市利民日化公司　发票专用章

收款人：　董建新　　复核：　张一飞　　开票人：苏军

第二联　发票联　购货方记账凭证

图 1.5　增值税专用发票示样

现金支票只能用于支取现金，它可以由存款人签发用于到银行为本单位提取现金，也可以签发给其他单位和个人用来办理结算或者委托银行代为支付现金给收款人。

转账支票只能用于转账，它适用于存款人给同一城市范围内的收款单位划转款项，以办理商品交易、劳务供应、清偿债务和其他往来款项结算，如图 1.6 所示。

普通支票可以用于支取现金，也可以用于转账。但在普通支票左上角划两条平行线的，为划线支票，只能用于转账，不能支取现金。

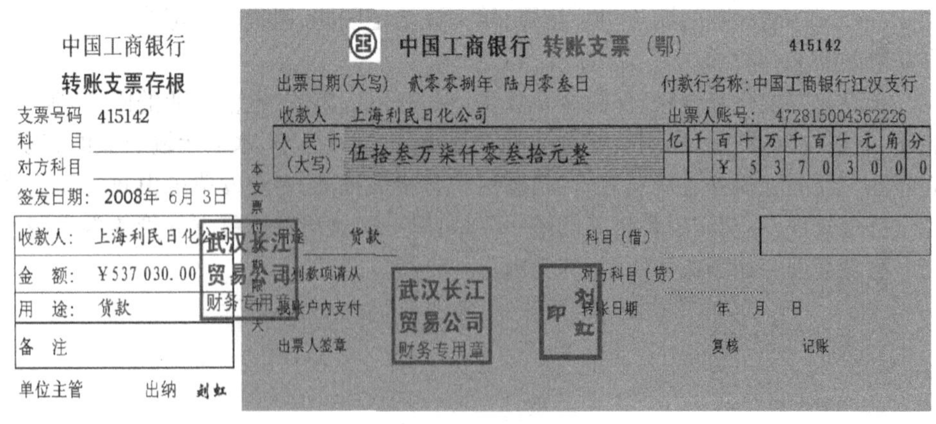

中国工商银行
转账支票存根
支票号码　415142
科　　目
对方科目
签发日期：　2008年 6月 3日
收款人：　上海利民日化公司
金　额：　¥537 030.00
用　途：　货款
备　注
单位主管　　出纳　刘虹

中国工商银行　转账支票（鄂）　415142
出票日期(大写)　贰零零捌年　陆月零叁日　　付款行名称：中国工商银行江汉支行
收款人　上海利民日化公司　　出票人账号：　472815004362226
人民币（大写）　伍拾叁万柒仟零叁拾元整

亿	千	百	十	万	千	百	十	元	角	分
		¥	5	3	7	0	3	0	0	0

本支票付款期限十天
用途　货款　　科目（借）
上列款项请从　　对方科目（贷）
我账户内支付　　转账日期　　年　月　日
出票人签章　武汉长江贸易公司财务专用章　刘虹印　　复核　　记账

图 1.6　转账支票示样

(2)支票的填写

①出票日期必须使用中文大写。由于支票只有10天的有效期,在填写月、日时,月为壹、贰和壹拾,日为壹至玖和壹拾、贰拾、叁拾的,应在其前加零,日为拾至拾玖的,应在其前加壹,例如:

2009年8月5日:贰零零玖年捌月零伍日;

2006年10月13日:贰零零陆年零壹拾月壹拾叁日。

知识拓展:关于支票的日期

支票出票日期使用小写填写的,银行不予受理。大写日期未按要求规范填写的,银行可予受理,但由此造成的损失由出票人自行承担。

②收款人的填写。现金支票收款人可写为本单位名称,此时现金支票背面"被背书人"栏内加盖本单位的财务专用章和法人章,之后收款人可凭现金支票直接到开户银行提取现金。

现金支票收款人还可写为收款人个人姓名,此时现金支票背面不盖任何章,收款人在现金支票背面填上身份证号码和发证机关名称,凭身份证和现金支票签字领款。

转账支票收款人应填写为对方单位名称。转账支票背面本单位不盖章。收款单位取得转账支票后,在支票背面被背书栏内加盖收款单位财务专用章和法人章,填写好银行进账单后连同该支票交给收款单位的开户银行委托银行收款。

③付款行名称、出票人账号的填写。即为本单位开户银行名称及银行账号,例如:工行江汉支行前进分理处472815004362226账号小写。

④人民币大小写。大小写填写规范同于其他原始凭证。

⑤用途的填写。现金支票有一定限制,一般填写"备用金"、"差旅费"、"工资"、"劳务费"等。

转账支票没有具体规定,可填写如"货款"、"代理费"等。

⑥盖章。支票正面盖财务专用章和法人章,缺一不可,印泥为红色,印章必须清晰,印章模糊只能将本张支票作废,换一张重新填写重新盖章。反面盖章与否与上述第二点相同。

⑦其他注意事项:

支票正面不能有涂改痕迹,否则本支票作废。受票人如果发现支票填写不全,可以补记,但不能涂改。支票的有效期为10天,日期首尾算一天,节假日顺延。支票见票即付,不记名。丢了支票尤其是现金支票可能就是票面金额数目的钱丢了,银行不承担责任。

支票的出票人所签发的支票金额不得超过其付款时在付款人处实有的存款金额。禁止签发空头支票。

例 1.1 长江钢铁公司于 2009 年 1 月 20 日开出一张现金支票,取现备用(见图 1.7)。

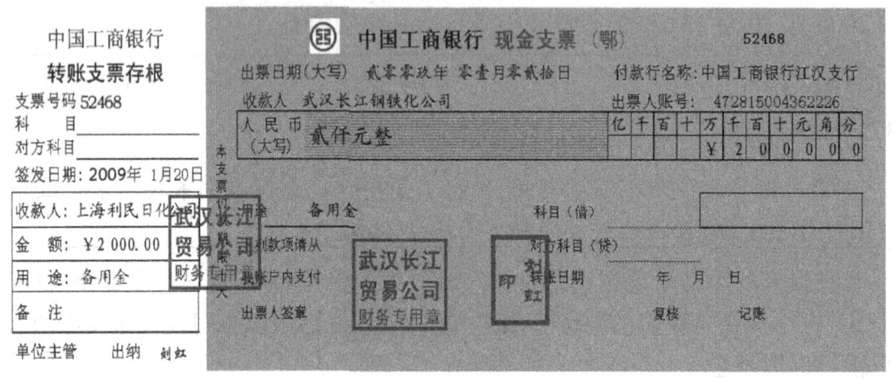
中国工商银行
转账支票存根
支票号码 52468
科　目
对方科目
签发日期: 2009年 1月20日
收款人: 上海利民日化公司
金　额: ¥2 000.00
用　途: 备用金
备　注
单位主管　出纳　刘虹

中国工商银行 现金支票 (鄂) 52468
出票日期(大写) 贰零零玖年 零壹月零贰拾日　付款行名称: 中国工商银行江汉支行
收款人 武汉长江钢铁化公司　出票人账号: 472815004362226
人民币(大写) 贰仟元整

亿	千	百	十	万	千	百	十	元	角	分
				¥	2	0	0	0	0	0

本支票付款期限十天
用途 备用金　科目(借)
上列款项请从　对方科目(贷)
我账户内支付　转账日期　年　月　日
出票人签章　复核　记账
武汉长江贸易公司财务专用章　刘虹印

图 1.7　现金支票示样

(3)收(领)料单的填制

收料单是在外购的材料物资验收入库时填制的凭证,领料单则是领料部门经批准请领材料时填制的凭证,如图 1.8 所示。

收　料　单

2008年　8月20日　　收字第 17号

名称	规格	计量单位	数量		实际成本				成本总额									
			送验	实收	单价	金额	运杂费	合计	千	百	十	万	千	百	十	元	角	分
水泥	300#	吨	100	100	300.00	30 000.00	1000.00	31 000.00				3	1	0	0	0	0	0
合计											¥	3	1	0	0	0	0	0

第三联　财务记账

记账:　　收料:徐明　　制单:张宁

图 1.8　收料单

1.3　原始凭证的审核

原始凭证作为经济业务的原始证明,是进行会计核算工作的原始资料和重要依据。如果原始凭证存在虚假、错误和不完整等情况,将会直接影响会计信息的真实正确,阻碍会计监督作用的发挥。因此,只有经过会计人员审核无误的原始凭证才能作为记账依据。

1.3.1 原始凭证的审核内容

原始凭证的审核内容主要包括以下两个方面:

(1)审核原始凭证的合理性、合法性

审核原始凭证中反映的经济业务是否符合国家和有关部门的政策、法令、制度、规定和本单位的计划、预算等有关文件。

(2)审核原始凭证的完整性、正确性

审核原始凭证各项内容是否填写齐全,有关部门和人员的签章是否齐全;是否盖有公章;公章与填制单位名称是否相符;接受单位是否为本单位;日期填写是否正确;发票内品名、数量、单价、金额是否填错或计算错误;大小写金额是否相符。

会计人员对记载不准确、不完整的原始凭证予以退回,并要求有关部门按照国家统一的会计制度的规定补充、更正;对不真实、不合法的原始凭证有权不予接受,并向单位负责人报告。

1.3.2 原始凭证的审核举例

例1.2 2009年3月16日,收到职工张新交回的欠款800元(见图1.9)。

收　　据

2009年 3月 16 日　　　　No:028975

今收到	张新	
交来	欠款	
人民币(大写)	八百元正	¥800.00

收款人:　　　　交款人: 张新

图1.9 收据

审核发现的问题:①无凭证日期;②大写金额不合规范;③无经手人签章。

例1.3 2009年5月20日,吴静购入办公用品一批,款以现金支付(见图1.10)。

审核发现的问题:①小写金额前未加“¥”;②大写金额错误;③空白金额行未加斜线注销。

武汉市增值税普通发票

武汉市 发票联

NO 02036513

购方单位:武汉长江贸易公司　　　　2009 年 5 月 20 日

货物或劳务名称	规格	单位	数量	单价	金额						
					万	千	百	十	元	角	分
打印纸	A4	包	60	40		2	4	0	0	0	0
水性笔		支	100	2			2	0	0	0	0
合计						2	6	0	0	0	0
金额(大写) × 万 × 仟 贰 佰 陆 拾 零 元 零 角 零 分											
备注:											

②付款方报销凭证

开票单位盖章（武汉万方百货有限公司 发票专用章）　复核人　　收款人 余鹭　　开票人 杨婷

图 1.10　示样

【做一做】

一、实训活动

◎ 内容

分角色模拟经济业务。

◎ 目的

认识原始凭证的各个联次,及其传递过程。

◎ 人员

①实训指导:任课老师;

②实训编组:学生按 4 ~5 人分成若干组。

◎ 步骤

①各小组成员分饰不同的角色,如购货方的经办人和会计、销货方的开票人、收款人和会计。

②模拟若干经济业务的发生流程。

③现场进行原始凭证的填制和传递。

④讨论原始凭证填制的要点。

⑤记录原始凭证各联次传递的路径。

◎ 要求

教师选择有一定代表性的经济业务,学生通过模拟了解其发生流程和经办人

员。通过原始凭证的填制和传递，认识其在经济业务发生时所起到的重要作用。

二、试试看

根据以下提供的资料，请你为该公司填写支票。

中联贸易公司2008年6月5日从江北日化公司购进商品，价款总计280 532元，当即签发转账支票支付货款。请你为中联贸易公司签发转账支票。（相关资料：中联贸易公司开户银行：中国建设银行桥口支行，账号：959871135）

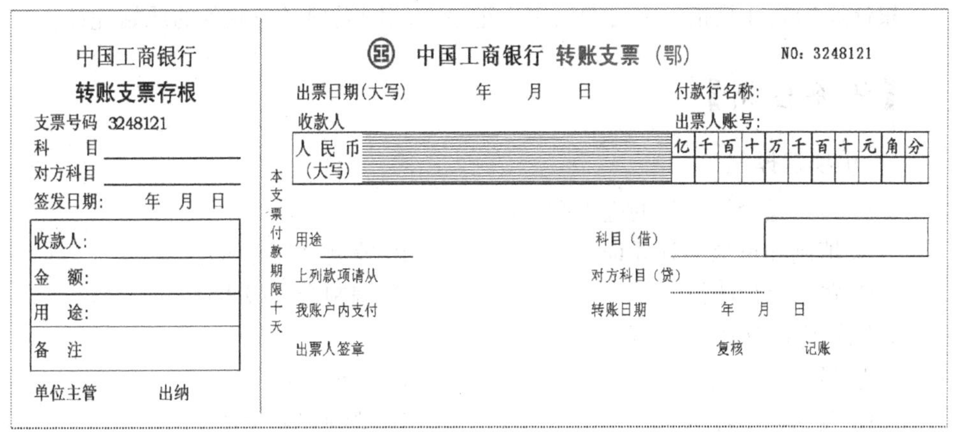

中国工商银行
转账支票存根
支票号码 3248121
科　目
对方科目
签发日期：　年　月　日
收款人：
金　额：
用　途：
备　注
单位主管　　出纳

中国工商银行 转账支票（鄂）　NO：3248121
出票日期（大写）　年　月　日　付款行名称：
收款人　出票人账号：

人民币（大写）	亿	千	百	十	万	千	百	十	元	角	分

本支票付款期限十天
用途　科目（借）
上列款项请从　对方科目（贷）
我账户内支付　转账日期　年　月　日
出票人签章　复核　记账

【任务回顾】

通过对本章的学习，我们对记录经济业务的原始凭证有了较为系统的认识，了解了原始凭证的概念、种类。通过实践，掌握了原始凭证的填制要求，及审核时应注意的要点。

【名词速查】

1. 原始凭证

原始凭证又称单据，是在经济业务发生或完成时取得或填制的，用以记录或证明经济业务的发生或完成情况的文字凭证。

2. 外来原始凭证

外来原始凭证是指在经济业务发生或完成时，从外单位或个人手中取得的原始凭证。

3. 自制原始凭证

自制原始凭证是指在经济业务发生或完成时，由本单位业务经办部门或个人自行填制的原始凭证。

4. 一次原始凭证

一次原始凭证是指一次填制完成，只记录一笔经济业务的原始凭证。

5. 累计原始凭证

累计原始凭证是指一定时期内多次记录多笔同类型经济业务的原始凭证。

【任务检测】

一、单项选择题

1.（　　）是会计工作的起点和关键。

A. 填制和审核会计凭证　　B. 编制会计分录

C. 登记会计账簿　　D. 编制会计报表

2. 原始凭证是在（　　）时取得的。

A. 经济业务发生　　B. 登记总账

C. 编制业务计划　　D. 填制记账凭证

3. 下列凭证中，（　　）属于外来原始凭证。

A. 发料单　　B. 购货发票

C. 差旅费报销单　　D. 工资结算表

4. 下列凭证中，（　　）属于累计凭证。

A. 制造费用分配表　　B. 领料单

C. 限额领料单　　D. 入库单

5. 下列（　　）符合原始凭证的填写要求。

A. 人民币叁万贰佰十玖元陆角正

B. 人民币叁万零贰佰壹拾玖元陆角正

C. 人民币叁万贰佰壹拾玖元陆角正

D. 人民币叁万零贰佰拾玖元陆角

6. 下列（　　）不能作为原始凭证。

A. 发货票　　B. 入库单

C. 工资结算表　　D. 购销合同

7. 汇总原始凭证与累计原始凭证的主要区别在于（　　）。

A. 登记经济内容不同　　B. 填制方法不同

C. 会计核算工作简繁不同　　D. 填制时期不同

8. 2008 年 10 月 20 日,某工业企业开具一张金额为 50 000 元的支票支付前欠的货款,则该支票出票日期的正确填写方法是(　　)。

A. 2008 年 10 月 20 日　　B. 贰零零捌年壹拾月贰拾日

C. 贰零零捌年壹拾零月贰拾零日　　D. 贰零零捌年零壹拾月零贰拾日

9. 原始凭证按其取得的来源不同可分为(　　)。

A. 收款凭证、付款凭证、转账凭证　　B. 外来原始凭证和自制原始凭证

C. 一次凭证和累计凭证　　D. 单式凭证和复式凭证

10. 对弄虚作假严重违法的原始凭证,会计人员的正确处理方法是(　　)。

A. 予以退回要求补充、更正然后受理

B. 不予受理

C. 视虚假内容是否重要而定

D. 不予受理,同时扣留,向领导汇报请求查明原因追究责任

二、多项选择题

1. 各种原始凭证必须具备的基本内容有(　　)。

A. 名称和日期　　B. 填制和接受单位名称

C. 应借应贷的科目名称　　D. 经济业务的数量、金额

2. 下列凭证中,(　　)属于一次凭证。

A. 销货发票　　B. 发料凭证汇总表

C. 限额领料单　　D. 工资费用分配表

3. 领料单同时属于(　　)。

A. 一次凭证　　B. 累计凭证

C. 自制凭证　　D. 外来凭证

4. 下列单据中属于原始凭证的有(　　)。

A. 收料单　　B. 借款单

C. 对账单　　D. 发票

5. 下列说法正确的有(　　)。

A. 对于不符合规定的发票,根据有关单位主管部门的批准可以作为记账凭证的依据

B. 差旅费报销单是外来凭证,限额领料单是一次凭证

C. 原始凭证是会计核算的基础,是记账的原始依据

D. 填制原始凭证应注明接受单位名称

三、判断题

1. 外来原始凭证是由外单位填制的，而自制原始凭证则是由本单位财会人员填制的。（　　）

2. 采用累计原始凭证可以减少凭证的数量和记账的次数。（　　）

3. 发票和收据均是外来原始凭证。（　　）

4. 原始凭证的填制不得使用圆珠笔填写。（　　）

5. 原始凭证金额有错误的，应当由出具单位重开或更正，更正处应加盖出具单位印章。（　　）

四、思考题

1. 简述原始凭证的作用。

2. 原始凭证填制时应做到哪些要求？

3. 你知道原始凭证审核内容有哪些吗？

五、实务题

资料：下面是唯智饮料公司 2008 年 11 月 23 日购进办公用品时取得的一张原始凭证，你能对其进行审核后发现有哪些问题吗？试一试，你能行的。

武汉市商品零售统一发票

（第二联发票联）

湖北省武汉
地方税务局监制

商零三联　（2008）

发票号码：0145648791

购货单位：天宇文化用品公司　　开票日期　2008 年 11 月 23 日

货物品名	单位	数量	单价	金额 十	万	千	百	十	元	角	分
A4打印纸	箱	3	200.00			¥	6	0	0	0	0
打印墨盒	盒	10	50.00		¥	1	0	0	0	0	0
合　计											
备注：											
金额合计（大写）　万 壹 仟 陆 佰 零拾 零元 零 角零分											

②付款方报销凭证

收款单位（盖发票专用章有效）　　收款人：王利　　开票人：莫星

参考答案

【做一做】参考答案

中国工商银行
转账支票存根

支票号码 3248121
科　目 ____________
对方科目 ____________
签发日期：2008年6月5日

收款人：	江北日化公司
金　额：	¥280,532.00
用　途：	货款
备　注	

单位主管　　出纳

本支票付款期限十天

中国工商银行 转账支票（鄂）　　NO：3248121

出票日期(大写)　贰零零捌年 陆 月 零伍 日　　付款行名称：中国建设银行桥口支行

收款人 江北日化公司　　出票人账号：

人民币（大写）	亿	千	百	十	万	千	百	十	元	角	分
贰拾捌万零伍佰叁拾贰元整			¥	2	8	0	5	3	2	0	0

用途　货款　　科目（借）

上列款项请从　　对方科目（贷）

我账户内支付　　转账日期　年　月　日

出票人签章　　复核　记账

【任务检测参考答案】

一、单项选择题

1. A　　2. A　　3. B　　4. C　　5. B

6. D　　7. B　　8. D　　9. B　　10. D

二、多项选择题

1. ABD　　2. AD　　3. AC　　4. ABD　　5. CD

三、判断题

1. ×　　2. √　　3. ×　　4. ×　　5. ×

四、思考题

1. 简述原始凭证的作用。

(1)记录经济业务的具体内容；

(2)证明经济业务已经发生或完成；

(3)用来明确经济责任；

(4)用于会计记账的原始依据。

2. 原始凭证填制时应做到哪些要求？

(1)记录要真实；

(2)内容要完整；

(3)手续要完备；

(4)书写要清楚；

(5)编号要连续;
(6)不得涂改、刮擦、挖补;
(7)填制要及时。
3.你知道原始凭证审核内容有哪些吗?
(1)审核原始凭证的合理性、合法性;
(2)审核原始凭证的完整性、正确性。
五、实务题
有以下几处错误:
(1)购货单位应为:唯智饮料公司;
(2)金额栏中“¥”符号可以不写;
(3)合计小写未写,应为:¥1 600.00;
(4)金额大写为规范,应为:人民币壹仟陆佰零拾零元零角零分;
(5)收款单位未盖章。

任务 2
记账凭证的填制与审核

任务目标

1. 清楚会计对象、会计要素及会计科目的含义；
2. 认识会计科目与账户之间的关系；
3. 学会运用借贷记账法编制基本的会计分录；
4. 学会记账凭证的填制方法。

学时建议

14 课时

【导学语】

经济业务发生以后,企业取得了大量的原始凭证。面对这些大大小小、格式不一的原始凭证,会计人员自有一套专门的方法进行处理。

你想了解这些方法吗?那可要从会计的基本理论说起。

【学一学】

2.1 认识会计工作

提起会计,你或许会想到公司里管账的王会计或者李会计。那么这些会计人员每天的工作是什么呢?会计人员往往受聘于某个单位或组织,为特定的主体服务。每当主体发生经济业务总是会涉及钱进钱出,会计就是对此进行计算,再把这些结果提供给使用者。所以说会计就像一张写满了信息的纸,通过它,你可以了解这个主体赚了多少钱、亏了多少钱等。而这些信息的真实准确与否,将直接影响使用者的使用效率。

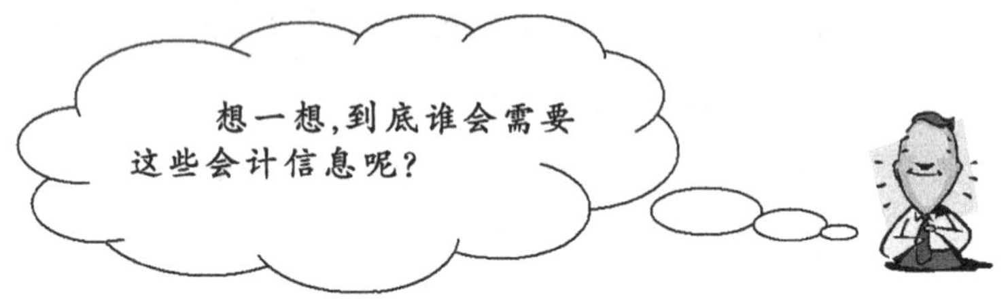

现在知道会计有多重要了吧,那么就让我们来好好学习会计吧!

2.1.1 会计的概念

会计是以货币作为主要计量单位,以凭证为依据,借助于专门的技术方法,对一定主体的经济活动进行全面、综合、连续、系统的核算和监督,并向有关方面提供会计信息的一种经济管理活动。

这里包含3个方面的内容:

①会计的主要特点——以货币作为主要计量单位;

②会计的本质——会计是一种经济管理活动;

③会计的基本职能——核算和监督。

2.1.2 会计的职能

会计的职能是指会计在经济管理中所具有的功能。《中华人民共和国会计法》将会计的基本职能明确为会计核算和会计监督。

(1)会计的核算职能

会计的核算职能,也称反映职能,是指会计以货币为主要计量单位,通过确认、计量、记录、报告等环节,对一定主体的经济活动进行真实完整的反映,为有关方面提供会计信息。

会计核算贯穿于经济活动的全过程,它包括事后核算,也包括事前、事中核算。事后核算是对主体已经发生或已经完成的经济活动进行反映,它是会计的基础工作;事前核算是为了在经营管理上加强计划性和预见性,对主体活动进行预测,参与计划,参与决策;事中核算则是在计划执行过程中,对经济活动进行控制,使过程按计划或预期的目标进行。

(2)会计的监督职能

会计的监督职能,也称控制职能,是指会计在核算经济活动的同时,要对经济活动的合法性、合理性进行审查。

会计监督同样贯穿于经济活动的始终,包括事前监督、事中监督和事后监督。事前监督是指在经济活动开始前审查经济方案的可行性;事中监督是指对正在进行的经济活动进行审查,纠正其偏差,使之按照预定的目标和要求进行;事后监督是利用会计数据对已完成的经济活动进行分析和评价,以便后续改进。

会计核算和会计监督两项职能关系十分密切,两者相辅相成,缺一不可。核算是监督的基础,没有核算提供的信息,监督就失去了依据。而监督是核算的延续和深化,如果只核算不监督,就不能发挥会计应有的作用。

2.1.3 会计的对象

既然会计的主要功能是核算和监督,那么会计是对什么进行核算和监督的呢?

会计核算和监督的内容就是会计的对象,它是特定主体中能够以货币表现的经济活动,即社会再生产过程中的资金运动。资金运动一般包括资金筹集、资金运用和资金退出 3 个部分。工业企业的资金运动过程如图 2.1 所示。

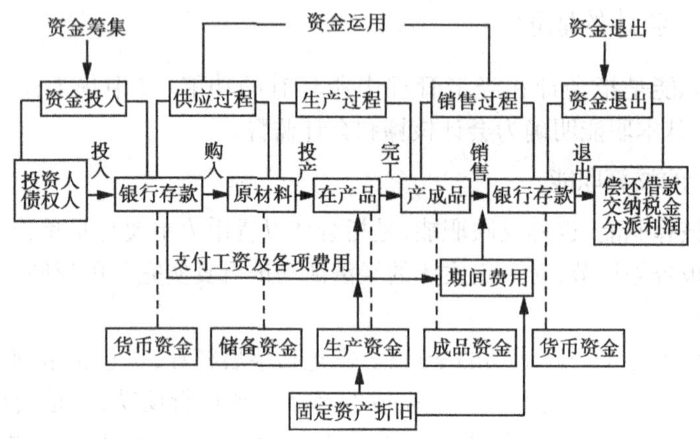

图 2.1 工业企业资金运动

2.2 会计要素及相互关系

会计对象涵盖了特定经济主体的多数经济活动,其内涵量非常丰富,因此,有必要对其进行分类管理,这就形成了会计要素。

2.2.1 会计要素

会计要素即会计对象的要素,是对会计对象进行的基本分类。我国《企业会计准则》将会计要素划分为资产、负债、所有者权益、收入、费用和利润六大项目。这六大会计要素按其反映的经济内容可以划分为两大类,如图 2.2 所示。

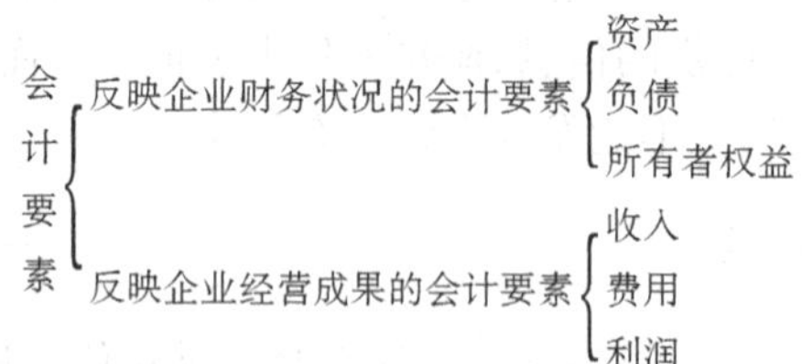

图 2.2 会计要素的分类

1)资产

(1)资产的含义

俗话说:"巧妇难为无米之炊。"一个企业从事生产经营,必须具备一定的资源,例如货币资金、厂房设备、各种材料等,这就是资产。资产是指企业过去的交易或者事项形成的,由企业拥有或者控制的,预期会给企业带来经济利益的资源。

(2)资产的特征

资产具有以下特征：

①资产是由过去的交易或事项形成的。也就是说,资产必须是企业在过去一个时期里,通过交易或事项所形成的。至于未来交易或事项以及未发生的交易或事项可能产生的结果,则不属于现在的资产。

②资产是企业拥有或控制的。它是指企业享有某项资源的所有权,或者虽不享有所有权,但该资源能被企业所控制。常见的控制就是融资租赁。

③资产预期会给企业带来经济利益。它是指资产应能为企业带来经济效益,导致现金流入企业。预期不能带来经济利益的,就不能确认为企业的资产。

【想一想】

下列项目中哪些可以作为你的资产呢？为什么？

A. 你准备在参加工作后给自己买一部新手机

B. 毕业后你在工作地点附近临时租赁的一套房子

C. 你柜子里存放的已经霉烂变质的食品

D. 你从网上购买的一个书包,款已付,货还没有运到

(3)资产的分类

资产分类简表如图 2.3 所示：

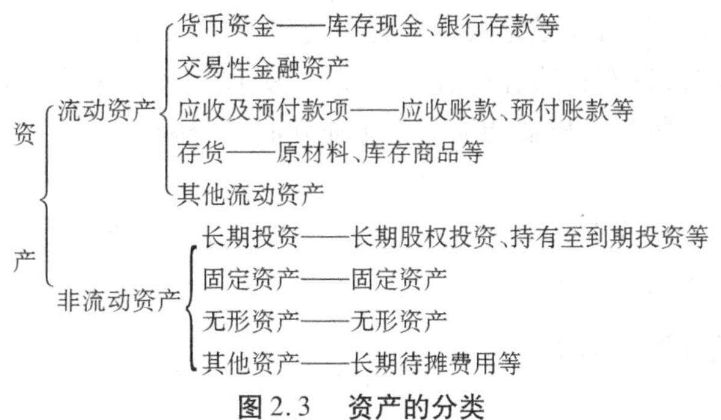

图 2.3 资产的分类

2)负债

(1)负债的含义

负债是指企业过去的交易或者事项形成的、预期会导致经济利益流出企业的现时义务。

(2)负债的特征

①负债是由企业过去的交易或者事项形成的。这一点与资产是一致的,例如

企业准备在半年后借入的贷款就不是一项负债。

②负债是一种现实应偿还义务，履行该义务将导致经济利益流出企业。“欠债还钱”，这是天经地义的事情。

(3)负债的分类

负债分类简表如图2.4所示：

负债{流动负债——短期借款、应付账款、应付票据、应付职工薪酬、应交税费等
非流动负债——长期借款、应付债券、长期应付款

图2.4　负债的分类

3)所有者权益

(1)所有者权益的含义

所有者权益，又称股东权益，是指企业资产扣除负债后由所有者享有的剩余权益。

如果说所有者权益是所有者对企业净资产的要求权，那么负债就是债权人对企业资产的要求权，二者有着不同的权益性质。企业应当将所有者权益和负债严格区分，不得混淆。

(2)所有者权益的特征

①除非发生减资、清算或分派现金股利，企业不需要偿还所有者权益；

②企业清算时，只有在清算所有的负债后，所有者权益才返还给所有者；

③所有者凭借所有者权益能够参与企业利润的分配。

【想一想】

你能说说接受投资人投资和向银行借款有什么区别吗？

(3)所有者权益的分类

所有者权益分类如图2.5所示：

所有者权益{所有者投入的资本——实收资本、资本公积
直接计入所有者权益的利得和损失
留存收益——盈余公积、未分配利润

图2.5　所有者权益的分类

负债和所有者权益统称为权益。

4)收入

(1)收入的含义

收入是指企业在日常活动中形成的、会导致所有者权益增加的、与所有者投入

资本无关的经济利益的总流入,包括销售商品收入、劳务收入、利息收入、使用费收入、租金收入、股利收入等,但不包括为第三方或客户代收的款项。

(2)收入的特征

①收入从企业的日常活动中产生,而不是从偶发的交易或事项中产生。

②收入可能表现为企业资产的增加,也可能表现为负债的减少,或者二者兼而有之。

③收入只包括本企业经济利益的流入,不包括为第三方或客户代收的款项,如增值税、代收利息等。

④收入能导致企业所有者权益的增加。

(3)收入的分类

收入按企业经营业务的主次分类,可以分为主营业务收入、其他业务收入。

主营业务收入一般占企业收入的比重较大,对企业的经济效益产生较大的影响;其他业务收入一般占企业收入的比重较小,主要包括包装物出租收入、材料销售收入等。

【想一想】

服装厂销售衣服应属于哪一种收入类型,如果销售布料呢?

5)费用

(1)费用的含义

费用是指企业在日常活动中发生的、会导致所有者权益减少的、与向所有者分配利润无关的经济利益的总流出。

(2)费用的特征

①费用是指日常活动中发生的经济利益的流出,而不是从偶发的交易或事项中产生。

②费用可能表现为资产的减少,或负债的增加,或者两者兼而有之。

③费用会导致企业所有者权益的减少。

(3)费用的分类

费用是与收入相对的概念,它分为生产成本和期间费用。

①生产成本是指企业为生产产品提供劳务而发生的各种耗费。包括为生产产品提供劳务而发生的直接费用和间接费用。

②期间费用是指不计入产品成本的费用。包括企业行政管理部门为组织和管理生产经营活动而发生的管理费用,为销售商品而产生的营业费用,为筹集生产所

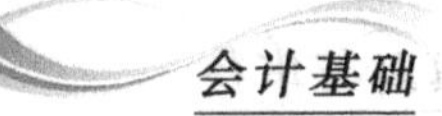

需资金而发生的财务费用。

费用分类如图 2.6 所示。

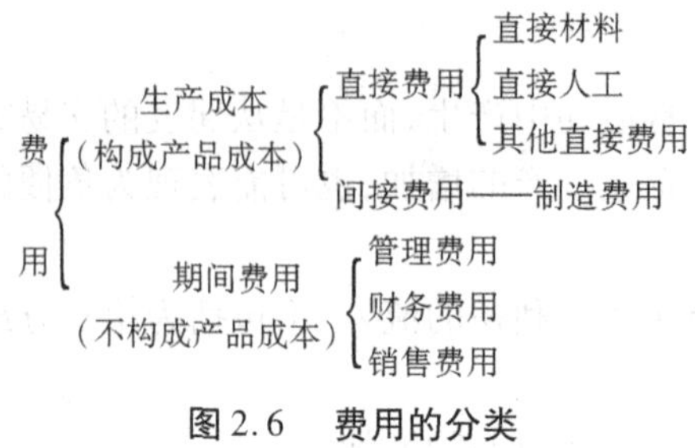

图 2.6　费用的分类

6）利润

（1）利润的含义

利润是指企业在一定会计期间的经营成果。企业利润是企业在生产经营过程中各种收入减去费用后的净额并加上各种直接计入当期利润的利得和损失后的余额。

（2）利润的构成

利润构成如图 2.7 所示。

利润
- 营业利润（由企业日常活动形成）
  - 收入
  - 费用
- 利得和损失（由企业非日常活动形成）
  - 利得
  - 损失

图 2.7　利润的构成

2.2.2　会计要素之间的关系

根据前面的学习，已经了解到会计核算和监督的对象被分成了六大要素，它们是资产、负债、所有者权益、收入、费用和利润。而这六大要素之间并不是相互独立、互不相干的，它们之间存在着一些必然的联系。人们通常把各个会计要素在总额上必须相等的关系用等式表达出来，就是会计平衡公式，又称为会计等式，或会计方程式。

（1）会计平衡公式

大家知道，任何企业经营都离不开资产，而资产是通过各种渠道筹集的。那么为企业提供资产的“人”，对企业的资产就具有要求权，会计上把这种要求权称为权益。于是，企业有多少资产，就会相应的有多少权益。在任何情况下，资产与权益都保持着数额相等的关系，即：

资产 = 权益

由于企业的资产主要来源于企业的债权人和投资者，因此权益由债权人权益和所有者权益两部分组成。债权人权益在会计上称为负债，因此上述公式又可以表示为：

资产 = 负债 + 所有者权益

这一等式是国际通用的会计平衡公式，反映了企业在某一时点上资产、负债和所有者权益之间的恒等关系，是会计核算方法中复式记账、编制会计报表的理论基础，因而也被称为会计第一大等式。

企业的资产投入运营后，在一定的会计期间内发生收入和费用，二者比较，收入大于费用形成利润；收入小于费用，则为亏损，即负利润。可用公式表示为：

收入 - 费用 = 利润

这一等式反映了企业在一定会计期间内收入、费用和利润三者之间的关系，是企业编制利润表的依据。

由于利润最终应由所有者获得，因此将上述两个公式结合起来，则可以得到如下公式：

资产 = 负债 + 所有者权益 +（收入 - 费用）

（2）经济业务与会计平衡公式

经济业务又称会计事项，是指使企业会计要素发生增减变动的交易或事项。

企业日常发生的会计事项多种多样，但无论企业在生产经营中发生什么样的经济业务，导致会计要素随之发生怎样的增减变化，都不会破坏会计等式“资产 = 权益”的平衡关系。

例 2.1　下面假设你自己投资经营小生意。

①假定你拿出本钱 500 元，又向父母借了 200 元，投入经营，见表 2.1。

表 2.1　筹集资金

资　产		权　益	
现金	700 元	负债	200 元
		所有者权益	500 元
合计	700 元	合计	700 元

这一会计事项涉及会计等式两边，使资产总额与权益总额同时增加 700 元，资产总额与权益总额保持平衡。

②拿600元进货,见表2.2。

表2.2 进货

资产		权益	
现金	100元	负债	200元
原材料	600元	所有者权益	500元
合计	700元	合计	700元

这一会计事项仅涉及资产一边,导致一项资产增加600元,而另一项资产减少600元,资产总额与权益总额保持平衡。

③找到买家,销售全部材料(成本600元),收到800元,本期利润200元,见表2.3。

表2.3 销货

资产		权益	
现金	900元	负债	200元
		所有者权益	700元
合计	900元	合计	900元

这一会计事项涉及等式两边,导致现金增加800元,原材料减少600元,所有者权益增加200元,即等式两边同时增加200元,资产总额与权益总额保持平衡。

④盈利后,将欠款还给父母,见表2.4。

表2.4 偿还借款

资产		权益	
现金	700元	所有者权益	700元
合计	700元	合计	700元

这一会计事项涉及等式两边,导致现金减少200元,负债减少200元,资产总额与权益总额保持平衡。

⑤如果父母看好你的经营项目,不要你偿还,要求将负债转为对你的投资,等待年底分红,则你的财务状况变化见表2.5。

表2.5 负债转投资

资产		权益	
现金	900元	所有者权益	900元
合计	900元	合计	900元

这一会计事项仅涉及等式一边,导致一项权益——负债减少200元,另一项权益——所有者权益增加200元,资产总额与权益总额保持平衡。

以上几项经济业务具有代表性,任何企业发生的任何经济业务也不外乎以下4种:

①资产与权益同时增加相同数额,不会破坏平衡关系;

②资产与权益同时减少相同数额,不会破坏平衡关系;

③资产之间有增有减相同数额,不会破坏平衡关系;

④权益之间有增有减相同数额,不会破坏平衡关系。

【想一想】

结合你对企业的认知,列举若干企业会计事项,看看业务的发生会不会破坏会计等式的平衡关系?

2.3 会计科目与账户

会计要素是对经济活动进行的第一次分类,是最基本、最概括的分类信息,但是有时投资者和企业其他会计信息需求者需要更详细的资料。例如,在掌握了企业总共拥有多少资产以后,还需要知道我们拥有哪些资产,各占多少?企业的负债是怎样构成的?所有者权益包括哪些项目,等等。这样,仅有会计要素的总额资料是无法满足需要的。这时就有必要在会计要素的基础上进行再分类,以提供更为详尽的信息,这就是会计科目。

2.3.1 会计科目

1)会计科目的概念

会计科目是对会计对象的具体内容进一步分类的项目,即会计科目是对每一会计要素按其不同的经济内容和管理要求进行分类的项目或名称。例如,企业的机器设备、房屋和建筑物,作为劳动手段,具有使用时间较长、单位价值较大、实物形态相对不变的特点,将其归为一类,设置"固定资产"会计科目;生产产品用的原材料、辅助材料、燃料和包装物等,作为劳动对象,具有在生产中一次被消耗,其价值一次转移的特点,将其归为一类,设置"原材料"会计科目等。

在我国,会计科目是由财政部统一规定的,这样可以使企业的会计资料口径一致,便于逐级汇总分析,更好地发挥会计的作用。

此外,企业主管部门可以在财政部规定的范围内根据本单位的实际情况进行增设、减少或合并;会计子目、细目除统一规定外,企业可根据本单位的规模大小、业务特点、管理要求等实际情况自行设置。

2)会计科目的分类

(1)按经济内容分类

会计科目按经济内容分类,可分为资产、负债、共同(本书暂不介绍)、所有者权益、成本和损益六大类。我国《企业会计准则(2006)应用指南》中常用的会计科目就是采用这种分类方法排列的,见表2.6。

表2.6　企业常用会计科目表

编号	会计科目名称	编号	会计科目名称
	一、资产类	2231	应付利息
1001	库存现金	2232	应付股利
1002	银行存款	2241	其他应付款
1012	其他货币资金	2411	预计负债
1121	应收票据	2501	长期借款
1122	应收账款	2502	应付债券
1123	预付账款	2701	长期应付款
1131	应收股利		三、共同类(略)
1132	应收利息		四、所有者权益类
1221	其他应收款	4001	实收资本
1231	坏账准备	4002	资本公积
1401	材料采购	4101	盈余公积
1402	在途物资	4103	本年利润
1403	原材料	4104	利润分配
1405	库存商品		五、成本类
1408	委托加工物资	5001	生产成本
1601	固定资产	5101	制造费用
1602	累计折旧		六、损益类
1604	在建工程	6001	主营业务收入
1701	无形资产	6051	其他业务收入
1702	累计摊销	6111	投资收益
1801	长期待摊费用	6301	营业外收入
1901	待处理财产损溢	6401	主营业务成本
	二、负债类	6402	其他业务成本
2001	短期借款	6403	营业税金及附加
2201	应付票据	6601	销售费用
2202	应付账款	6602	管理费用
2203	预收账款	6603	财务费用
2211	应付职工薪酬	6711	营业外支出
2221	应交税费	6801	所得税费用

趣味活动：

把上述会计科目制作成小卡片，和同学们比一比，看谁能以最快的速度说出它的类别。加油！就看你的啦！

(2)按其所提供信息的详细程度分类

会计科目按其所提供信息的详细程度分类，一般分为以下两类：

①总分类科目，也称“一级科目”，是指对各会计要素进行总括分类的会计科目。如表2.6“会计科目表”中的会计科目都是总分类科目。

②明细分类科目，也称“细目”，是指对各总分类科目所含内容进行更为详细分类的会计科目。如“原材料”科目下按材料名称分设明细科目，具体反映有哪些原材料。

此外，在经济业务比较复杂的情况下，有的总分类科目所属的明细分类科目太多时，可在总分类科目与明细分类科目之间增设二级科目(也称子目)。示例见表2.7。

表2.7 总分类科目与明细分类科目关系表

总分类科目	明细分类科目	
	子目(二级科目)	细目(三级科目)
原材料	原料及主要材料	木方
		木板
	辅助材料	油漆
		钉子

但必须指出的是，并非所有的总分类科目都要设置明细分类科目，如“库存现金”、“累计折旧”等一般不设置明细分类科目。

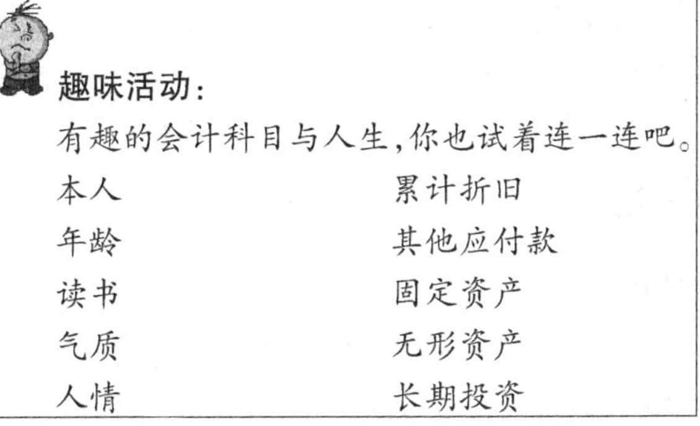

趣味活动：

有趣的会计科目与人生，你也试着连一连吧。

本人　　累计折旧

年龄　　其他应付款

读书　　固定资产

气质　　无形资产

人情　　长期投资

2.3.2　账户

设置会计科目只是规定了会计要素具体内容的类别名称，为了连续、系统地记录由于经济业务的发生而引起的各个项目的增减变化，必须依据会计科目设置账户。

(1)账户的概念

账户是根据会计科目开设的，具有一定的格式和结构，用于分类反映会计要素增减变动及其结果的一种工具。开设账户是会计核算的一种专门方法。

同会计科目一样，为满足会计核算的要求，企业应分别按照总分类科目开设总分类账户，按照明细分类科目开设明细分类账户。

(2)会计科目与账户的联系与区别

会计科目与账户是两个不同的概念，二者之间既有联系又有区别，见表2.8。

表2.8　会计科目与账户的联系与区别

	会计科目	账户
联系	• 会计科目是账户的名称； • 账户是会计科目的具体运用； • 二者反映的经济内容是相同的。	
区别	会计科目仅仅是一个名称，只表明某类经济内容。	账户不仅表明经济内容，还具有一定的结构和格式，并通过结构反映经济内容的增减变动情况。

2.4　借贷记账法

在设置了科目与账户后，就需要采用一定的记账方法将发生的经济业务记录在账户中。记账方法经历了从单式到复式，从简单到复杂的发展过程。单式记账是一种很不完善的记账方法，目前已经被复式记账法所代替。

2.4.1　复式记账法

(1)复式记账的概念

复式记账法是对发生的每一项经济业务，都以相等的金额，在两个或两个以上相互联系的账户中进行登记的记账方法。复式记账是会计核算的一种专门方法。

以我们拿10元现金购买文具为例，在复式记账法下，该经济业务不仅要反映库存现金减少10元，还要反映增加同等价值10元的文具。

(2)复式记账的特点

与单式记账法相比较，复式记账法具有以下的特点：

①反映了资金运动的全貌。每一经济业务按照复式记账法的要求在两个或两个以上的对应账户进行登记，反映了资金的来龙去脉，全面记录了各会计要素的增减变动情况和结果。

②便于检查账户记录的正确性。由于复式记账法要求以相等的金额在两个或两个以上相互联系的账户中作出双重记录，这使账户之间在数字上产生了一种平衡关系。因此，利用这种平衡关系，我们可以及时发现账户记录中的遗漏、差错。

个人理财DIY：

你有记录个人收支的习惯吗？如果还没有，赶快行动起来，做自己的个人理财师吧！你会采用单式记账还是复式记账呢？

(3)复式记账的种类

复式记账按记账符号、记账规则、试算平衡的不同，可以分为借贷记账法、增减记账法和收付记账法3种。我国企业会计准则明确规定，企业会计核算必须采用借贷记账法。

2.4.2 借贷记账法

1)借贷记账法的概念

借贷记账法是以“借”、“贷”为记账符号的一种复式记账方法。

2)借贷记账法的特点

(1)以“借”、“贷”为记账符号

在借贷记账法下，“借”、“贷”仅仅作为记账符号，代表账户的左右两个方向，其本身不具有任何内在的含义。

(2)以“有借必有贷，借贷必相等”为记账规则

根据这一记账规则，以借贷记账法记录经济业务时，记入一个账户的借方，应同时记入另一个或几个账户的贷方；或者记入一个账户的贷方，应同时记入另一个

或几个账户的借方,并且记入借方的金额同记入贷方的金额必须相等。

(3)以“借方金额等于贷方金额”进行试算平衡

借贷记账法的试算平衡,就是根据借方与贷方必须相等的平衡关系来检查各类账户的记录是否正确。

(4)以账户余额所在的方向来判定账户性质

这是借贷记账法的一个重要特点。要了解账户的性质,还得从账户结构说起。

2.4.3　账户结构

在借贷记账法下,账户的基本结构分为左右两方,左方称为借方,右方称为贷方。其简化格式通常采用“丁”字形账户,或称“T”形账户,这种格式多在教学中使用或在实务工作中作计算、试算的草稿使用,如图 2.8 所示。

图 2.8　账户的基本结构

账户的借、贷两方,一方登记增加数,另一方登记减少数。至于哪方登记增加数额,哪方登记减少数额,这要根据账户的性质,也即各账户所反映的经济内容而定。

1)各类账户的结构

(1)资产和权益账户结构

资产和权益这两大类账户,正好分别反映了同一资金的占用和来源两个方面,因此,应以相反的方向来登记这两类账户的增加数额和减少数额。在借贷记账法下,资产类账户借方登记增加数,贷方登记减少数;与之相反,权益类账户贷方登记增加数,借方登记减少数,其“T”形账户如图 2.9 所示。

图 2.9　资产类账户和权益类账户的结构

(2)费用和收益账户结构

费用类和收益类账户,分别反映了企业资金流动一出一进的两个方向,因此,它们也是以相反的方向来登记增加、减少数额的。在借贷记账法下,费用类账户与资产类账户相似，借方登记增加数，贷方登记减少数，所不同的是，所有费用在期末一般要通过贷方结转到利润账户，故期末通常没有余额。而收益类账户则正好与费用类账户相反。它们的“T”形账户如图 2.10 所示。

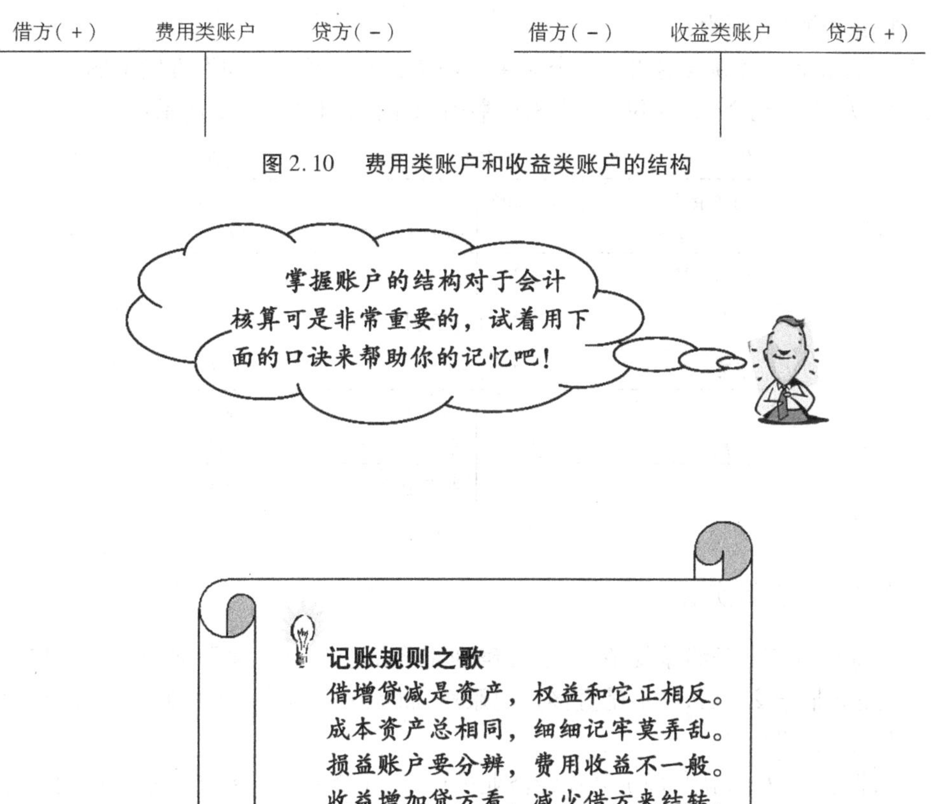

图 2.10　费用类账户和收益类账户的结构

2）账户发生额与余额的关系

在账户的基本结构中，登记在借方的数额称为“借方发生额”，登记在贷方的数额称为“贷方发生额”，两方发生额相减后的差额称为“期末余额”。如果借方发生额大于贷方发生额，其余额称为借方余额；如果贷方发生额大于借方发生额，其余额称为贷方余额。一般说来，各类账户的期末余额与记录增加额的一方都在同一方向，即资产类账户的期末余额一般在借方，权益类账户的期末余额一般在贷方。

账户的发生额和余额之间的关系可以用以下公式表示：

期末余额 = 期初余额 + 本期增加发生额 - 本期减少发生额

具体到资产类账户,则有:

期末借方余额 = 期初借方余额 + 本期借方发生额 - 本期贷方发生额

权益类账户,则为:

期末贷方余额 = 期初贷方余额 + 本期贷方发生额 - 本期借方发生额

现以“库存现金”、“应付账款”账户举例,如图 2.11、图 2.12 所示:

借方	库存现金		贷方
期初余额	800		
本期增加额	1 500	本期减少额	2 000
期末余额	300		

图 2.11　示例

借方	应付账款		贷方
		期初余额	800
本期减少额	1 500	本期增加额	2 000
		期末余额	1 300

图 2.12　示例

2.4.4　会计分录

企业的经济业务纷繁复杂,为了准确地将经济业务及时地登记到相应账户中去,在经济业务发生后,并不是直接登记账户,而是在记账凭证上编制会计分录,然后据以登记入账。

所谓会计分录,就是确定某项经济业务应借、应贷账户的名称及其金额的一种记录。会计分录包含 3 项要素:记账方向、账户名称和记账金额。其书写格式如下:

借:库存现金　　　　1 000

　　贷:银行存款　　　　1 000

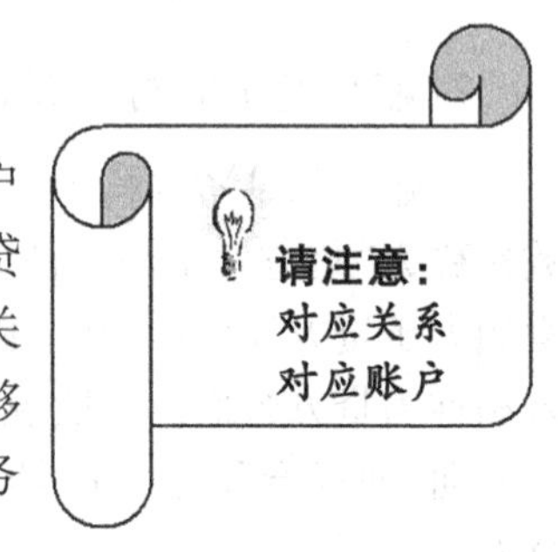

编制会计分录时,一笔经济业务所涉及的几个账户之间必然形成一种相互依存的关系,这种借方账户和贷方账户之间的依存关系称为“对应关系”,存在对应关系的账户称为“对应账户”。通过账户对应关系,能够正确地反映资金运动的来龙去脉,清楚地了解经济业务的内容,便于进行监督。

假设武汉长江钢铁公司 2009 年 1 月发生以下经济业务,试编制会计分录。

例 2.2 武汉长江钢铁公司缴纳所得税,税收缴款书如图 2.13 所示。

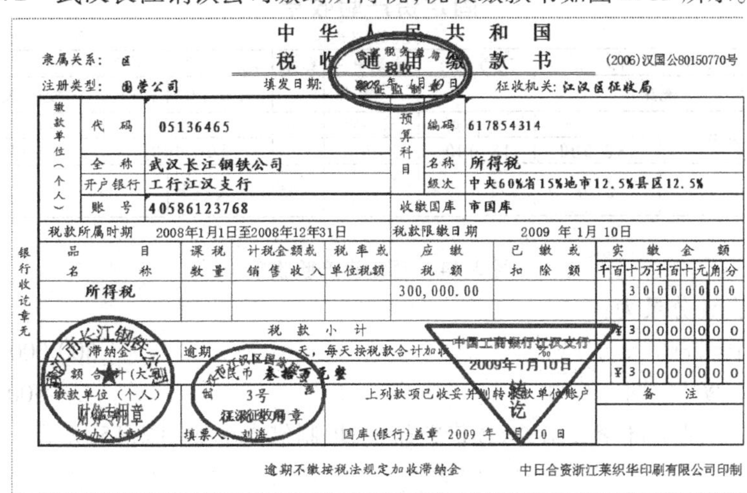

中华人民共和国
税收通用缴款书

(2006)汉国公80150770号

隶属关系:区
注册类型:国营公司
填发日期:2009年1月10日
征收机关:江汉区征收局

缴款单位(个人)			预算科目		
	代码	05136465		编码	617854314
	全称	武汉长江钢铁公司		名称	所得税
	开户银行	工行江汉支行		级次	中央60%省15%地市12.5%县区12.5%
	账号	40586123768		收缴国库	市国库

税款所属时期 2008年1月1日至2008年12年31日　税款限缴日期 2009年1月10日

品目名称	课税数量	计税金额或销售收入	税率或单位税额	应缴税额	已缴或扣除额	实缴金额
所得税				300,000.00		30000000
税款小计						¥30000000
滞纳金	逾期 天,每天按税款合计加收 ‰					
金额合计(大写)	人民币叁拾万元整					¥30000000

缴款单位(个人)(盖章) 经办人(章)
征收机关(盖章) 填票人:刘海
上列款项已收妥并划转收款单位账户
国库(银行)盖章 2009年1月10日
备注

银行收讫章无

逾期不缴按税法规定加收滞纳金　中日合资浙江莱织华印刷有限公司印制

图 2.13 税收缴款书

分析:根据原始凭证记录,长江公司用银行存款缴纳 2008 年所得税,则引起相关账户如下变化:

借方(+) 银行存款 贷方(-)		借方(-) 应交税费 贷方(+)	
	300 000	300 000	

(300 000 → 300 000:对应关系)

编制会计分录为:

借:应交税费——应交所得税　　300 000

　贷:银行存款　　300 000

例 2.3 长江钢铁公司接受 X 投资人投资铣床一台,固定资产验收单如图 2.14所示。

分析:根据原始凭证记录,长江公司收到铣床一台,系×投资人投入,则引起相关账户如下变化:

借方(-) 实收资本 贷方(+)		借方(+) 固定资产 贷方(-)	
	500 000	500 000	

(500 000 → 500 000:对应关系)

固定资产验收单

2009-1-16　　No. 0652301

固定资产名称		型号规格	计量单位	数量	出厂日期	有效期	供货单位
铣床			台	1	09.01.04	10年	×投资人
总价	设备费	安装费	运杂费	其他	合计		净残值率
	480 000	18 000	2 000		500 000		0.50%
验收意见	合格	验收人签章	李俊金	保管使用人签章			

图 2.14　固定资产验收单

编制会计分录为：

借：固定资产　　500 000

　　贷：实收资本　　500 000

例 2.4　业务部李文出差，预借差旅费，填制借支单如图 2.15 所示。

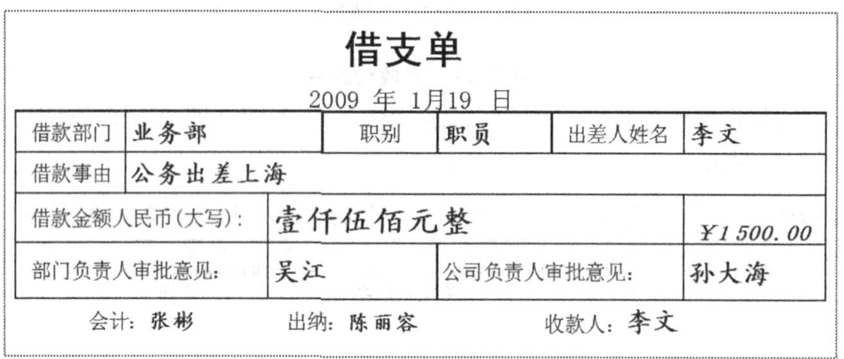

借支单

2009 年 1月19 日

借款部门	业务部	职别	职员	出差人姓名	李文
借款事由	公务出差上海				
借款金额人民币（大写）：	壹仟伍佰元整				¥1 500.00
部门负责人审批意见：	吴江		公司负责人审批意见：		孙大海

会计：张彬　　出纳：陈丽容　　收款人：李文

图 2.15　借支单

分析：根据原始凭证记录，长江公司支付给李文 900 元现金，系借差旅费，则引起相关账户如下变化：

借方（+）	库存现金	贷方（-）	借方（+）	其他应收款	贷方（-）
		1 500	1 500		

1 500 ——对应关系——> 1 500

编制会计分录为：

借：其他应收款——李文　　1 500

　　贷：库存现金　　1 500

例 2.5　长江钢铁公司购入 A 材料一批，相关原始凭证如图 2.16、图 2.17 所示。

武汉市增值税普通发票

NO 02036513

购方单位:武汉长江钢铁公司　　　　2009 年 1 月 20 日

货物或劳务名称	规格	单位	数量	单价	金额							
					十	万	千	百	十	元	角	分
A材料		千克	100	240		2	4	0	0	0	0	0
					￥	2	4	0	0	0	0	0
金额(大写) ⊗ 拾贰万肆仟零佰零拾零元零角零分												
备注:												

②付款方报销凭证

开票单位盖章　　复核人:张天翔　　收款人:赵静　　开票人:王芳

图 2.16　购货发票

入　库　单

入库部门:生产车间　　2009年 1月 20日　　专字第301号

种类	编号	名称	规格	数量	单位	单价	运杂费	千	百	十	万	千	百	十	元	角	分
		A材料		100	kg	240					2	4	0	0	0	0	0
备注							合计			￥	2	4	0	0	0	0	0

第三联　财务记账

负责人:孙大海　　记账:张彬　　验收:丁力凡　　填单:梅杰

图 2.17　材料入库单

分析:根据原始凭证记录,长江公司购入 A 材料一批,由于未见支付结算凭证,故款未付,则引起相关账户如下变化:

借方(-)	应付账款	贷方(+)	借方(+)	原材料	贷方(-)
		24 000	→ 24 000		

（对应关系）

编制会计分录为:

借:原材料——A 材料　　　　24 000

贷:应付账款——东方红公司　　24 000

会计分录可以分为简单分录和复合分录。简单分录是指只涉及两个账户的分录,即"一借一贷"的会计分录;复合分录是指涉及3个或3个以上账户的会计分录,即"一借多贷"或"多借一贷"的会计分录。

例2.6　李文出差回来报销差旅费,相关原始凭证如图2.18、图2.19所示:

差旅费报销单

2009年 1 月 24 日　　单据张数 6 张

姓名 李文　　部门 业务部　　出差事由 上海出差

起止日期				起止地点	火车费	市内车费	住宿费	途中伙食补助			出差补助		其他
月	日	月	日					标准	天数	金额	天数	金额	
1	19	1	22	武汉—上海	278.00	55.00	320.00	30.00	3	90.00	4	120.00	
1	22	1	22	上海—武汉	278.00								
合　计人民币(大写)壹仟壹佰肆拾壹元整											￥1 141.00		
应退(补):￥359.00													

负责人:孙大海　　会计主管:张彬　　出纳:陈丽容　　借款人:李文

图2.18　差旅费报销单

收　　据

2009 年 1 月 24 日　　No:028975

今收到	李文
交来	差旅费余款
人民币(大写)	叁佰伍拾玖元正　　￥359.00

收款人:陈丽容　　交款人:李文

图2.19　余款收据

分析:根据原始凭证记录,长江公司为李文报销差旅费,并收回多余款项,原借款一并抵消,则引起相关账户如下变化:

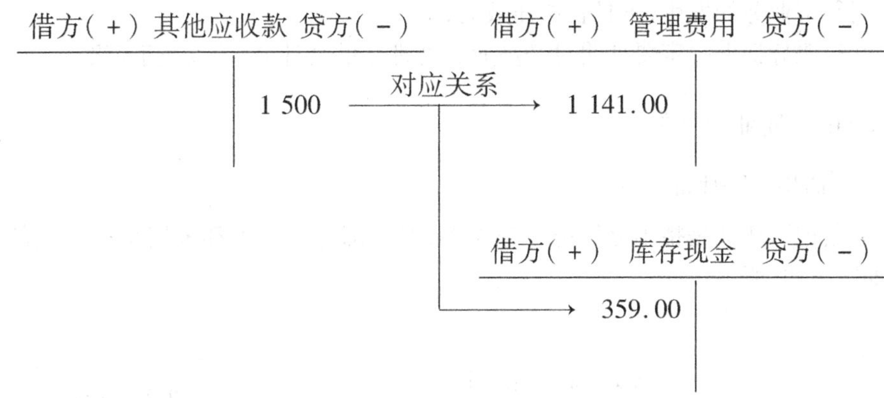

编制会计分录为:

借:管理费用　　1 141

　库存现金　　359

　贷:其他应收款——李文　　1 500

【想一想】

在例2.6的会计分录中,共涉及了3个账户,其中谁和谁是对应账户呢?

2.5 记账凭证

由于企业的经济业务种类繁多,反映经济业务的原始凭证也是各式各样,格式不一,大小各异,直接根据原始凭证登记账簿难免会发生差错。因此,我们需要将原始凭证所记录的经济业务用借贷记账法进行处理,编制成会计分录,记录在一种统一格式的书面载体上,再据以登记入账。这种书面载体就是记账凭证。

2.5.1 认识记账凭证

1)记账凭证的概念

记账凭证,又称传票,是由会计人员根据审核无误的原始凭证填制的,载有会计分录并作为记账依据的书面文件。

原始凭证和记账凭证统称为会计凭证。会计凭证是记录经济业务、明确经济责任的书面证明,是登记账簿的依据。会计凭证按其填制程序和用途不同,可分为原始凭证和记账凭证两大类。

与原始凭证相比,记账凭证有以下两点不同:

①记账凭证是企业内部所填写的,并作为登记账簿的直接依据。但它不能用

来证明经济业务的发生,不具备法律效力;

②记账凭证上一定要列明对经济业务处理后的会计分录,以便于记账。

2)记账凭证的种类

(1)通用记账凭证

通用记账凭证是指不分经济业务类型,对全部经济业务都采用统一格式的凭证,如图 2.20 所示。

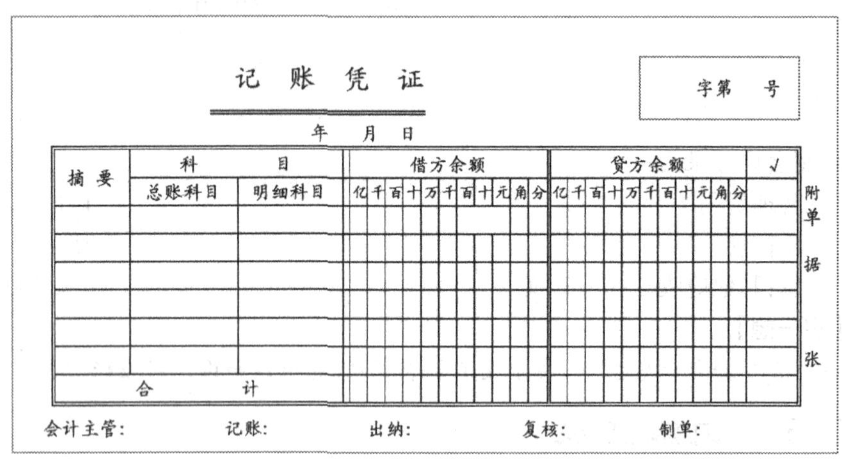

记　账　凭　证

字第　　号

年　　月　　日

摘要	科目		借方余额											贷方余额											√
	总账科目	明细科目	亿	千	百	十	万	千	百	十	元	角	分	亿	千	百	十	万	千	百	十	元	角	分	
合　计																									

附单据　张

会计主管:　　记账:　　出纳:　　复核:　　制单:

图 2.20　示样

(2)专用记账凭证

专用记账凭证是指为记录专门类别的经济业务而设计的记账凭证,包括收款凭证、付款凭证和转账凭证 3 种。

①收款凭证是用于反映现金和银行存款收款业务的记账凭证,如图 2.21 所示。

②付款凭证是用于反映现金和银行存款付款业务的记账凭证,如图 2.22 所示。

知识拓展:关于现金和银行存款之间的划转业务

企业在采用专用记账凭证时,对于涉及现金和银行存款之间相互划转的经济业务,为了避免重复记账,通常只编制付款凭证。如:从银行提取现金时,只编制银行存款付款凭证;将现金存入银行时,只编制现金付款凭证。

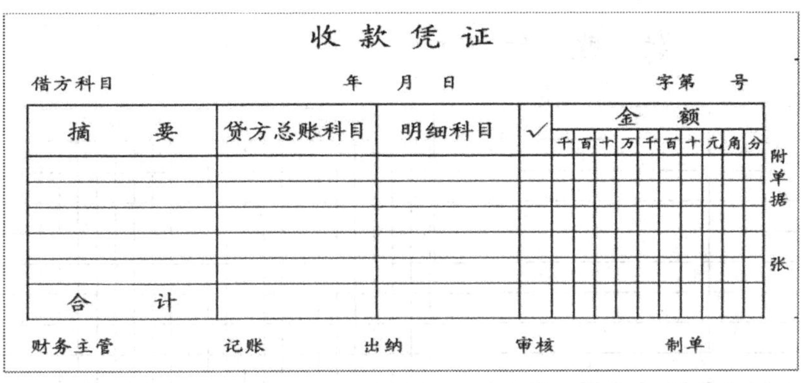

收 款 凭 证

借方科目　　　　年　月　日　　　　字第　号

摘　要	贷方总账科目	明细科目	✓	金额									
				千	百	十	万	千	百	十	元	角	分
合　计													

附单据　张

财务主管　记账　出纳　审核　制单

图2.21　示样

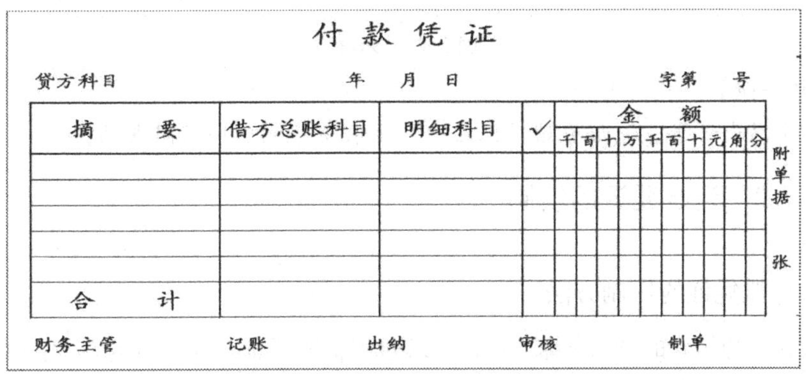

付 款 凭 证

贷方科目　　　　年　月　日　　　　字第　号

摘　要	借方总账科目	明细科目	✓	金额									
				千	百	十	万	千	百	十	元	角	分
合　计													

附单据　张

财务主管　记账　出纳　审核　制单

图2.22　示样

③转账凭证是用于反映不涉及现金和银行存款业务的记账凭证，如图2.23所示。

(3)记账凭证的基本内容

根据《会计基础工作规范》规定，记账凭证必须具备以下基本内容：

①记账凭证的名称；

②填制凭证的日期及编号；

③经济业务摘要；

④会计科目；

⑤金额；

⑥所附原始凭证张数；

⑦填制人员、审核人员、记账人员、会计机构负责人、会计主管签名或盖章。收款和付款凭证还应当由出纳签名或盖章。

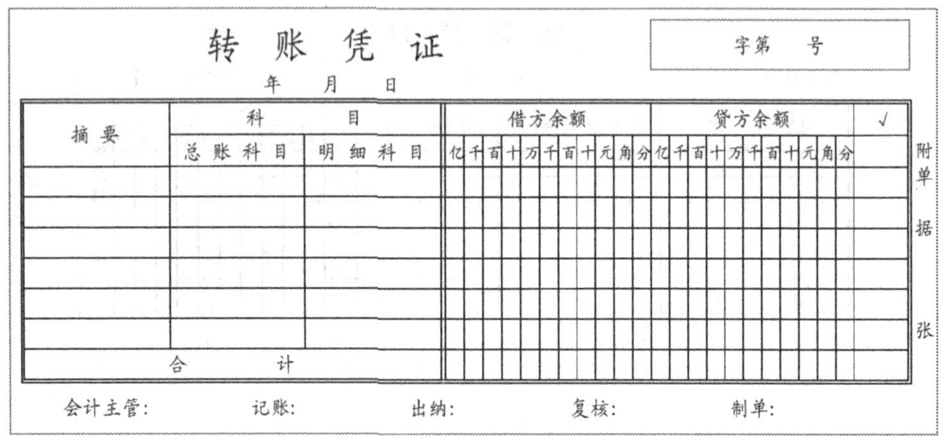

转 账 凭 证

字第　号

年　月　日

摘要	科目		借方余额	贷方余额	✓
	总账科目	明细科目	亿千百十万千百十元角分	亿千百十万千百十元角分	
合计					

附单据　张

会计主管：　记账：　出纳：　复核：　制单：

图 2.23　示样

【想一想】

你能说出记账凭证与原始凭证在内容上有哪些相同和不同点吗？

2.5.2　记账凭证的填制

1）记账凭证的填制方法

为满足初学者的学习要求，本书仅以通用记账凭证为例讲述记账凭证的填制方法。

（1）记账凭证的填制依据

记账凭证必须根据审核无误的原始凭证填制，可根据每一张原始凭证填制，也可以根据若干张同类原始凭证填制，还可以根据原始凭证汇总表填制。

（2）日期的填写

由于货币资金的处理要及时，因此现金、银行存款收付款业务的凭证日期也应是货币资金收付的日期。其他转账业务的日期原则上按填制记账凭证的日期填写。

（3）编号的填写

填制记账凭证时，应当对记账凭证按月进行连续编号。通用记账凭证一般采用统一编号，即每月从记字第 1 号开始，依次编号，一张凭证编一个号，不得跳号、重号。

如果一笔经济业务需要填制两张以上记账凭证的，可以采用分数编号法编号，即在原编号后面用分数的形式表示。如第 8 号凭证的经济业务需要编制 3 张记账凭证,则第 1 张为 $9\frac{1}{3}$,第 2 张为 $9\frac{2}{3}$,第 3 张为 $9\frac{3}{3}$。

(4)摘要的填写

摘要是对经济业务的简要说明。摘要应与原始凭证内容一致,能正确反映经济业务的主要内容,表达简短精练。

(5)会计科目的填写

会计科目的填写必须根据经济的内容,按企业会计制度统一规定填写。既要写明一级科目,又要写明明细科目,不得任意用科目的编号或简称来代替。

(6)金额的填写

记账凭证的金额必须与原始凭证的金额相符。填写时应按行逐项,不得跳行,对记账凭证中的空白行次,应画斜线或"S"线注销,合计金额前需填写货币符号,如"¥"。

(7)附件张数的计算和填写

记账凭证一般应附有原始凭证,并注明其张数。附件张数的计算有两种方法:一种是按所附原始凭证的实际张数计算;另一种是对原始凭证张数分级计算,即原始凭证作为原始凭证汇总表的附件计算,原始凭证汇总表作为记账凭证的附件计算。

当一张或几张原始凭证同时涉及几张记账凭证时,可将原始凭证附在一张主要的记账凭证后面,在摘要栏注明"本凭证附件包括××号记账凭证业务"字样,在其他记账凭证上注明"原始凭证附在××号记账凭证后面"的字样。

(8)记账凭证的签章

制单、复核、出纳、记账、会计主管等各类人员在完成各自的职责以后均应签章,以明确经济责任。

2)记账凭证填制举例

例 2.7 光大公司 2009 年 3 月份发生如下经济业务:

①6 日,从工商银行借入 3 个月期限的流动资金借款 100 000 元,款已存入存款账户。

当日,会计填制一张记账凭证如图 2.24 所示。

②11 日,购买办公用品 600 元,以现金支付。

当日,会计凭发票填制一张记账凭证如图 2.25 所示。

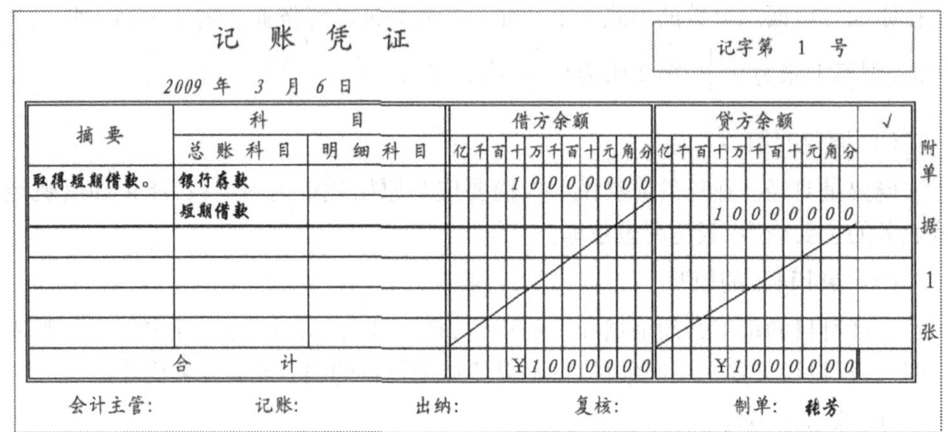

记 账 凭 证

记字第 1 号

2009 年 3 月 6 日

摘要	科目：总账科目	科目：明细科目	借方余额 (亿千百十万千百十元角分)	贷方余额 (亿千百十万千百十元角分)	√
取得短期借款。	银行存款		1000000		
	短期借款			1000000	
合计			¥1000000	¥1000000	

附单据 1 张

会计主管：　记账：　出纳：　复核：　制单：张芳

图 2.24 示样

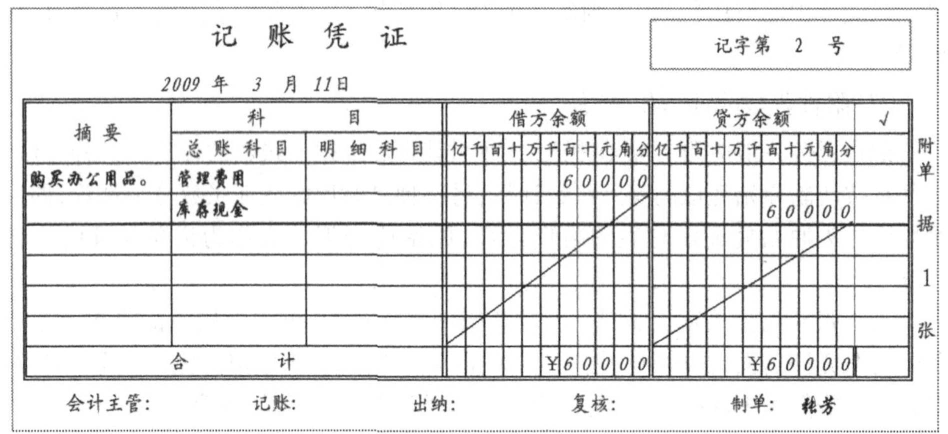

记 账 凭 证

记字第 2 号

2009 年 3 月 11日

摘要	科目：总账科目	科目：明细科目	借方余额 (亿千百十万千百十元角分)	贷方余额 (亿千百十万千百十元角分)	√
购买办公用品。	管理费用		60000		
	库存现金			60000	
合计			¥60000	¥60000	

附单据 1 张

会计主管：　记账：　出纳：　复核：　制单：张芳

图 2.25 示样

③20 日，业务员王平出差，预借差旅费 1 500 元，以现金支付。

当日，会计凭借支单填制一张记账凭证如图 2.26 所示。

【想一想】

你能根据第 4 节中例 2.2 至例 2.6 的原始凭证编制相应的记账凭证吗？赶快动手试试吧！

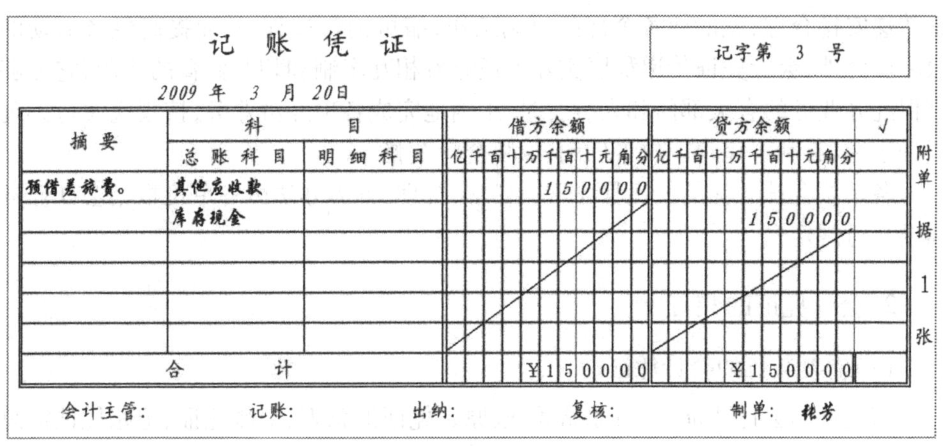

记 账 凭 证

记字第 3 号

2009 年 3 月 20日

摘要	科目		借方余额	贷方余额	√
	总账科目	明细科目	亿千百十万千百十元角分	亿千百十万千百十元角分	
预借差旅费。	其他应收款		150000		
	库存现金			150000	
合计			¥150000	¥150000	

附单据 1 张

会计主管: 记账: 出纳: 复核: 制单: 张芳

图2.26 示样

2.5.3 记账凭证的审核

记账凭证是登记账簿的依据,记账凭证填制得正确与否,直接影响会计核算资料的准确性,因此记账凭证填制后,必须指定专人进行审核。

记账凭证审核主要有以下几个方面:

①记账凭证是否附有原始凭证,内容是否相符,金额是否相等。

②记账凭证中所记载的会计分录是否正确。即会计分录中的会计科目、借贷方向、金额是否正确。

③记账凭证中所列示的各个项目是否填写齐全,有关经办人员是否按规定手续签章。

在审核记账凭证的过程中,如果发现未入账的记账凭证有错误,应重新填制;已入账的记账凭证有错误,应按照规定的更正错误的方法予以更正。只有审核无误的记账凭证才能作为登记账簿的依据。

2.5.4 会计凭证的传递与保管

1)会计凭证的传递

会计凭证的传递是指从会计凭证的取得或填制开始,直到会计凭证归档保管为止,会计凭证在有关部门和人员之间传递的程序。会计凭证应当及时传递,不得积压。

会计凭证的传递,具体说就是取得或填制会计凭证以后,应在什么时间内交到哪个部门、哪个工作岗位上,由谁接办业务手续,直到归档保管为止。倘若会计凭证传递安排合理,就能使各个部门协调工作,缩短销售过程,从而提高经济活动的效率。另外,会计凭证传递程序实际上还起着相互牵制和相互监督的作用,它能够督促经办业务的有关部门和人员及时、正确地完成各项经济业务,按规定履行办理凭证手续,有利于完善岗位责任制,加强会计监督。

各单位会计凭证的传递程序应当科学、合理,具体办法由各单位根据会计业务需要自行规定。

2)会计凭证的装订

(1)需要装订的会计凭证

需装订的会计凭证包括:原始凭证、原始凭证汇总表、记账凭证、记账凭证汇总表、银行存款对账单等。

(2)装订前的整理

会计凭证一般每月装订一次。每月记账完毕,有会计人员将本月的记账凭证加以整理,检查有无缺号,附件是否齐全,有的附件需避开装订线折叠成记账凭证大小,并按收、付、转的顺序排列。

(3)会计凭证的装订

将整理好的会计凭证加上封面、封底装订成册,在装订线上加贴封签,并在封签处加盖装订人员的骑缝图章。需要单独保存或数量较多的原始凭证也可单独装订成册。

会计凭证封面如图 2.27 所示。

凭证封面

第　册

自　年　月　日至　年　月　日　　共　册

凭证名称	凭证起讫号码		凭证张数	附件张数	备注
	自	至			

财务主管　　　　装订

图 2.27　示样

3)会计凭证的保管

会计凭证是重要的会计档案,经整理装订后应按照《会计档案管理办法》由专人负责分类保管。

(1)归档保管

会计凭证在归档后应按年分月妥善保管。在保管中应保证其安全完整,防止霉烂破损、鼠咬虫蛀以及遗失、被窃等。

(2)借阅

会计凭证不得外借,有关部门和单位需要查阅和调用时,应事先得到批准并按照规定办理一定的手续。

(3)销毁

会计凭证保管期限一般为15年。对保管期满需销毁的会计凭证,必须报经本单位主管单位审核,主管部门检查、核实确定没有问题后,批准销毁,本单位按规定手续,由有关人员监督销毁。

【做一做】

实训活动

实训一

掌握会计要素的分类,熟悉会计科目。

资料:

某工厂的部分经济内容如表2.9所示。

表2.9 某厂部分经济内容

序号	经济内容	会计要素	会计科目
1	存放在银行的货币		
2	存放在企业保险柜中的货币		
3	接受投资人投资而形成的权益		
4	向银行借款(期限9个月)而形成的债务		
5	企业的机器、设备和汽车		
6	由于购货欠款而形成的债务		
7	由于向银行支付利息而形成的费用		
8	由于欠职工工资而形成的债务		
9	由于销货没收到货款而形成的债权		

续表

序号	经济内容	会计要素	会计科目
10	由于欠税务局的税金而形成的债务		
11	企业的厂房、办公楼		
12	库存准备加工服装用的布料		
13	库存加工完成,准备出售的服装		
14	企业的商标权		
15	取得销售产品的收入		

要求:请确定各项经济内容的会计要素及会计科目,并将确定结果填入表2.9。

实训二

从账户的对应关系了解经济业务的内容。

资料:

宏远公司2008年3月部分会计分录如下:

(1)借:短期借款 40 000

贷:银行存款 40 000

(2)借:应付账款 13 200

贷:银行存款 13 200

(3)借:管理费用 200

贷:现金 200

(4)借:固定资产 100 000

贷:实收资本 100 000

(5)借:原材料 4 300

贷:银行存款 4 300

要求:根据上述会计分录说明其反映的经济业务。

实训三

练习借贷记账法的应用。

资料:

(一)某公司2009年3月初有关账户余额如表2.10所示。

表2.10 某公司有关账户余额表

2006年6月1日

资产类	借方余额	权益类	贷方余额
库存现金	1 000	短期借款	182 000
银行存款	8 600	应付账款	93 600
应收账款	58 500	应交税金	28 000
其他应收款	4 000	实收资本	360 000
原 材 料	116 000		
生产成本	42 000		
固定资产	433 500		
合 计	663 600	合 计	663 600

(二)该公司3月份发生下列经济业务:

(1)将当日销货取得的现金收入2 800元交存开户银行。

(2)接银行通知:收到黄河电机厂转来前欠本公司贷款58 500元。

(3)以银行存款购入机床一台,买价65 000元,交付生产车间使用。

(4)以银行存款支付专设销售机构经费25 000元。

(5)向开户银行申请为期三个月的临时借款100 000元,经银行批准划入企业银行存款户。

(6)以现金支付本月电话费3 600元。

(7)向市金属材料公司购入A材料一批,计货款40 000元,款项尚未支付,材料(按实际成本计价)验收入库。

(8)销售A材料1 000千克,计售价20 000元,款项已转入企业开户银行。

(9)采购员张健出差返回,报销差旅费450元,剩余现金50元交回。

(10)生产车间为生产产品领用材料一批,金额300 000元。

要求:

(1)根据资料1开设"T"形账户,并过入期初余额。

(2)根据资料2逐笔编制会计分录,并填制记账凭证。

(3)根据记账凭证登记的会计分录,逐笔登记"T"形账户,并结出期末余额。

【任务回顾】

通过对本章的学习,我们对会计核算和监督的内容有了从粗到细的认识,即会计对象→会计要素→会计科目,并通过会计科目设置了账户,理解借贷记账方法的原理,学会了编制会计分录和试算平衡的方法。这些理论知识为我们在企业实务中根据原始凭证编制记账凭证奠定了基础,使我们能熟练填制通用记账凭证。

【名词速查】

1. 会计

会计是以货币作为主要计量单位,以凭证为依据,借助专门的技术方法,对一定主体的经济活动进行全面、综合、连续、系统的核算和监督,并向有关方面提供会计信息的一种经济管理活动。

2. 会计对象

会计对象就是会计核算和监督的内容,它是特定主体中能够以货币表现的经济活动,即社会再生产过程中的资金运动。

3. 会计要素

会计要素即会计对象的要素,是对会计对象进行的基本分类。

4. 会计平衡公式

会计平衡公式,就是各个会计要素在总额上必须相等的关系用等式表达出来,又称为会计等式,或会计方程式。

5. 经济业务

经济业务又称会计事项,是指使企业会计要素发生增减变动的交易或事项。

6. 会计科目

会计科目是对会计对象的具体内容进一步分类的项目,即会计科目是对每一会计要素按其不同的经济内容和管理要求进行分类的项目或名称。

7. 账户

账户是根据会计科目开设的,具有一定的格式和结构,用于分类反映会计要素增减变动及其结果的一种工具。

8. 复式记账法

复式记账法是对发生的每一项经济业务,都以相等的金额,在两个或两个以上相互联系的账户中进行登记的记账方法。

9. 会计分录

所谓会计分录,就是确定某项经济业务应借、应贷账户的名称及其金额的一种记录。会计分录包含3项要素:记账方向、账户名称和记账金额。

10.记账凭证

记账凭证,又称传票,是由会计人员根据审核无误的原始凭证填制的,载有会计分录并作为记账依据的书面文件。原始凭证和记账凭证统称为会计凭证。

【任务检测】

一、单项选择题

1.会计的基本职能是(　　)。

A.反映和考核　B.核算和监督　C.分析和管理　D.预测和决策

2.会计对经济活动的管理主要是(　　)。

A.劳动管理　B.实物管理　C.价值管理　D.档案管理

3.预付账款属于会计要素中的(　　)。

A.负债　B.费用　C.资产　D.所有者权益

4.下列项目中,不属于资产要素特点的有(　　)。

A.必须是经济资源　B.必须是有形的

C.必须能给企业带来未来经济利益　D.必须是企业拥有或控制的

5.下列经济业务发生不会使会计等式两边总额发生变化的有(　　)。

A.收到应收账款存入银行

B.以银行存款偿还应付账款

C.从银行取得借款存入银行

D.收到投资者以固定资产所进行的投资

6.某企业月初资产总额300万元,本月发生下列经济业务:(1)赊购材料10万元;(2)用银行存款偿还短期借款20万元;(3)收到购货单位偿还的欠款15万元,存入银行。月末资产总额为(　　)。

A.290万元　B.295万元　C.305万元　D.310万元

7.会计科目是(　　)。

A.会计要素的名称　B.会计报表的项目名称

C.账簿的名称　D.账户的名称

8.下列会计科目属于损益类的科目是(　　)。

A.生产成本　B.应收账款　C.主营业务收入　D.应付利润

9.复式记账法对每项经济业务都以相等的金额在(　　)账户中进行登记。

A.一个　B.两个　C.两个及两个以上　D.有关

10.对每一个账户来说,期末余额(　　)。

A. 只能在借方　　B. 只能在贷方
C. 可能在借方或贷方　　D. 只能在账户的一方

11. 所有者权益类账户的期末余额根据下列(　　)公式计算。
A. 借方期末余额 = 借方期初余额 + 借方本期发生额 - 贷方本期发生额
B. 借方期末余额 = 借方期初余额 + 贷方本期发生额 - 借方本期发生额
C. 贷方期末余额 = 贷方期初余额 + 借方本期发生额 - 贷方本期发生额
D. 贷方期末余额 = 贷方期初余额 + 贷方本期发生额 - 借方本期发生额

12. 账户分为借贷两方,哪一方记增加,哪一方记减少,取决于(　　)。
A. 记账方法　　B. 记账规则
C. 会计核算方法　　D. 账户所反映的经济内容

13. "应付账款"账户的期初余额为 7 000 元,本期借方发生额为 8 000 元,贷方发生额为 12 000 元,其期末余额为(　　)。
A. 借余 11 000　B. 贷余 11 000　C. 借余 3 000　D. 贷余 3 000

14. 采用复式记账法登记经济业务时,其特点是有关账户之间存在着(　　)。
A. 从属关系　　B. 对立关系
C. 对应关系　　D. 平行登记关系

15. 相对于复合分录,下列关于简单分录表述正确的是(　　)。
A. 只涉及两个账户
B. 涉及两个以上的账户
C. 有利于集中反映整个经济业务的全貌
D. 简化记账工作,提高会计工作效率

16. 会计凭证按其(　　)不同,可分为原始凭证和记账凭证。
A. 填制的方法　　B. 取得的来源
C. 反映经济业务的次数　　D. 填制的程序和用途

17. 一项经济业务的会计分录为借记:银行存款,贷记:库存现金,应填制(　　)。
A. 库存现金收款凭证　　B. 库存现金付款凭证
C. 银行存款收款凭证　　D. 银行存款付款凭证

18. 记账凭证与所附原始凭证的金额(　　)。
A. 必须相等　B. 可以相等　C. 可以不相等　D. 肯定不相等

19. 有些记账凭证不需下列人员签章的是(　　)。
A. 填制记账凭证人员　　B. 稽核人员
C. 出纳人员　　D. 记账人员

20. 会计凭证的保管期限为(　　)。

A. 3 年　　B. 5 年　　C. 10 年　　D. 15 年

二、多项选择题

1. 工业企业的资金循环形态有(　　)。

A. 货币资金　　B. 储备资金　　C. 生产资金　　D. 成品资金

2. 下列经济业务中,使会计要素内部发生转化的有(　　)。

A. 到银行提取现金　　B. 接受外商投入的固定资产

C. 盈余公积转增资本　　D. 企业用银行存款偿还前欠货款

3. 下列项目中,属于企业无形资产的有(　　)。

A. 专利权　　B. 商标权　　C. 企业债券　　D. 预付款项

4. 资产 = 负债 + 所有者权益是(　　)。

A. 反映企业资产归属关系的等式

B. 复式记账的理论依据

C. 编制资产负债表的理论依据

D. 总分类账户和明细分类账户平行登记的理论依据

5. 会计分录的要素包括(　　)。

A. 账户名称　　B. 记账程序　　C. 记账方向　　D. 应记金额

6. 下列经济业务发生,使资产与权益项目同时减少的有(　　)。

A. 收到短期借款存入银行　　B. 以银行存款偿还应付账款

C. 接受投资者投资　　D. 以银行存款支付应付利润

7. 通常,期末余额在账户借方的有(　　)。

A. 资产类账户　　B. 负债类账户

C. 所有者权益类账户　　D. 成本费用类账户

8. 下列会计科目属于流动资产类的有(　　)。

A. 无形资产　　B. 原材料　　C. 生产成本　　D. 预收账款

9. 在借贷记账法下,账户的借方登记(　　)。

A. 资产的增加　　B. 成本费用的增加

C. 收入的增加　　D. 所有者权益的增加

10. 下列关于借贷记账法说法不正确的是(　　)。

A. 以"增"和"减"作为记账符号

B. 以"有借必有贷、借贷必相等"作为记账规则

C. 以"增加金额等于减少金额"作为试算平衡公式

D. 对每一个经济业务都在两个以上的账户中进行反映

11. 下列说法正确的是(　　)。

A. 一般情况下,凡有余额的账户其余额方向与其增加数所记方向相同

B. 会计核算中一般不编制多借多贷的分录

C. 账户的本期借方发生额合计和贷方发生额合计不一定相等

D. 任何经济业务的发生都必然会引起两个或两个以上的账户发生增减变动

12. 会计科目与账户之间(　　)。

A. 会计科目不存在结构问题

B. 账户有一定的结构和格式

C. 会计科目反映的内容与账户所要登记的内容不同

D. 在实际工作中,账户与会计科目要严格区分

13. 原始凭证和记账凭证间的联系(　　)。

A. 原始凭证是记账凭证的基础

B. 原始凭证是记账凭证的附件

C. 记账凭证是对原始凭证内容的加工处理

D. 原始凭证是自制凭证,记账凭证是累计凭证

14. 企业购入材料一批已验收入库,货款已付,根据这项业务所填制的会计凭证是(　　)。

A. 收款凭证　　B. 付款凭证　　C. 转账凭证　　D. 收料单

15. 下列有关记账凭证填制要求正确的有(　　)。

A. 摘要栏中的说明应简明

B. 设有二级或明细账的应填写相应的科目

C. 一项经济业务需编制两张记账凭证(序号为8),则编号为"记字第8—1号"、"记字第8—2号"

D. 对于结账和更正错账的记账凭证,可以不附原始凭证

三、判断题

1. 所有者权益是企业投资人对企业资产的所有权。(　　)

2. 所有经济业务的发生都会引起会计等式两边发生变化。(　　)

3. 所有会计科目及其核算内容都应由国家统一规定。(　　)

4. 复式记账法是指对发生的每一项经济业务,都以相等的金额,在相互关联的两个账户中进行记录的一种记账方法。(　　)

5. 通常,各类账户期末余额的方向(借方或贷方)与本期增加额登记的方向是一致。但是,也可能出现不一致。(　　)

6. 现行会计制度按照权责发生制原则和资产 = 负债 + 所有者权益要求制定了

不同行业的会计科目。 ( )

7. 一个账户的借方如果用来记录增加额,其贷方一定用来记录减少额。 ( )

8. 我国,所有企业进行会计核算都必须统一采用借贷记账法。 ( )

9. 付款凭证是只用于银行存款付出业务的记账凭证。 ( )

10. 原始凭证是登记账簿的直接依据。 ( )

四、思考题

1. 你知道会计的基本职能有哪些吗?

2. 企业发生的经济业务有哪些类型?它们会破坏各要素之间的平衡关系吗?

3. 如何理解会计科目与账户之间的关系?

4. 借贷记账法的主要特点有哪些?

参考答案

实训活动答案

[实训一]

序号	经济内容	会计要素	会计科目
1	存放在银行的货币	资产	银行存款
2	存放在企业保险柜中的货币	资产	库存现金
3	接受投资人投资而形成的权益	所有者权益	实收资本
4	向银行借款(期限9个月)而形成的债务	负债	短期借款
5	企业的机器、设备和汽车	资产	固定资产
6	由于购货欠款而形成的债务	负债	应付账款
7	由于向银行支付利息而形成的费用	费用	财务费用
8	由于欠职工工资而形成的债务	负债	应付职工薪酬
9	由于销货没收到货款而形成的债权	资产	应收账款
10	由于欠税务局的税金而形成的债务	负债	应交税费
11	企业的厂房、办公楼	资产	固定资产
12	库存准备加工服装用的布料	资产	原材料
13	库存加工完成,准备出售的服装	资产	库存商品
14	企业的商标权	资产	无形资产
15	取得销售产品的收入	收入	主营业务收入

[实训二]

(1)用银行存款偿还短期借款 40 000 元。

(2)用银行存款偿还前外单位货款 13 200 元。

(3)用现金支付办公费 200 元。

(4)接受外单位以固定资产对本企业投资,价值 100 000 元。

(5)用银行存款购买原材料 4 300 元。

[实训三]

练习记账凭证的填制

(1)根据资料 2 逐笔编制会计分录,并填制记账凭证如下:

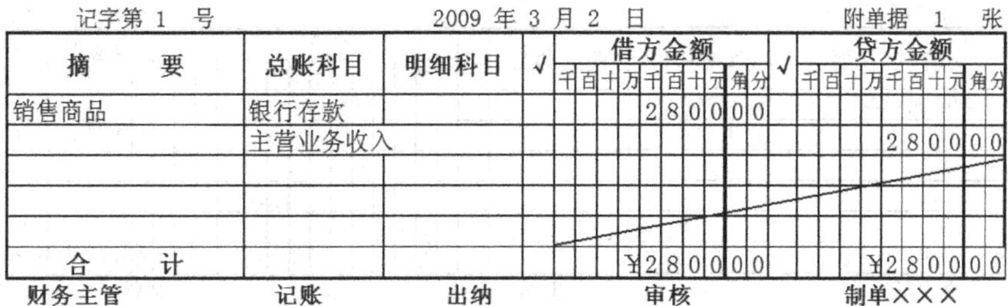

记 账 凭 证

记字第 1 号　　2009 年 3 月 2 日　　附单据 1 张

摘要	总账科目	明细科目	√	借方金额										√	贷方金额									
				千	百	十	万	千	百	十	元	角	分		千	百	十	万	千	百	十	元	角	分
销售商品	银行存款							2	8	0	0	0	0											
	主营业务收入																		2	8	0	0	0	0
合计							¥	2	8	0	0	0	0					¥	2	8	0	0	0	0

财务主管　记账　出纳　审核　制单×××

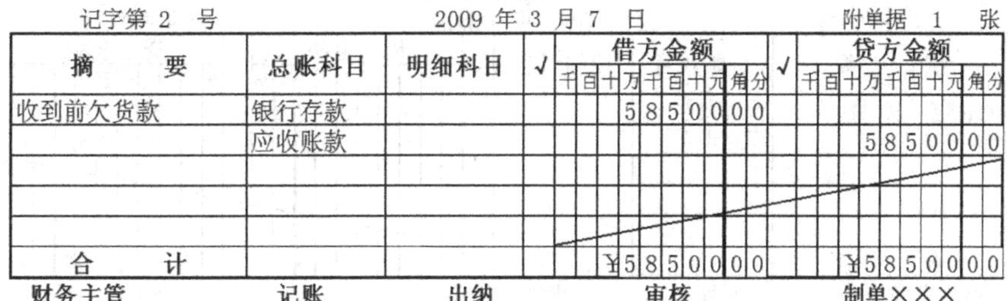

记 账 凭 证

记字第 2 号　　2009 年 3 月 7 日　　附单据 1 张

摘要	总账科目	明细科目	√	借方金额										√	贷方金额									
				千	百	十	万	千	百	十	元	角	分		千	百	十	万	千	百	十	元	角	分
收到前欠货款	银行存款						5	8	5	0	0	0	0											
	应收账款																	5	8	5	0	0	0	0
合计						¥	5	8	5	0	0	0	0				¥	5	8	5	0	0	0	0

财务主管　记账　出纳　审核　制单×××

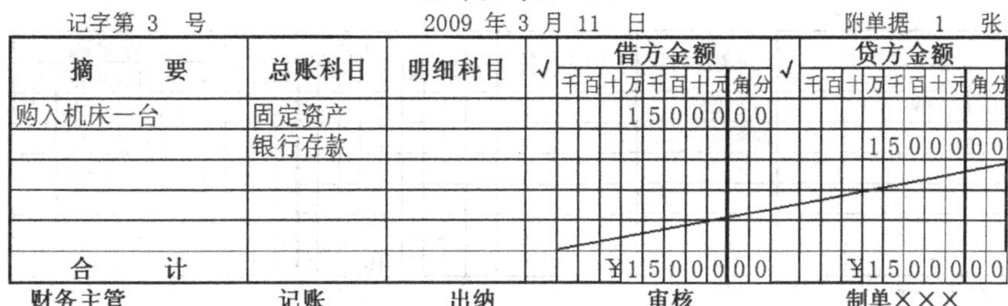

记 账 凭 证

记字第 3 号　　2009 年 3 月 11 日　　附单据 1 张

摘要	总账科目	明细科目	√	借方金额										√	贷方金额									
				千	百	十	万	千	百	十	元	角	分		千	百	十	万	千	百	十	元	角	分
购入机床一台	固定资产						1	5	0	0	0	0	0											
	银行存款																	1	5	0	0	0	0	0
合计						¥	1	5	0	0	0	0	0				¥	1	5	0	0	0	0	0

财务主管　记账　出纳　审核　制单×××

记 账 凭 证

记字第 4 号　　2009 年 3 月 19 日　　附单据 1 张

摘要	总账科目	明细科目	√	借方金额										√	贷方金额									
				千	百	十	万	千	百	十	元	角	分		千	百	十	万	千	百	十	元	角	分
支付销售经费	销售费用						2	5	0	0	0	0	0											
	银行存款																	2	5	0	0	0	0	0
合计						¥	2	5	0	0	0	0	0				¥	2	5	0	0	0	0	0

财务主管　记账　出纳　审核　制单×××

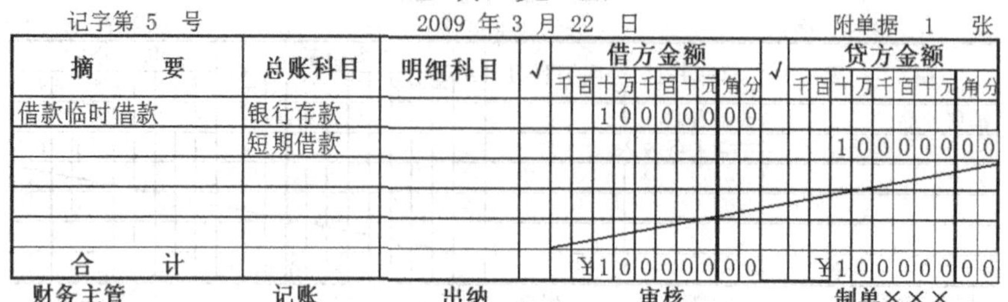

记 账 凭 证

记字第 5 号　　2009 年 3 月 22 日　　附单据 1 张

摘要	总账科目	明细科目	√	借方金额（千百十万千百十元角分）	√	贷方金额（千百十万千百十元角分）
借款临时借款	银行存款			10000000		
	短期借款					10000000
合　计				¥10000000		¥10000000

财务主管　　记账　　出纳　　审核　　制单×××

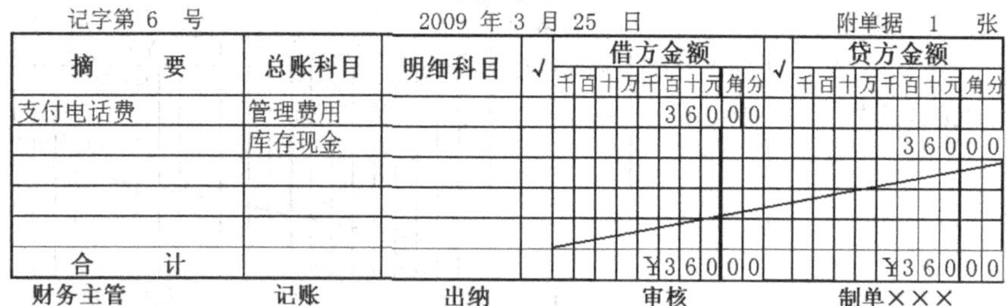

记 账 凭 证

记字第 6 号　　2009 年 3 月 25 日　　附单据 1 张

摘要	总账科目	明细科目	√	借方金额（千百十万千百十元角分）	√	贷方金额（千百十万千百十元角分）
支付电话费	管理费用			36000		
	库存现金					36000
合　计				¥36000		¥36000

财务主管　　记账　　出纳　　审核　　制单×××

记 账 凭 证

记字第 7 号　　2009 年 3 月 26 日　　附单据 1 张

摘要	总账科目	明细科目	√	借方金额（千百十万千百十元角分）	√	贷方金额（千百十万千百十元角分）
购买A材料	原材料			4000000		
	应付账款					4000000
合　计				¥4000000		¥4000000

财务主管　　记账　　出纳　　审核　　制单×××

记 账 凭 证

记字第 8 号　　2009 年 3 月 28 日　　附单据 1 张

摘要	总账科目	明细科目	√	借方金额（千百十万千百十元角分）	√	贷方金额（千百十万千百十元角分）
预借差旅费	其他应收款	张键		50000		
	库存现金					50000
合　计				¥50000		¥50000

财务主管　　记账　　出纳　　审核　　制单×××

记 账 凭 证

记字第 9 号　　　　2009 年 3 月 29 日　　　　附单据 1 张

摘　　要	总账科目	明细科目	√	借方金额										√	贷方金额									
				千	百	十	万	千	百	十	元	角	分		千	百	十	万	千	百	十	元	角	分
报销差旅费	管理费用								4	5	0	0	0											
	库存现金									5	0	0	0											
	其他应收款	张键																		5	0	0	0	0
合　　计								¥	5	0	0	0	0						¥	5	0	0	0	0

财务主管　　记账　　出纳　　审核　　制单×××

记 账 凭 证

记字第 10 号　　　　2009 年 3 月 31 日　　　　附单据 1 张

摘　　要	总账科目	明细科目	√	借方金额										√	贷方金额									
				千	百	十	万	千	百	十	元	角	分		千	百	十	万	千	百	十	元	角	分
领用材料	生产成本						3	0	0	0	0	0	0											
	原材料																	3	0	0	0	0	0	0
合　　计						¥	3	0	0	0	0	0	0				¥	3	0	0	0	0	0	0

财务主管　　记账　　出纳　　审核　　制单×××

(2)登记“T”形账户如下：

借方　　库存现金　　贷方

借方		贷方	
期初余额	1 000	⑥	360
⑨	50	⑧	500
期末余额	190		

借方　　银行存款　　贷方

借方		贷方	
期初余额	8 600	③	15 000
①	2 800	④	25 000
②	58 500		
⑤	100 000		
期末余额	129 900		

借方　　应收账款　　贷方

借方		贷方	
期初余额	58 500	②	58 500
期末余额	0		

借方　　其他应收款　　贷方

借方		贷方	
期初余额	4 000	⑨	500
⑧	500		
期末余额	4 000		

借方　　原材料　　贷方

借方		贷方	
期初余额	116 000	⑩	30 000
⑦	40 000		
期末余额	126 000		

借方　　生产成本　　贷方

借方		贷方	
期初余额	42 000		
⑩	30 000		
期末余额	72 000		

借方	固定资产		贷方
期初余额	433 500		
③	15 000		
期末余额	448 500		

借方	短期借款		贷方
		期初余额	182 000
		⑤	100 000
		期末余额	282 000

借方	应付账款		贷方
		期初余额	93 600
		⑦	40 000
		期末余额	133 600

借方	主营业务收入		贷方
		①	2 800
		结转前余额	2 800

借方	管理费用		贷方
⑥	360		
⑨	450		
结转前余额	810		

借方	销售费用		贷方
④	25 000		
结转前余额	25 000		

【任务检测参考答案】

一、单项选择题

1. B　2. C　3. C　4. B　5. A　6. A　7. D　8. C　9. C
10. C　11. D　12. D　13. B　14. C　15. A　16. D　17. B　18. A
19. C　20. D

二、多项选择题

1. ABCD　2. AC　3. AB　4. ABC　5. ACD
6. BD　7. AD　8. BC　9. AB　10. ACD
11. ABCD　12. AB　13. ABC　14. BD　15. ABD

三、判断题

1. √　2. ×　3. ×　4. ×　5. √　6. √　7. √　8. √
9. ×　10. ×

四、思考题

1. 你知道会计的基本职能有哪些吗?

(1)核算职能；
(2)监督职能。

2. 企业发生的经济业务有哪些类型？它们会破坏各要素之间的平衡关系吗？

任何企业发生的任何经济业务也不外乎以下4种：
(1)资产与权益同时增加相同数额；
(2)资产与权益同时减少相同数额；
(3)资产之间有增有减相同数额；
(4)权益之间有增有减相同数额。

任何经济业务的发生均不会破坏各要素之间的平衡关系。

3. 如何理解会计科目与账户之间的关系？

	会计科目	账　户
联系	• 会计科目是账户的名称； • 账户是会计科目的具体运用； • 二者反映的经济内容是相同的。	
区别	会计科目仅仅是一个名称，只表明某类经济内容。	账户不仅表明经济内容，还具有一定的结构和格式，并通过结构反映经济内容的增减变动情况。

4. 借贷记账法的主要特点有哪些？
(1)以“借”、“贷”为记账符号；
(2)以“有借必有贷，借贷必相等”为记账规则；
(3)以“借方金额等于贷方金额”进行试算平衡；
(4)以账户余额所在的方向来判定账户性质。

任务3 认识企业主要经济业务及其核算

任务目标

1. 认识生产企业常见经济业务，
2. 学会运用记账方法处理这些经济业务；
3. 学会通过编制试算平衡表检查日常会计处理是否正确的方法。

学时建议

14 课时

【导学语】

这天,刚从精华会计学校毕业的章华林来到了京晨服装公司实习,当他走进公司财务部时,看到里面的人们都在埋头做着什么,一会儿又有几个人进出。他想,一个服装厂怎么如此忙碌?他们会有那么多经济业务要处理吗?当你学完本任务后,你就会知道一个生产企业会发生哪些经济业务。

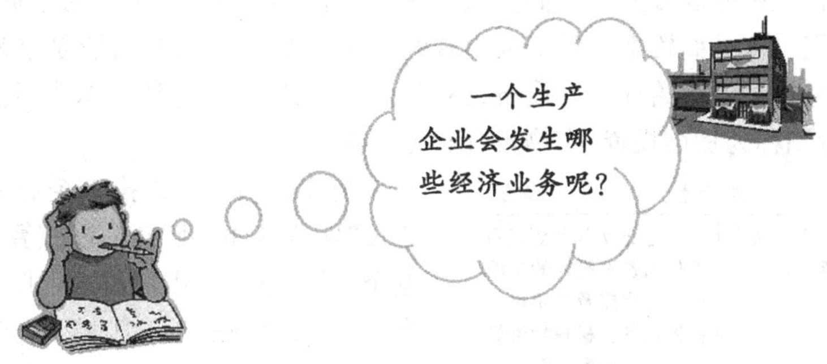

【学一学】

工业企业是社会主义市场经济中,从事生产经营的经济实体,其主要任务是生产市场所需要的产品,以满足社会需要。工业企业是以产品的加工制造和销售为主要生产经营活动的营利性经济组织。它的生产经营过程一般可以分为3个阶段,即供应过程、生产过程和销售过程。在这些过程中企业会发生各种经济业务,从资金循环的角度看,生产企业的主要经济业务包括资金筹集业务、生产准备业务、产品生产业务、产品销售业务、利润形成及其利润分配业务等5个方面。

3.1 资金筹集业务

资金筹集业务是指企业在创办之初及生产经营过程中筹集资金而发生的各项经济业务。这里包含两层意思:首先做生意你得有本钱,无论你组建的是一家股份公司也好,还是有限责任公司也罢,或者是几个人合伙办个小企业,甚至是做个个体户,国家都规定有最低的投入资金的要求,这个叫注册资金,没这个注册资金工商行政管理部门不给注册,你就拿不到营业执照。如果自筹的资金不足的话,可以想办法到银行去借。这两方面构成了筹集资金的主要业务。因此,资金筹集过程核算的主要内容是企业接受投资人投入的资本和借入的资金。

3.1.1 投资者投入资本的核算

企业接受投资者作为资本投入的资金，对于企业而言，称为实收资本；对于投资者而言，为投入资本。因此，企业的实收资本也常称为投入资本。投入资本是指企业的投资者实际投入企业经营活动的各种财产物资。

吸收投资者投入资金有多种途径，可以是政府投入，也可以是其他企业投入，个人投入，甚至是外商投入。我们把从这些途径取得的资金分别叫国家资本、法人资本、个人资本和外商资本。投资人出资的形式也各有不同，有可能是拿来一笔现金或是存款，也可能是给你一套设备，还有可能是某种品牌专利给你使用。这些投入的方式分别称为货币投资、实物投资和无形资产投资。

借方　　　实收资本	贷方
登记投资者按法定程序收回投资时。	登记实际收到投资人作为资本投入的货币资金、房屋及建筑物、机器设备、材料物资等实物或无形资产时。
	期末余额：表示企业实际拥有的资本数额。

图 3.1　账户结构

企业收到投资人投入企业的资本是通过“实收资本”账户进行核算的（股份制企业用“股本”账户）。该账户属于所有者权益类账户。其结构如图 3.1 所示：

一般情况下，除企业将资本公积、盈余公积转作资本外，“实收资本”数额不能随意变动。该账户应按投资者进行明细分类核算。

除上述账户外，企业还应按照投入资金的形态和用途分别设置“库存现金”、“银行存款”、“固定资产”、“无形资产”等资产类账户。

例 3.1　京晨服装公司是由京海服饰公司和晨星商贸公司于 2005 年共同出资兴建的。2008 年 1 月公司决议扩大经营规模增加投资。1 日收到京海服饰公司投入的资金 500 000 元，存入银行存款户。

这项经济业务发生后，一方面使得公司银行存款增加，应记入“银行存款”账户的借方；另一方面反映京海服饰公司投入的资本增加，应记入“实收资本”账户的贷方。其会计分录如下：

借：银行存款　　　　　　　　　　　　　　500 000

　　贷：实收资本——京海服饰公司　　　　　　　　500 000

例 3.2　京晨服装公司 2008 年 1 月 10 日收到晨星商贸公司投入新型制衣设备一套，双方确认价值 480 000 元。

这项经济业务发生后，一方面使得公司固定资产增加，应记入“固定资产”账户的借方；另一方面反映晨星商贸公司投入的资本增加，应记入“实收资本”账户的贷方。其会计分录如下：

借:固定资产——生产经营用 480 000
　　贷:实收资本——晨星商贸公司 480 000

3.1.2 向债权人借入资金的核算

企业在生产经营过程中,为弥补生产周转资金的不足,经常需要向银行或非银行金融机构等债权人借入资金。采用借款方式筹资,存在着一个还款期限的问题,我们把企业向银行或其他金融机构借入的还款期在一年以下的各种借款叫作短期借款。当然超过一年的向银行或其他金融机构借入的各种借款就叫作长期借款。

需要设置的主要账户有:

(1)"短期借款"账户

这是负债类账户,核算企业向银行或其他金融机构等借入的期限在一年以下(含一年)的各种借款。本账户应按债权人设置明细分类账,并按借款的种类进行明细核算。其结构如图3.2所示。

(2)"长期借款"账户

这是负债类账户,核算企业向银行或其他金融机构等借入的期限在一年以上(不含一年)的各种借款。本账户可按贷款的单位和贷款种类,分"本金"、"利息调整"等进行明细核算。其结构如图3.3所示。

借方　　短期借款	贷方
登记企业归还的短期借款本金数额。	登记企业借入的各种短期借款的本金数额。
	期末余额:表示尚未偿还的短期借款本金数额。

图3.2 账户结构

借方　　长期借款	贷方
登记企业归还的长期借款本金数额。	登记企业借入的各种长期借款的本金数额。
	期末余额:表示尚未偿还的长期借款。

图3.3 账户结构

(3)"财务费用"账户

这是损益类账户,核算企业为筹集生产经营所需资金等而发生的筹资费用,包括利息支出(减利息收入)、汇兑损益以及相关的手续费等。其结构如图3.4所示。

借方　　财务费用	贷方
登记企业发生的各项财务费用。	登记期末转入"本年利润"的数额
期末余额:无余额	

图3.4 账户结构

例3.3 京晨服装公司2008年1月2日因生产经营需要,向银行申请取得期限为6个月的借款200 000元,年利率为6%,款项存入银行存款户。按月计提利息，按季付息。

这项经济业务发生后，一方面说明因生产经营需要而增加短期借款，应记入“短期借款”账户的贷方；另一方面说明银行存款增加，应记入“银行存款”账户的借方。其会计分录如下：

借：银行存款　　200 000

　贷：短期借款——流动资金周转借款　　200 000

例 3.4　月末计提短期借款利息 1 000 元。

该项经济业务发生后，一方面使企业财务费用增加 1 000 元，应记入“财务费用”账户的借方；另一方面使企业负债增加，应记入“应付利息”账户的贷方。其会计分录如下：

借：财务费用　　1 000

　贷：应付利息　　1 000

例 3.5　京晨服装公司 2008 年 1 月 12 日因基本建设工程所需，向银行申请取得期限为二年的借款 350 000 元，款项存入银行存款户。

这项经济业务发生后，一方面说明因基建工程需要而增加长期借款，应记入“长期借款”账户的贷方；另一方面说明银行存款增加，应记入“银行存款”账户的借方。其会计分录如下：

借：银行存款　　350 000

　贷：长期借款　　350 000

【想一想】

长期借款的利息如何处理呢？

知识拓展：关于长期借款利息的处理

一般来讲，企业的借款用于需要经过相当长时间的购建活动才能达到预定可使用状态的固定资产时，其发生的借款费用可直接计入固定资产的购建成本；企业的借款用于需要经过相当长时间的生产活动才能达到预定销售状态的存货时，其发生的借款费用可直接计入这些存货的生产成本。这种将发生的借款费用直接计入固定资产和存货成本的方式，会计上称之为借款费用资本化。

3.2　生产准备业务

生产准备是生产经营活动正常进行的前提和基础。企业在生产准备阶段的主要任务是进行固定资产的购建和材料物资的采购。因此,该过程的核算主要包括固定资产增加的核算以及材料采购的核算。

3.2.1 固定资产购进的核算

固定资产是指同时具有以下特征的有形资产:①为生产商品、提供劳务、出租或经营管理而持有的;②使用寿命超过一个会计年度。如企业的厂房、建筑物、机器设备、运输设备以及其他与生产、经营有关的设备、器具、工具等都是固定资产。企业在购建厂房、购买机器设备等过程中,一方面要支付货币资金,另一方面固定资产会增加。由于某些固定资产的购建过程比较复杂,会计核算也较为复杂,作为基础会计阶段仅简单介绍固定资产购置业务。

固定资产应按其取得时的成本作为入账的价值,取得时的成本包括买价、进口关税、运输费用和保险等相关费用,以及使固定资产达到预定可使用状态前所发生的必要支出。

企业购入固定资产,应通过"固定资产"账户进行核算。该账户属于资产类账户,用来核算企业固定资产原始价值的增减变动和结存情况。该账户应按固定资产类别、使用部门和每项固定资产设置"固定资产登记簿"或"固定资产卡片",进行明细分类核算。其结构如图3.5所示。

借方　　　　固定资产	贷方
登记固定资产增加的原始价值	登记固定资产固定资产减少的原始价值。
期末余额:反映企业期末固定资产的账面原价。	

图3.5　账户结构

例3.6　京晨服装公司2008年1月18日,购入一台不需要安装的设备,全部价款为240 000元,已用银行存款支付。

这项经济业务发生后,一方面使固定资产增加,应记入"固定资产"账户的借方;另一方面使银行存款减少,应记入"银行存款"账户的贷方。其会计分录如下:

借:固定资产——生产经营用　　　　240 000

　贷:银行存款　　　　　　　　　　　240 000

【想一想】

企业在购置固定资产时,取得的发票如果是增值税专用发票,其发生的增值税应如何处理呢?

请注意:

于2009年1月1日起施行的新修订增值税暂行条例中，为减轻企业负担，删除了有关不得抵扣购进固定资产的进项税额的规定，允许纳税人抵扣购进固定资产的进项税额，实现增值税由生产型向消费型的转换。例3.5中如果发生的增值税为40 800元，则会计分录为：

借:固定资产 240 000

　应交税费——应交增值税（进项税额） 40 800

　贷:银行存款 280 800

3.2.2 材料采购业务的核算

企业进行正常的生产经营活动,就必须购买和储备一定种类和数量的材料。购进材料业务一方面是取得材料,另一方面是要支付材料款项。只有两方面的经济活动都完成,购进业务才算结束。材料采购会计处理的主要内容包括:计算材料采购成本、货款的结算和材料的验收入库等三方面。

材料的采购成本一般由以下各项内容组成:

材料采购成本的构成

- 买价:指供应单位的发票价格即不含税价。
- 运杂费:指从购入至到达企业仓库前所发生的各项费用,包括运输费、装卸费、保险费、包装费和仓储费等。
- 运输途中的合理耗损。
- 入库前的整理挑选费用:包括整理挑选中发生的工、费支出和必要的损耗,并扣除回收的边脚废料价值。
- 规定应由购入材料方承担的税金(如关税等)和其他费用等。

为了正确核算供应阶段的经济业务,需要设置的主要账户有:

(1)“在途物资”账户

这是资产类账户,用来核算企业采用实际成本进行各种材料(或商品)的日常核算,包括物资买价和采购费用,并据以计算材料采购成本。本账户可按供应单位和物资品种进行明细核算。其结构如图3.6所示。

(2)“原材料”账户

这是资产类账户,用来核算企业库存各种材料的收入、发出和结存情况,包括原料及主要材料、辅助材料、外购半成品、包装材料、燃料等。本账户可按保管地点(仓库)、材料的类别、品种和规格等进行明细核算。其结构如图3.7所示。

借方　　　　在途物资	贷方
登记购入材料的实际采购成本。	登记已验收入库材料的实际成本。
期末余额：反映企业在途材料、商品等物资的采购成本。	

图3.6　账户结构

借方　　　　原材料	贷方
登记已验收入库的各种材料的实际成本。	登记材料发出、减少的实际成本。
期末余额：表示各种库存材料的实际成本。	

图3.7　账户结构

(3)“应付账款”账户

这是负债类账户,用来核算企业因采购材料、商品和接受劳务供应而应付给供应单位的款项。本账户可按债权人进行明细核算。其结构如图3.8所示。

(4)“应付票据”账户

这是负债类账户,用来核算企业因购买材料、商品和接受劳务供应而开出、承兑的商业汇票,包括银行承兑汇票和商业承兑汇票。其结构如图3.9所示。

借方　　　　应付账款	贷方
登记实际归还款项的数额。	登记应付未付款项的数额。
	期末余额：表示尚欠供应单位的款项。

图3.8　账户结构

借方　　　　应付票据	贷方
登记到期商业汇票的偿还或未偿还时转入其他相关账户的数额。	登记开出、承兑商业汇票的数额。
	期末余额：反映企业尚未到期的商业汇票的数额。

图3.9　账户结构

(5)“预付账款”账户

这是资产类账户,核算企业按照购货合同规定预付给供应单位的款项。本账户可按供应单位进行明细核算。其结构如图3.10所示。

(6)“应交税费——应交增值税”账户

用来核算企业购销货物时应交的增值税,本账户可设置“进项税额”、“已交税金”、“销项税额”、“进项税额转出”等明细账户。其结构如图3.11所示:

借方	预付账款　　贷方
登记按照合同规定预付给供应单位的货款和补付的款项。	登记收到所购货货物冲减的预付款和退回多付的款项。
期末余额：表示企业实际预付的款项。	表示企业尚未补付的款项。

图 3.10　账户结构

借方　　应交税费——应交增值税	贷方
反映企业购进货物或接受劳务支付的进项税额和实际已交纳的增值税。	反映企业销售货物或提供劳务应交纳的销项税额，转出已支付或应分担的增值税。
期末余额：多上交或尚未抵扣的增值税。	反映企业尚未交纳的增值税。

图 3.11　账户结构

知识拓展

根据我国增值税暂行条例规定，凡在我国境内销售货物或者提供劳务及进口货物的单位和个人，应当交纳增值税。为此，会计核算时，在“应交税费——应交增值税”账户下设置了以下几个专栏：

借方栏目：

(1)“进项税额”专栏，记录企业购入货物或接受应税劳务而支付的，按规定准予从销项税额中抵扣的增值税额。

(2)“已交税金”专栏，记录企业本月已缴纳的增值税额。

(3)“减免税款”专栏，记录企业按规定直接减免的增值税款。

(4)“出口抵减内销产品应纳税额”专栏，记录企业按照规定的退税率计算的出口货物的进项税额抵减内销产品的应纳税额。

(5)“转出未交增值税”专栏，记录月终转出应交未交的增值税。

贷方栏目：

(1)“销项税额”专栏，记录企业销售货物或提供劳务应收取的增值税税额。

(2)“出口退税”专栏，记录企业出口适用规定退税率的货物，向海关办理报关出口退税而收到退回的税款。

(3)“进项税额退出”专栏，记录企业的购进货物、在产品、产成品等发生非正常损失，以及其他原因而不应从销项税额中抵扣按规定转出的进项税额。

(4)“转出多交增值税”专栏，记录企业月终转出本月多缴的增值税。

以下仍以京晨服装公司 2008 年 1 月发生的经济业务为例。

例 3.7　3 日，从裕大华织布厂购进生产用涤纶面料 10 匹，单价 2 000 元，价款 20 000 元，增值税 3 400 元，发生运杂费 150 元，上述所有款项均以存款支付。材料已如数验收入库。

这项经济业务发生后，一方面表明材料的买价是 20 000 元，采购费用 150 元，应记入“原材料”账户的借方,进项增值税3 400元记入“应交税费”的借方;另一方面表明所有款项已用存款付清,应记入“银行存款”账户的贷方。其会计分录如下:

借:原材料——涤纶面料　　20 000
　应交税费——应交增值税(进项税额)　　3 400
　贷:银行存款　　23 400

例3.8　5日,公司根据合同规定,以银行存款8 190元付新都纺织品公司购全棉面料款,先预付3 000元。

这项经济业务发生后,一方面使预付账款增加,应记入“预付账款”的借方,另一方面使银行存款减少,应记入“银行存款”的贷方。其会计分录如下:

借:预付账款——新都纺织品公司　　3 000
　贷:银行存款　　3 000

例3.9　10日,本月3日已向新都纺织品公司支付款项的材料今日到货,并验收入库。收到的增值税专用发票上列明的面料款为7 000元,增值税1 190元。同时公司以银行存款补付差额款5 190元。

这项经济业务发生后,一方面使原材料增加,应记入“原材料”账户的借方,进项税额1 190元应记入“应交税费”的借方,另一方面使预付账款、银行存款减少,应分别记入“预付账款”和“银行存款”的贷方。其会计分录如下:

借:原材料——全棉面料　　7 000
　应交税费——应交增值税(进项税额)　　1 190
　贷:预付账款——新都纺织品公司　　3 000
　　银行存款　　5 190

例3.10　15日,从光华商贸公司购生产用纯棉面料15匹,单价2 300元,计价款34 500元,增值税5 865元;混纺面料20匹,单价1 800元,计价款36 000元,增值税6 120元;共同发生运杂费2 115元。开出承兑的商业汇票抵付货款及运杂费。

这项业务的发生,使材料采购成本增加,包括买价和运杂费。发生的运杂费应由这两种材料共同承担。为了准确计算各种材料的采购成本,应采用一定的分配方法,按一定的分配标准在所采购的各种材料之间进行分配。常用的分配标准有材料的买价和所采购材料的重量。对本业务中发生的运杂费的分配适宜采用材料买价作为分配标准。其分配计算过程如下:

$$\text{分配率}=\frac{\text{采购费用总额}}{\text{材料的总重量(或总买价)}}=\frac{2\ 115\text{ 元}}{70\ 500\text{ 元}}=0.03$$

应由纯棉面料分摊的采购费用 = 该种材料的采购重量(或买价)×分配率
=34 500元×0.03=1 035元

应由混纺面料分摊的采购费用 = 36 000 元 × 0.03 = 1 080 元

借:在途物资——纯棉面料(34 500 + 1 035)　　35 535
　　　　　　——混纺面料(36 000 + 1 080)　　37 080
　应交税费——应交增值税(进项税额)　　11 985
　贷:应付票据——光华商贸公司　　84 600

例 3.11　18 日,从光华商贸公司所购材料已到,经验收入库,结转其采购成本。

这笔经济业务表明,面料的供应过程已完成,这时材料的实际成本应从“在途物资”账户的贷方转入“原材料”账户的借方,以反映入库材料的实际成本。其会计分录如下:

借:原材料——纯棉面料　　35 535
　　　　——混纺面料　　37 080
　贷:在途物资——纯棉面料　　35 535
　　　　　　——混纺面料　　37 080

例 3.12　20 日,从成都纺织品公司购进涤纶里料 5 匹,单价 840 元,价款4 200 元,增值税 714 元,运杂费 120 元,材料已验收入库,账单、发票已到,但款项尚未支付。

这笔经济业务发生后,一方面表明涤纶里料的买价是 4 200 元,运杂费为 120 元,已验收入库,应记入“原材料”账户的借方,进项税额 714 元,应记入“应交税费”的借方;另一方面表明材料款项尚未支付,应记入“应付账款”账户的贷方。其会计分录如下:

借:原材料——纯棉面料　　4 320
　应交税费——应交增值税(进项税额)　　714
　贷:应付账款——成都纺织品公司　　5 034

知识拓展:关于进货中发生的运输费的处理

我国的增值税法规定:一般纳税人外购货物所支付的运输费用,以及一般纳税人销售货物所支付的运输费用,根据运费结算单据(普通发票)所列运费金额依 7% 的扣除率计算抵扣进项税额准予扣除,但随同运费支付的装卸费、保险费等其他杂费不得计算扣除进项税额。

准予作为抵扣凭证的运费结算单据，是指铁路、民用航空、公路和水上运输单位开具的货票，以及从事货物运输的非国有运输单位开具的套印全国统一发票监制章的货票。这是保证企业所获取的发票有合法的来源。只有来源合法的单据才能充分证明业务的合法性。

如上述例3.12中，购货中所支付的运杂费120元中100元是运输费，并且取得的是全国联运行业货运统一发票，则100元×7%＝7元可以作为进项税额抵扣。因此，该题的会计分录应为：

借：原材料——纯棉面料(4 200＋120－7)　　　　4 313

　　应交税费——应交增值税(进项税额)(714＋7)　　　　721

　　贷：应付账款——成都纺织品公司　　　　5 034

3.3　产品生产业务

产品的生产过程是指从材料投入生产开始，到产品完工入库为止的全部过程。生产过程既是产品的制造过程，也是生产的耗费过程。企业要生产产品就会发生生产耗费，包括生产资料中的劳动手段(如机器设备)和劳动对象(如原材料)的耗费，以及劳动力等方面的耗费。企业在一定时期内发生的、用货币表现的生产耗费，称生产费用。这些费用最终都要归集、分配到一定种类和一定数量的产品上，形成各种产品的成本。企业为生产一定种类、一定数量产品所发生的各种生产费用的总和，就是产品成本。因此，产品生产过程中费用的发生、归集和分配，以及产品成本的形成，构成了产品生产业务核算的主要内容。

3.3.1　生产过程的核算主要设置的账户

(1)“生产成本”账户

这是成本类账户，核算企业进行工业性生产发生的各项生产成本，包括生产各种产品(产成品、自制半成品等)、自制材料、自制工具、自制设备等发生的生产成本。为了具体核算每一种产品的生产费用，还应按产品的品种或类别设置生产成本明细账，进行明细分类核算。其结构如图3.12所示。

(2)“制造费用”账户

这是成本类账户，用来核算生产车间(或分厂)为组织和管理生产而发生的各项间接费用，包括生产车间的管理人员工资等职工薪酬、固定资产折旧费、租赁费、机物料消耗、低值易耗品摊销、取暖费、水电费、办公费、保险费、季节性或修理期间的停工损失等。本账户应按不同生产车间或部门和费用项目进行明细分类核算。其结构如图3.13所示。

借方　　生产成本	贷方
登记应记入产品生产成本的各项费用，包括直接材料、直接人工以及制造费用。	登记结转完工入库产品的生产成本。
期末余额：表示尚未加工完成的各项在产品成本。	

图 3.12　账户结构

借方　　制造费用	贷方
登记实际发生的各项制造费用。	登记分配转入“生产成本”账户的转出额。
期末余额：一般无余额	

图 3.13　账户结构

(3)“库存商品”账户

这是资产类账户，用来核算企业库存各种商品成本增减变动情况的账户。本账户应按商品的种类、品种和规格设置明细账，进行明细分类核算。其结构如图 3.14 所示。

(4)“应付职工薪酬”账户

这是负债类账户，核算企业根据有关规定应付给职工的各种薪酬，包括工资、福利费、工会经费、社会保险费、住房公积金等所有为职工支付的费用。其结构如图 3.15 所示。

借方　　库存商品	贷方
登记已生产完工并验收入库商品的成本。	登记因销售等原因发出的库存商品的成本。
期末余额：表示库存商品实际成本。	

图 3.14　账户结构

借方　　应付职工薪酬	贷方
登记实际支付的各种薪酬数额。	登记企业应支付给职工的各种费用总额。
	期末余额：反映企业应付未付的职工薪酬。

图 3.15　账户结构

(5)“累计折旧”账户

这是资产类账户，核算企业固定资产因磨损而减少的价值。该账户是固定资产的备抵账户。其结构如图 3.16 所示。

(6)“管理费用”账户

这是损益类账户，核算企业为组织和管理企业生产经营所发生的管理费用，包括企业在筹建期间内发生的开办费，董事会和行政管理部门在企业的经营管理中发生的或者应由企业统一负担的公司经费（包括行政管理部门职工工资及福利费、物料消耗、低值易耗品摊销、办公费和差旅费、工会经费、董事会费、聘请中介机构费、咨询费、诉讼费、业务执行招待费、房产税、车船税、土地使用税、印花税、技术转让费、矿产资源补偿费、研究费用、排污费等）。其结构如图 3.17 所示。

借方	累计折旧　　　　贷方
登记因出售、报废、毁损和盘亏等原因减少的累计折旧数。	登记固定资产折旧的提取数。
	期末余额：反映企业固定资产的累计折旧额。

图 3.16　账户结构

借方	管理费用　　　　贷方
借方登记管理费用实际发生数	登记期末转入“本年利润”的数额。
期末余额：无余额	

图 3.17　账户结构

3.3.2　生产业务的会计处理

(1)材料费用的核算

企业在生产过程中,必然要消耗材料。生产和其他部门需要材料时,应填制有关的领料凭证,向仓库办理领料手续。月末会计部门根据领料凭证编制领料汇总表,并据此进行会计处理。

例 3.13　仍以前例,京晨服装公司 2008 年 1 月领料凭证汇总表见表 3.1:

表 3.1　**发出材料汇总表**

2008 年 1 月　　　　　　单位:元

项　目		纯棉面料	混纺面料	合计
生产产品耗用	休闲服	50 000	30 000	80 000
	西　服	40 000	20 000	60 000
	小　计	90 000	50 000	140 000
车间一般耗用			2 000	2 000
行政管理部门耗用			300	300
合　　计		90 000	52 300	142 300

该项经济业务发生后,一方面使企业库存材料减少 142 300 元,应记入“原材料”账户的贷方;另一方面使生产费用增加 142 300 元,其中用于产品生产所耗用的应记入所生产的产品的“生产成本”账户,车间一般耗用的应记入“制造费用”账户,行政管理部门耗用的应记入“管理费用”账户。其会计分录如下:

借:生产成本——休闲服　　　　80 000
　　　　　　——西服　　　　60 000
　　制造费用　　　　2 000
　　管理费用　　　　300

贷:原材料——纯棉面料　　　　　　　　　　　　　　　　90 000

——混纺面料　　　　　　　　　　　　　　　　52 300

(2)支付职工薪酬的核算

产品生产企业的职工,包括生产工人、车间技术人员、车间管理人员及行政管理人员等。企业应定期向职工以工资的形式支付劳动报酬,从而形成企业的一种耗费,构成生产成本。企业支付给劳动者的劳动报酬包括工资、奖金和各种津贴。企业支付的职工薪酬,应根据职工的具体工作岗位不同记入不同的成本费用账户。生产工人的薪酬记入"生产成本"账户,车间管理人员的薪酬记入"制造费用"账户,企业行政管理部门人员的薪酬记入"管理费用"账户。

例 3.14　根据工时和考勤记录计算的本月应付职工工资如下:

生产休闲服的生产工人的薪酬　　　60 000 元

生产西服的生产工人工资的薪酬　　70 000 元

生产车间管理人员的薪酬　　　　　5 000 元

行政管理部门人员的薪酬　　　　　15 000 元

合计　　　　　　　　　　　　　　150 000 元

这项经济业务发生后,一方面表示本月应付职工工资增加,应记入"应付职工薪酬"账户的贷方;另一方面表示工资费用也增加,其中生产工人薪酬应记入"生产成本"账户的借方,车间管理人员的薪酬记入"制造费用"账户的借方,企业行政管理部门人员的薪酬记入"管理费用"账户的借方。其会计分录如下:

借:生产成本——休闲服　　　　　　　　　　60 000

——西服　　　　　　　　　　70 000

制造费用——工资费　　　　　　　　　　5 000

管理费用——工资费　　　　　　　　　　15 000

贷:应付职工薪酬——工资水平　　　　　　　　150 000

例 3.15　开出转账支票支付本月职工工资 150 000 元。

这项经济业务发生后,一方面说明银行存款减少,应记入"银行存款"账户的贷方;另一方面"应付职工薪酬"也减少了,应记入"应付职工薪酬"账户的借方。其会计分录如下:

借:应付职工薪酬——工资　　　　　　　　150 000

贷:银行存款　　　　　　　　　　　　　　150 000

知识拓展:职工薪酬包括的内容

职工薪酬包括:①职工工资、奖金、津贴和补贴;②职工福利费,包括提供给职工配偶、子女或其他被赡养人的福利等;③医疗保险费、养老保险费(包括根据国家规定的标准向社会机构缴纳的养老保险费,以及根据企业年金计划向企业年金基金相关管理人缴纳的社会补充养老保险费)、失业保险费、工伤保险费和生育保险等社会保险费;④住房公积金;⑤工会经费和职工教育经费;⑥非货币性福利(包括企业以自产产品发放给企业职工、将企业拥有的资产无偿提供给职工使用、为职工无偿提供医疗保健服务等福利);⑦因解除与职工的劳动关系所给予的补偿;⑧其他与获得职工提供的服务相关的支出。由《企业会计准则第11号——股份支付》规范的对职工的股份支付,也属于职工薪酬。

(3)制造费用的核算

为组织和管理生产活动而发生的各项制造费用,不能直接记入产品的成本。为了正确计算产品的成本,必须将这些费用先记入"制造费用"账户,然后再按照一标准将其分配记入有关产品成本。

例3.16 以银行存款支付本月水电费5 200元,其中生产车间耗用4 000元,行政管理部门耗用1 200元,暂不考虑有关税费。

该项经济业务发生后,一方面表示本月有关费用增加,其中行政管理部门耗用的水电费应记入"管理费用"账户的借方,生产车间耗用的水电费应记入"制造费用"账户借方;另一方面,银行存款减少,应记入"银行存款"账户的贷方。其会计分录如下:

借:制造费用——水电费　　4 000
　管理费用——水电费　　1 200
　贷:银行存款　　5 200

例3.17 以银行存款支付行政管理部门的办公费6 000元。

这笔经济业务的发生,一方面使银行存款减少,应记入"银行存款"账户的贷方;另一方面行政管理部门的费用属于管理费用,应记入"管理费用"账户的借方。其会计分录如下:

借:管理费用——办公费　　6 000
　贷:银行存款　　6 000

例3.18 按照规定的固定资产折旧率,计提本月固定资产折旧23 600元,其中车间固定资产折旧15 000元,行政管理部门固定资产折旧8 600元。

固定资产在使用过程中所磨损的价值称为固定资产折旧。这部分价值应按照固定资产原始价值和核定的折旧率按月计算折旧费用并记入间接费用或期间费用。

这笔经济业务发生后,一方面要反映折旧费用的增加,记入“制造费用”和“管理费用”的借方;另一方面要反映固定资产折旧增加,要记入“累计折旧”账户的贷方。其会计分录如下:

借:制造费用——折旧费 15 000

管理费用——折旧费 8 600

贷:累计折旧 23 600

例 3.19 月末,按照生产工人的工资比例分配结转本月发生的制造费用。

根据例 3.12,例 3.13,例 3.15,例 3.17 的资料,计算本月发生的制造费用:

2 000 元 + 5 000 元 + 4 000 元 + 15 000 元 = 26 000 元

$$制造费用分配率 = \frac{制造费用总额}{某种产品生产工人工资总额} = \frac{26\ 000\ 元}{60\ 000\ 元 + 70\ 000\ 元} = 0.20$$

休闲服应负担的制造费用 = 60 000 元 × 0.20 = 12 000 元

西服应负担的制造费用 = 70 000 元 × 0.20 = 14 000 元

借:生产成本——休闲服 12 000

——西服 14 000

贷:制造费用 26 000

例 3.20 月末结转本月完工产品的实际成本,本月生产的产品全部完工。

休闲服的实际成本 = 80 000 元 + 60 000 元 + 12 000 元 = 152 000 元

西服的实际成本 = 60 000 元 + 70 000 元 + 14 000 元 = 144 000 元

借:库存商品——休闲服 152 000

——西服 144 000

贷:生产成本——休闲服 152 000

——西服 144 000

3.4 产品销售业务

从生产过程制造完工的产成品验收入库开始,到产品销售给购买方为止的过程称为销售过程。在产品的销售过程中,企业围绕产品的营销还将发生各种费用支出。比如要配备专门的销售人员,要在各种媒体做广告,要召开产品发布会,等等。与客户签订销售合同后,一方面要根据合同规定将产品交付给购货方,并按合同约定价格与其结算,取得收入;另一方面还要根据所销售产品的生产成本结转销售成本、销售费用,确认销售环节应缴纳的税金等,直至结转出销售业务利润。所以，在企业销售业务的会计核算过程中，确认产品销售收入和其他销售收入的实现并办理与购买单位的货款结算、计算并结转产品销售成本和其他销售成本、支付销售费用、计算和交纳销售税金便构成生产企业销售业务核算的主要内容。

收入是指企业在日常活动中形成的、会导致所有者权益增加的、与所有者投入资本无关的经济利益的总流入。收入包括商品销售收入和其他销售收入。销售收入在下列条件均能满足时予以确认：

销售收入确认五个条件：
- 企业已将商品所有权上的主要风险和报酬转移给购货方
- 企业既没有保留通常与所有权相联系的继续管理权，也没有对已售出商品实施控制
- 收入的金额能够可靠计量
- 相关的经济利益很可能流入企业
- 相关的已发生或将发生的成本能够可靠地计量

为了正确反映销售过程核算的内容，企业应设置和运用以下账户：

(1)“主营业务收入”账户

这是损益类账户，是用来核算企业在销售商品、提供劳务及让渡资产使用权等日常活动中所产生的收入。本账户可按主营业务的种类进行明细核算。其结构如图3.18所示。

(2)“主营业务成本”账户

这是损益类账户，核算企业因销售产品、提供劳务或让渡资产使用权等日常活动而发生的实际成本。其结构如图3.19所示。

借方　　主营业务收入	贷方
登记发生的销售退回和转入“本年利润”账户的收入	登记企业销售商品（包括产成品、自制半成品等）或让渡资产使用权所实现的收入。
期末余额：无余额	

图3.18　账户结构

借方　　主营业务成本	贷方
登记已售商品、提供的各种劳务等的实际成本。	登记当月发生销售退回的商品成本和期末转入“本年利润”账户的当期销售产品成本。
期末余额：无余额	

图3.19　账户结构

(3)“销售费用”账户

这是损益类账户，核算企业在销售产品过程中发生的费用，包括运输费、装卸费、包装费、保险费、展览费和广告费，以及为销售本企业商品而专设的销售机构（含销售网点、售后服务网点等）的职工工资及福利费、类似工资性质的费用、业务费等经营费用。其结构如图3.20所示。

(4)“营业税金及附加”账户

这是损益类账户，核算企业日常活动应负担的税金及附加，包括营业税、消费税、城市维护建设税、资源税、土地增值税和教育费附加等。其结构如图3.21所示。

借方　　销售费用	贷方
登记发生的各种销售费用。	登记转入“本年利润”账户的销售费用。
期末余额：无余额	

图3.20　账户结构

借方　　营业税金及附加	贷方
登记按照规定计算应由主营业务负担的税金及附加。	登记期末转入“本年利润”账户中的主营业务税金及附加。
期末余额：无余额	

图3.21　账户结构

(5)“应收账款”账户

这是资产类账户，核算企业因销售商品、产品、提供劳务等，应向购货单位或接受劳务单位收取的款项。本账户应按购货单位进行明细核算。其结构如图3.22所示。

(6)“应收票据”账户

这是资产类账户，核算企业因销售产品等而收到的商业汇票。其结构如图3.23所示。

借方　　应收账款	贷方
登记因销售商品、提供劳务等经营活动应收取的款项。	登记实际收到的应收款项。
期末余额：反映企业尚未收回的款项。	

图3.22　账户结构

借方　　应收票据	贷方
登记因销售商品、提供劳务等而收到开出、承兑的商业汇票。	登记到期收到的金额。
期末余额：反映企业持有的商业汇票的票据金额。	

图3.23　账户结构

(7)“预收账款”账户

这是负债类账户，核算企业按照合同规定预收的款项。本账户应按购货单位进行明细核算。其结构如图3.24所示。

(8)“应交税费”账户

这是负债类账户，用来核算企业应缴纳的各种税金，如增值税、营业税、消费税、城市维护建设税、所得税等。其结构如图3.25所示。

借方	预收账款 贷方
登记向购货单位发出商品实现销售的款项。	登记企业向购货单位预收的款项。
	期末余额：表示预收购货单位的款项。

图3.24 账户结构

借方	应交税费 贷方
登记已交的各种税金。	登记按规定计算的各种应缴纳税金
表示多交的税金。	期末余额：表示未交的税金。

图3.25 账户结构

3.4.1 销售过程中主营业务核算的会计处理

仍以京晨服装公司为例,说明该公司2008年1月销售过程业务的核算。

例3.21 销售西服500件,单位售价300元,计价款为150 000元,增值税25 500元,商品已经售出,款项当即由银行收妥。

这项经济业务发生后,一方面使企业银行存款增加,记入"银行存款"账户的借方;另一方面使企业产品销售收入增加,记入"主营业务收入"账户的贷方,企业向购货方收取的增值税销项税额应记入"应交税费"账户的贷方。其会计分录如下:

借:银行存款　　175 500
　贷:主营业务收入——西服　　150 000
　　应交税费——应交增值税(销项税额)　　25 500

例3.22 向华清公司销售休闲服400件,单位售价250元,计价款为100 000元,增值税17 000元,商品已经售出,款项尚未收到。

这项经济业务发生后,一方面使企业应收账款增加,记入"应收账款"账户的借方;另一方面使企业产品销售收入增加,记入"主营业务收入"账户的贷方,企业向购货方收取的增值税销项税额应记入"应交税费"账户的贷方。其会计分录如下:

借:应收账款——华清公司　　117 000
　贷:主营业务收入——休闲服　　100 000
　　应交税费——应交增值税(销项税额)　　17 000

例3.23 采用商业汇票结算方式,向龙发公司销售西服600件,单位售价300元,计价款180 000元,增值税收到该公司签发的商业汇票一张,期限为3个月。

这项经济业务发生后,一方面使企业应收款增加,记入"应收票据"账户的借方;另一方面使企业产品销售收入增加,记入"主营业务收入"账户的贷方,企业向购货方收取的增值税销项税额应记入"应交税费"账户的贷方。其会计分录如下:

借:应收票据——龙发公司　　210 600

贷:主营业务收入——西服 180 000

应交税费——应交增值税(销项税额) 30 600

例 3.24 根据合同规定,预收荣达公司购休闲服款 400 000 元,存入银行存款户。

该项经济业务发生后,一方面使企业预收账款增加,应记入“预收账款”账户的贷方;另一方面使银行存款增加,应记入“银行存款”账户的借方。其会计分录如下:

借:银行存款 400 000

贷:预收账款——荣达公司 400 000

例 3.25 向上述预付货款的购买单位发出商品,共计价款 400 000 元,增值税 68 000 元。同时收到差额款,存入银行。

该项经济业务发生后,一方面使企业负债减少,应记入“预收账款”账户的借方,同时收到差额款后银行存款增加,应记入“银行存款“借方;另一方面使企业销售收入增加,记入“主营业务收入”账户的贷方,企业向购货方收取的增值税销项税额增加,应记入“应交税费——应交增值税”账户的贷方。其会计分录如下:

借:预收账款——荣达公司 400 000

银行存款 68 000

贷:主营业务收入 400 000

应交税费——应交增值税(销项税额) 68 000

例 3.26 接到银行通知,收到前述销售给华清公司的款项。

该项经济业务发生后,一方面使企业银行存款增加,应记入“银行存款”账户借方;另一方面使企业债权减少,应记入“应收账款”账户的贷方。其会计分录如下:

借:银行存款 117 000

贷:应收账款——华清公司 117 000

例 3.27 企业以银行存款支付销售产品的广告费 80 000 元。

该项经济业务发生后,一方面使企业销售费用增加,应记入“销售费用”账户借方;另一方面使企业银行存款减少,应记入“银行存款”账户的贷方。其会计分录如下:

借:销售费用——广告费 80 000

贷:银行存款 80 000

例 3.28 月末计算并结转本月已销商品的生产成本。本月已售休闲服 2 000

件,单位成本150元,计300 000元;已售西服1 100件,单位成本200元,计220 000元。

该项经济业务表明,结转这两种产品的销售成本,一方面使产品销售成本增加,记入"主营业务成本"账户的借方;另一方面使产成品减少,记入"库存商品"账户的贷方。其会计分录如下:

借:主营业务成本——休闲服　　300 000
　　　　　　　　——西服　　220 000
　贷:库存商品——休闲服　　300 000
　　　　　　——西服　　220 000

例3.29　计提本月应交城市维护建设税12 000元。

这项经济业务发生后,表明企业的营业税费增加,应记入"营业税金及附加"账户的借方;另一方面表明企业的应交税金增加,应记入"应交税费"账户的贷方。其会计分录如下:

借:营业税金及附加　　12 000
　贷:应交税费——应交城市维护建设税　　12 000

3.4.2　销售过程中其他业务核算的会计处理

工业企业除了购进、生产和销售产品以外,还要发生一些其他经营业务,主要有材料销售、技术转让、固定资产和包装物的出租等。其他业务核算是指核算其他业务中所取得的收入和发生的支出。为了核算其他业务收支活动,企业应设置"其他业务收入"和"其他业务成本"账户。

(1)"其他业务收入"账户

这是损益类账户,核算其他业务所取得的收入。其结构如图3.26所示。

(2)"其他业务成本"账户

这是损益类账户,核算企业其他业务所发生的各项支出,包括为获得其他业务收入而发生的相关成本、费用以及税金等。其结构如图3.27所示。

借方　　其他业务收入	贷方
登记期末结转到"本年利润"账户的已实现的其他业务收入。	登记企业获得的其他业务收入。
期末余额:无余额	

图3.26　账户结构

借方　　其他业务成本	贷方
登记其他业务所发生的各项支出。	登记期末结转到"本年利润"账户的其他业务支出。
期末余额:无余额	

图3.27　账户结构

例 3.30　仍以京晨服装公司为例,公司将多余的混纺面料 10 匹出售给福瑞德公司,单位售价 2 000 元,计货款 20 000 元,增值税 3 400 元,款项已收妥存入银行。

该项经济业务发生后,一方面使企业的银行存款增加,应记入"银行存款"账户的借方;另一方面使企业的其他业务收入增加,应记入"其他业务收入"账户的贷方,企业向购货方收取的增值税销项税额增加,应记入"应交税费"账户的贷方。其会计分录如下:

借:银行存款　　23 400
　贷:其他业务收入——混纺面料　　20 000
　　应交税费——应交增值税(销项税额)　　3 400

例 3.31　结转已售的混纺面料的实际成本 18 000 元。

该项经济业务发生后,一方面使其他业务成本增加,应记入"其他业务成本"账户的借方;另一方面使库存材料减少,应记入"原材料"账户的贷方。其会计分录如下:

借:其他业务成本　　18 000
　贷:原材料——混纺面料　　18 000

3.5　利润形成及其利润分配业务

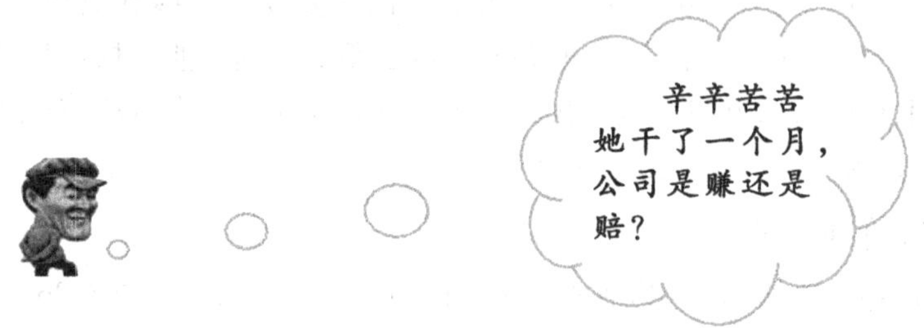

3.5.1　利润形成业务的核算

利润是企业在一定会计期间的经营成果,利润包括收入减去费用后的净额、直接计入利润的利得和损失等。直接计入利润的利得和损失,是指应计入当期损益、会导致所有者权益发生增减变动的、与所有者投入资本或者向所有者分配利润无关的利得或者损失。企业利润的计算包括以下几个过程:

利润计算的过程：

- 营业利润

  =主营业务收入－主营业务成本－营业税金及附加＋其他业务收入－其他业务成本＋投资净收益－销售费用－管理费用－财务费用

  （投资净收益是指企业对外投资所取得的收益减去发生的投资损失的净额）
- 利润总额

  =营业利润＋营业外收入－营业外支出

  （营业外收入和营业外支出是指企业发生的与其生产经营活动无关的各项收入和各项支出。营业外收入包括固定资产盘盈、处置固定资产净收益、罚款收入等；营业外支出包括固定资产盘亏、处置固定资产净损失、出售无形资产净损失、罚款支出、捐赠支出、非常损失等）
- 净利润

  =利润总额－所得税费用

为了正确核算利润形成，企业应设置和运用以下账户：

（1）“本年利润”账户

这是所有者权益账户，核算企业实现的净利润（或发生的净损失）。其结构如图3.28所示。

借方　　　　　　　　本年利润	贷方
登记期末“主业务成本”、“营业税金及附加”、“其他业务成本”、“销售费用”、“管理费用”、“财务费用”、“营业外支出”、“所得税费用”以及“投资收益”（投资净损失）等账户的转入数。	登记期末“主营业务收入”、“其他业务收入”、“补贴收入”、“营业外收入”以及“投资收益”（投资净收益）等账户的转入数。
期末余额：表示发生的亏损	表示实现的净利润

图3.28　账户结构

在年度中间，该账户的余额保留在本账户不予结转，表示截止到本期的本年累计实现的净利润（或亏损）。

年度终了，应将本年收入和支出相抵后结出的本年实现的净利润，转入“利润分配”账户，借记本账户，贷记“利润分配——未分配利润”账户；如为净亏损，作相反的会计处理。年终结转后本账户应无余额。

（2）“投资收益”账户

这是损益类账户，核算企业对外投资取得的收益或发生的损失。其结构如图3.29所示。

(3)“营业外收入”账户

这是损益类账户,核算企业发生的与生产经营无直接关系的各项收入。其结构如图3.30所示。

借方	投资收益	贷方
登记投资损失和期末投资净收益的转出数。	登记取得的投资收益或期末投资净损失的转出数。	
期末余额：无余额		

图3.29 账户结构

借方	营业外收入	贷方
登记期末转入“本年利润”账户的营业外收入数。	登记企业发生的各项营业外收入。	
期末余额：无余额		

图3.30 账户结构

(4)“营业外支出”账户

这是损益类账户,核算企业发生的与企业生产经营无关的各项支出。其结构如图3.31所示。

(5)“所得税费用”账户

这是损益类账户,核算企业按规定从本期损益中减去的所得税。其结构如图3.32所示。

借方	营业外支出	贷方
登记企业发生的营业外支出。	期末转入“本年利润”账户的营业外支出数。	
期末余额：无余额		

图3.31 账户结构

借方	所得税费用	贷方
登记企业按税法规定的应纳税所得计算的应纳所得税额。	登记企业会计期末转入“本年利润”账户的所得税额。	
期末余额：无余额		

图3.32 账户结构

例3.32 收到违约罚款5 000元存入银行。

该项经济业务发生后,一方面使企业银行存款增加,应记入“银行存款”账户的借方;另一方面使营业外收入增加,应记入“营业外收入”账户的贷方。其会计分录如下:

借:银行存款　　5 000

　贷:营业外收入　　5 000

例3.33 以银行存款60 000元向希望工程捐款。

该项经济业务发生后,一方面表明企业捐赠支出增加,应记入“营业外支出”账户的借方;另一方面使银行存款减少,应记入“银行存款”账户的贷方。其会计分录如下:

借:营业外支出　　60 000

贷:银行存款 60 000

例 3.34 收到国库券利息收入30 000元,存入银行存款户。

该项经济业务发生后,一方面使银行存款增加,应记入"银行存款"账户的借方;另一方面使投资收益增加,应记入"投资收益"账户的贷方。其会计分录如下:

借:银行存款 30 000

贷:投资收益 30 000

例 3.35 月末,结转本期各损益类账户余额至"本年利润"账户。

根据前述经济业务,期末结账前各损益类账户余额如表3.2所示。

表3.2 期末结账前损益类账户余额表

2008年1月31日 单位:元

账户	借方余额	贷方余额
主营业务收入		830 000
其他业务收入		20 000
投资收益		30 000
营业外收入		5 000
主营业务成本	520 000	
其他业务成本	18 000	
营业税金及附加	12 000	
销售费用	80 000	
管理费用	31 100	
财务费用	1 000	
营业外支出	60 000	

①结转本期损益类账户各项收入收益到"本年利润"账户中:

借:主营业务收入 830 000

其他业务收入 20 000

投资收益 30 000

营业外收入 5 000

贷:本年利润 885 000

②结转本期损益类账户各项收入收益到"本年利润"账户中:

借:本年利润 722 100

贷:主营业务成本 520 000

其他业务成本 18 000

营业税金及附加　　12 000
管理费用　　31 100
销售费用　　80 000
财务费用　　1 000
营业外支出　　60 000

通过以上账务处理,本月发生的全部收入和成本费用都集中到"本年利润"账户,得出本月实现的利润总额为 162 900 元(885 000 - 722 100)。

例 3.36　企业按税法规定的 25% 税率计算应纳所得税额为 33 225 元。

根据规定:

应纳所得税额 = 应纳税所得额 × 适用税率

其中,

应纳税所得额 = 会计利润 ± 纳税调整项目

纳税调整项目是会计记账与《企业所得税法》的规定不一致的项目。如国债利息收入按会计准则的规定,在记账时应计入会计利润,但按《企业所得税法》的规定,该项收入是免税收入,不交企业所得税,因此,要从会计利润中扣除,对应纳税所得额进行调整。

如果税法规定与会计准则规定一致,利润总额等于应纳税所得额,所得税费用根据应纳税所得额乘以所得税税率计算;如果税法规定与会计准则规定不一致,利润总额不等于应纳税所得额,应根据两者差额形成的暂时性差异的性质和方法,计算所得税费用。

所得税是国家依法对企业纯收益课征的税收,它具有强制性、无偿性,是企业的一项纯支出,从性质上看属于一种费用。与一般费用相比,所得税费用有其特殊性:①所得税是一种宏观费用支出。它直接构成国家财政收入的来源,是企业消耗社会资源等而应发生的支出,而不是企业为取得某种资产或收入而发生的支出。②所得税是一种法定费用。它的发生额取决于国家的所得税法,具有无偿性、固定性和强制性,这与由股东大会决定的按股权比例分配的利润不同。

知识拓展:所得税计算时的纳税调整项目

《企业所得税法》规定,企业实际发生的与取得收入有关的、合理的支出,包括成本、费用、税金、损失和其他支出,准予在计算应纳税所得额时扣除。

不得扣除的支出有:

①向投资者支付的股息、红利等权益性投资收益款项;②企业所得税税款;

③税收滞纳金；④罚款、罚金和被没收财物的损失；⑤非公益性的捐赠支出；⑥赞助支出；⑦未经核定的准备金支出；⑧与取得收入无关的其他支出。

企业取得下列收入为免税收入：

①国债利息收入；②符合条件和居民企业之间的股息、红利等权益性投资收益；③在中国境内设立机构、场所的非居民企业从居民企业取得与该机构、场所有实际联系的股息、红利等权益性投资收益；④符合条件的非营利组织的收入。

本例中，计算应纳税所得额时，会计利润 = 885 000 − 722 100 = 162 900（元）

由于国库券利息收入 30 000 元（见例 3.34）属于符合条件的免税收入，而无其他纳税调整项目，应纳税所得额 = 162 900 − 30 000 = 132 900（元），则：

应交所得税额 = 132 900 × 25% = 33 225（元）

该项经济业务发生后，一方面使企业的所得税费用增加；另一方面也使企业的应交税费用增加。其会计分录如下：

借：所得税费用　　33 225

　　贷：应交税费——应交所得税　　33 225

同时，结转本月所得税费用，即将本月“所得税费用”账户的借方余额转入“本年利润”账户的借方。

借：本年利润　　33 225

　　贷：所得税费用　　33 225

企业当期实现的净利润为 129 675 元（162 900 − 33 225）。

知识拓展：所得税会计

所得税会计是从资产负债表出发，通过比较资产负债表上列示的资产、负债按照企业会计准则规定确定的账面价值与按照税法规定的计税基础，对于两者之间的差额分别应纳税暂时性差异与可抵扣暂时性差异，确认相关的递延所得税负债与递延所得税资产，并在此基础上确定每一期间利润表中的所得税费用。企业会计准则规定，企业应采用资产负债表债务法核算所得税。

资产负债表债务法是从资产负债表出发，通过比较资产负债表上列示的资产、负债，按照企业会计准则规定确定的账面价值与按照税法规定确定的计税基础，对于两者之间的差额分别应纳税暂时性差异与可抵扣暂时性差异，确认相关的递延所得税负债与递延所得税资产。

3.5.2 利润分配业务的核算

企业按照国家的规定由企业董事会决议制定年度利润分配方案，提请股东大会批准后，对企业实现的净利润进行分配。

企业当期实现的净利润，加上年初未分配利润（或减去年初未弥补亏损）和其他转入后的余额，为可供分配的利润。企业可供分配的利润，一般应按下列顺序进行分配：

①提取盈余公积；

②向投资者分配利润。

企业可供分配的利润经过上述分配后，为未分配利润（或未弥补亏损）。未分配利润可留待以后年度进行分配。

为了正确利润分配业务活动，企业应设置和运用以下账户：

（1）“利润分配”账户

这是所有者权益账户，用来反映企业利润的分配（或亏损的弥补）和历年分配（或弥补）后的结存余额。本账户应当设置“提取法定盈余公积”、“提取任意盈余公积”、“应付现金股利或利润”、“未分配利润”等进行明细核算。其结构如图3.33所示。

借方　　　　利润分配	贷方
登记企业实际分配的利润数额，或年终时从“本年利润”账户的贷方转来的全年亏损总额。	登记年终时从“本年利润”账户借方转来的全年实现的净利润总额。
期末余额：表示历年结存的未弥补亏损。	期末余额：表示历年结存的未分配利润。

图3.33　账户结构

【想一想】

利润分配时为什么不直接通过“本年利润”账户进行核算？

企业进行利润分配，就意味着企业所实现的利润的减少，就应该直接冲减本年实现的利润，即记入“本年利润”账户的借方。但是，这样一年就会使得“本年利润”账户的期末余额只能表示未分配利润，就不能提供本年实现的累计利润额的指标。因此，利润分配时不直接通过“本年利润”账户，而是单独设置了“利润分配”账户进行核算，既能反映企业实现利润的原始数据，又能提供企业未分配利润的数额。

(2)“盈余公积”账户

这是所有者权益类账户,核算企业从净利润中提取的盈余公积。本账户应按“法定盈余公积”、“任意盈余公积”等进行明细核算。其结构如图3.34所示。

(3)“应付股利”账户

这是负债类账户,核算企业经董事会或股东大会,或类似机构决议确定分配的现金股利或利润。其结构如图3.35所示。

例3.37　仍以前面所述资料为例,京晨服装公司2008年1月实现的净利润为129 675元,按10%提取盈余公积。

该项经济业务发生后,一方面使企业的利润减少,即实际分配利润12 967.50元记入“利润分配”账户的借方;另一方面也使企业的盈余公积增加12 967.50元,应记入“盈余公积”账户的贷方。其会计分录如下:

	借方金额	贷方金额
借:利润分配——提取盈余公积	12 967.50	
贷:盈余公积		12 967.50

借方	盈余公积　　贷方
登记以盈余公积金转增资本、弥补亏损等数额。	登记企业按规定提取的盈余公积。
	期末余额:表示企业盈余公积金实际结存数。

图3.34　账户结构

借方	应付股利　　贷方
登记实际支付数。	登记根据通过的股利或利润分配方案,应支付的现金股利或利润。
	期末余额:表示企业尚未支付的现金股利或利润。

图3.35　账户结构

例3.38　企业批准的利润分配方案,向投资者分配现金股利48 000元。

该项经济业务发生后,一方面使企业的所有者权益减少,即实际分配利润48 000元,记入“利润分配”账户的借方;一方面也使企业应付投资者的利润增加48 000元,应记入“应付股利”账户的贷方。其会计分录如下:

	借方金额	贷方金额
借:利润分配——应付股利	48 000	
贷:应付股利		48 000

知识拓展:年终利润的清算

企业的利润分配一般是一年分配一次,平时只进行利润的预分,"利润分配"账户借方余额表示年度内1至11月企业累计已分配的利润数额,年末,企业将全年实现的净利润(或净亏损),从"本年利润"账户转入"利润分配——未分配利润"账户。结转后,"利润分配"账户年终贷方余额表示历年累积的未分配利润,如为借方余额,则表示历年累积的未弥补亏损。因此,在年终时应做好两项结转。

①结转本年实现的净利润。

借:本年利润

　　贷:利润分配——未分配利润

②结转本年已分配利润。

借:利润分配——未分配利润

　　贷:利润分配——提取盈余公积

　　　　　　　——应付股利

【想一想】

通过前面的介绍和实地操作,实习生章华林终于熟悉并掌握了工业企业经济业务的核算方法。但是他又想,公司一个月下来发生了经济业务,如果账务处理出现错误怎么办?怎么能知道账务处理有没有问题呢?

在编制分录和登记账户的过程中,难免会发生某些差错,为了保证会计资料的正确性,在一定会计期末应进行账户的试算平衡,以便找出错误的原因,予以更正。

3.6 账户的试算平衡

所谓试算平衡是指根据"资产 = 负债 + 所有者权益"的恒等关系及借贷记账法的记账规则,检查和验证所有账户记录是否正确的过程,包括发生额试算平衡和余额试算平衡法两种方法。

(1)发生额试算平衡法

它是根据本期所有账户借方发生额合计与贷方发生额合计的恒等关系,检验本期发生额记录是否正确的方法。其公式为:

全部账户本期借方发生额合计 = 全部账户本期贷方发生额合计

(2)余额试算平衡法

它是根据本期所有账户借方余额合计与贷方余额合计的恒等关系,检验本期账户记录是否正确的方法。根据余额时间不同,又分为期初余额平衡与期末余额平衡两类。期初余额是期初所有账户借方余额合计与贷方余额合计相等,期末余额平衡是期末所有账户借方余额与贷方余额余额合计相等。其公式为:

全部账户期初借方余额合计 = 全部账户期初贷方余额合计

全部账户期末借方余额合计 = 全部账户期末贷方余额合计

【想一想】

为什么会有这两种试算平衡方法呢?

从发生额来讲,由于每笔经济业务都是遵循借贷记账法的记账规则来记录的,因此每笔经济业务在账户中的记录,其借方发生额等于贷方发生额,从而全部经济业务在账户中的记录也必然是借方发生额合计等于贷方发生额合计。

余额是由运用发生额计算得到的,既然全部账户的借方发生额合计数与贷方发生额合计数相等,必然可以推算出全部账户的借方余额与贷方余额相等。再就是由于损益类账户期末无余额,一般情况下期末账户有余额的是资产类、负债类与所有者权益类(有时成本类账户也会有余额),根据"资产 = 负债 + 所有者权益"会计等式,很自然地得出全部账户的借方余额合计与全部账户的贷方余额合计相等的结论。

在实际工作中,发生额和余额的试算平衡是通过编制"本期发生额试算平衡"、"余额试算平衡表"、"账户发生额及余额试算平衡表"进行的。

下面根据前述京晨服装公司 2008 年 1 月份发生的 38 笔经济业务为例,说明如何通过编制试算平衡表来检查账户记录是否正确。

①设公司 2008 年 1 月初有关总分类账户期初余额如表 3.3 所示:

表 3.3　总分类账户期初余额

账户名称	借方金额	账户名称	贷方金额
库存现金	3 090	累计折旧	90 502
银行存款	2 037 273	短期借款	97 000
应收票据	280 000	应付票据	76 000
应收账款	117 000	应付账款	364 000
原材料	400 500	应付职工薪酬	48 927
库存商品	672 000	应交税费	13 200
在途物资	24 200	应付利息	135
固定资产	1 480 000	实收资本	4 000 000
		盈余公积	32 429
		利润分配(年初未分配利润)	291 870

②根据本月发生的经济业务,期末以"T"形账户形式结出各总账账户的本期

发生额和期末余额。

借方	银行存款		贷方
期初余额	2 037 373		
(1)	500 000	(6)	240 000
(3)	200 000	(7)	23 400
(5)	350 000	(8)	3 000
(21)	175 500	(9)	5 190
(24)	400 000	(15)	150 000
(25)	68 000	(16)	5 200
(26)	117 000	(17)	6 000
(30)	23 400	(27)	80 000
(32)	5 000	(33)	60 000
(34)	30 000		
本期发生额	1 868 900	本期发生额	572 790
期末余额	3 333 383		

借方	应收票据		贷方
期初余额	280 000		
(22)	210 600		
本期发生额	210 600		
期末余额	490 600		

借方	应收账款		贷方
期初余额	117 000		
(23)	117 000	(26)	117 000
本期发生额	117 000	本期发生额	117 000
期末余额	117 600		

借方	预付账款		贷方
(8)	3 000	(9)	3 000
本期发生额	3 000	本期发生额	3 000

借方	原材料		贷方
期初余额	400 500		
(7)	20 000	(13)	142 300
(9)	7 000	(31)	18 000
(11)	72 615		
(12)	4 320		
本期发生额	103 935	本期发生额	160 300
期末余额	344 135		

借方	库存商品		贷方
期初余额	672 000		
(20)	296 000	(28)	52 000
本期发生额	296 000	本期发生额	52 000
期末余额	448 000		

借方	在途物资		贷方
期初余额	24 200		
(10)	72 615	(11)	72 615
本期发生额	72 615	本期发生额	72 615
期末余额	24 200		

借方	固定资产		贷方
期初余额	1 480 000		
(2)	480 000		
(6)	240 000		
本期发生额	720 000		
期末余额	2 200 000		

借方	累计折旧		贷方
		期初余额	90 502
		(18)	23 600
		本期发生额	23 600
		期末余额	114 102

借方	短期借款		贷方
		期初余额	97 000
		(3)	20 000
		本期发生额	20 000
		期末余额	297 000

借方	应付票据		贷方
		期初余额	76 000
		(10)	84 600
		本期发生额	84 600
		期末余额	160 600

借方	应付账款		贷方
		期初余额	364 000
		(12)	5 034
		本期发生额	5 034
		期末余额	369 034

借方	预收账款		贷方
(25)	400 000	(24)	400 000
本期发生额	400 000	本期发生额	400 000

借方	应付职工薪酬		贷方
		期初余额	48 927
(15)	150 000	(14)	150 000
本期发生额	150 000	本期发生额	150 000
		期末余额	48 927

借方	应付利息		贷方
		期初余额	135
		(4)	1 000
		本期发生额	1 000
		期末余额	1 135

借方	应交税费		贷方
		期初余额	13 200
(15)	150 000	(21)	25 500
		(22)	17 000
		(23)	30 600
		(25)	68 000
		(29)	12 000
		(30)	3 400
		(36)	33 225
本期发生额	150 000	本期发生额	189 725
		期末余额	17 289

借方	应付股利		贷方
		(38)	48 000
		本期发生额	48 000
		期末余额	48 000

借方	长期借款		贷方
		(5)	350 000
		本期发生额	350 000
		期末余额	350 000

借方	实收资本		贷方
		期初余额	4 000 000
		(1)	500 000
		(2)	480 000
		本期发生额	980 000
		期末余额	4 980 000

借方	利润分配		贷方
		期初余额	291 870
(37)	12 967.50		
(38)	48 000		
本期发生额	60 967.50		
		期末余额	230 902.50

借方	盈余公积		贷方
		期初余额	32 429
		(37)	12 967.50
		本期发生额	12 967.50
		期末余额	45 396.50

借方	本年利润		贷方
(35)	722 100	(35)	885 000
(38)	33 225		
本期发生额	755 325	本期发生额	885 000
		期末余额	129 675

③根据账户记录编制总分类账发生额及余额试算平衡表,如表3.4所示:

表3.4　发生额及期末余额试算平衡表

试算平衡表

2008年1月31日　　单位:元

总账科目	期初余额		本期发生额		期末余额	
	借方余额	贷方余额	借方发生额	贷方发生额	借方余额	贷方余额
库存现金	3 090.00				3 090.00	
银行存款	2 037 273.00		1 868 900.00	572 790.00	3 333 383.00	
应收票据	280 000.00		210 600.00		490 600.00	
应收账款	117 000.00		117 000.00	117 000.00	117 000.00	
预付账款			3 000.00	3 000.00	0.00	
原材料	400 500.00		103 935.00	160 300.00	344 135.00	
库存商品	672 000.00		296 000.00	520 000.00	448 000.00	
在途物资	24 200.00		72 615.00	72 615.00	24 200.00	
固定资产	1 480 000.00		720 000.00		2 200 000.00	
累计折旧		90 502.00		23 600.00		114 102.00
短期借款		97 000.00		200 000.00		297 000.00
应付票据		76 000.00		84 600.00		160 600.00
应付账款		364 000.00		5 034.00		369 034.00
预收账款			400 000.00	400 000.00		0.00
应付职工薪酬		48 927.00	150 000.00	150 000.00		48 927.00
应交税费		13 200.00	17 289.00	189 725.00		185 636.00
应付利息		135.00		1 000.00		1 135.00
应付股利				48 000.00		48 000.00
长期借款				350 000.00		350 000.00
实收资本		4 000 000.00		980 000.00		4 980 000.00
盈余公积		32 429.00		12 967.50		45 396.50
本年利润			755 325.00	885 000.00		129 675.00
利润分配		291 870.00	60 967.50			230 902.50
合　　计	5 014 063.00	5 014 063.00	4 775 631.50	4 775 631.50	6 960 408.00	6 960 408.00

【想一想】

试算平衡表编好后,是不是就说明账户记录正确无误呢?

在编制试算平衡表时,应注意以下几点:

①必须保证所有账户的余额均已记入试算表。因为会计等式是针对六大会计要素而言的,缺少任何一个账户的余额,都会造成期初或期末借方余额合计与贷方余额合计不相等。

②如果试算平衡借贷不相等,肯定是账户记录有错误,应认真查找,直到实现平衡为止。

③即便实现了有关三栏的恒等关系,并不能说明账户记录绝对正确,因为有些错误并不会影响借贷双方的平衡关系。例如:漏记某项经济业务,将使本期借贷双方的发生额发生等额减少,借贷仍然平衡;重记某项经济业务,将使本期借贷双方的发生额发生等额虚增,借贷仍然平衡;某项经济业务记错有关账户,借贷仍然平衡;某项经济业务在账户记录中颠倒了记账方向,借贷仍然平衡;借方或贷方发生额中偶然一多一少并相互抵消,借贷仍然平衡。试算平衡是记账正确的必要条件,但不是充分条件。

因此,在编制试算平衡表之前,应认真核对有关账户记录,以消除上述错误。

此外,通过编制总分类账户发生额及余额试算表,能够发现账务处理过程中存在的一些问题和错误主要有:

①登记账户或抄转数据过程中将金额写错;

②将金额的位次颠倒造成数据错误;

③由于违反记账规则而造成相关数据不平衡的其他错误。

【做一做】

(一)实训资料

1.公司概况

天宇食品公司是一个拥有120名员工的小型生产性企业,主要生产玉米饼干等产品,所需原材料主要包括玉米面粉和白砂糖两种,注册资本400万元。企业设有一个基本生产车间和相关行政管理科室。

2.天宇食品公司2008年5月有关账户期初余额如表3.5所示:

表3.5 有关总分类账户期初余额表

账户名称	借方余额	账户名称	贷方余额
库存现金	10 000	累计折旧	1 498 000
银行存款	6 540 000	短期借款	600 000
其他货币资金	320 000	应付账款	148 000
应收票据	480 000	应交税费	520 000

续表

账户名称	借方余额	账户名称	贷方余额
应收账款	286 000	长期借款	7 060 000
原材料	50 000	实收资本	4 000 000
库存商品	1 520 000	盈余公积	640 000
固定资产	6 490 000	本年利润	1 230 000
合　计	15 696 000	合　计	15 696 000

3. 天宇食品公司2008年5月发生下列经济业务：

(1)5月1日，从南城商贸公司购入白砂糖4 000千克，单价4元，金额16 000元，增值税2 720元。企业开出转账支票支付货税款，材料未到。

(2)5月3日，用电汇方式支付上月欠天威实业公司货款98 000元。

(3)5月6日，从爱农商贸公司购入玉米面粉70 000千克，单价10元，金额700 000元，增值税119 000元，发生代垫运杂费500元。材料已如数验收入库，企业开出为期3个月的商业汇票结算上述全部款项。

(4)5月7日，基本生产车间生产玉米饼领用材料如下：玉米面粉26 000千克，计260 000元；白砂糖5 000千克，计20 000元。

(5)5月8日，收到本月1日从南城商贸公司购入白砂糖4 000千克，经验收入库。(见业务1)

(6)5月10日，从同乐股份有限公司购入白砂糖10 000千克，单价4.50元，金额45 000元，增值税7 650元，发生运杂费200元。材料已经如数验收入库，款项尚未支付。

(7)5月12日，销售玉米饼产品6 000箱给讯达贸易公司，单价300元，金额1 800 000元，增值税306 000元。产品已发出，货款尚未收到。

(8)5月12日，开出转账支票274 000元发放本月职工工资。

(9)5月13日，用银行存款上缴上月应交增值税200 000元。

(10)5月15日，开出转账支票支付产品广告费20 000元。

(11)5月16日，以汇兑方式预付爱农商贸公司购货款50 000元。

(12)5月17日，财务部张林因公出差借支2 000元，现金付讫。

(13)5月20日，收到爱农商贸公司发来的玉米面粉10 000千克，单价10元，金额100 000元，增值税17 000元。材料验收入库，并立即补付差额款。

(14)5月25日，偿还已到期的短期借款本金200 000元和利息6 000元。

(15)5 月 26 日,收到本月 12 日销售给讯达贸易公司的货款 2 106 000 元,存行。

(16)5 月 28 日,张林报销差旅费 1 840 元,余款以现金收讫。(见业务 12)

(17)5 月 29 日,销售玉米饼 2 000 箱给东兴贸易公司,单价 300 元,金额 600 000元,增值税 102 000 元,产品已经发出,货款已收到存行。

(18)5 月 30 日,分配本月工资,并按预计数计提本月职工福利费,如表 3.6 所示。

表 3.6 天宇食品公司工资及福利费分配表

2008 年 5 月 30 日

部门 \ 项目	工 资	职工福利费
生产工人	178 580	24 900
车间管理人员	30 190	4 000
行政管理部门	65 230	9 400
合 计	274 000	38 300

(19)5 月 31 日,计提固定资产折旧。其中,基本生产车间计提 48 320 元,行政部门计提 4 110 元。

(20)5 月 31 日,结转制造费用。

(21)5 月 31 日,结转完工产品成本。

(22)5 月 31 日,计算并结转本月已销产品销售成本 2 000 000 元。

(23)5 月 31 日,计提城市维护建设税 18 314.10 元和教育费附加 7 848.90 元。

(24)5 月 31 日,结转本月所有损益类账户。

(25)5 月 31 日,计算并结转本月应交所得税 66 814.25 元。

(26)5 月 31 日,按税后利润 10% 提取法定盈余公积。(200 442.75 元 ×10%)

(27)5 月 31 日,计算应付投资者利润 80 000 元。

(二)要求

1. 根据上述经济业务编制会计分录(或记账凭证)。

2. 开设总分类账户并进行登记(或用“T”型账户形式)。

3. 根据总分类账户结算本期发生额和期末余额。

4. 根据账户记录编制总分类账发生额及余额试算平衡表。

（三）实训建议

考虑到业务量大和学生们的熟练程度，利用课堂独立完成有一定困难，建议以3人为一小组分工完成。一人专门负责编制记账凭证；另两人负责设置和登记“T”型账，其中一人负责资产类、成本类和损益类账户的设置与登记，另一人负责负债类和所有者权益类账户的设置与登记；最后大家一起协作完成编制试算平衡表。

（四）实训目的

进一步熟悉工业企业经济业务的账务处理，及时消化并完整掌握所学知识，同时在老师的指导下组成小组进行学习，能培养学生分工协作、团结进取、互相帮助的精神，以期提高工作和学习效率。

【任务回顾】

通过本任务学习，大家认识了工业企业供、产、销过程中发生的基本经济业务，学会了对这些经济业务如何进行账务处理，并利用课堂实训进一步提高动手能力。

【名词速查】

1. 投入资本

投入资本是指企业的投资者实际投入企业经营活动的各种财产物资。

2. 短期借款

短期借款是企业向银行或其他金融机构借入的还款期在一年以下的各种借款。

3. 收入

收入是指企业在日常活动中形成的、会导致所有者权益增加的、与所有者投入资本无关的经济利益的总流入。

4. 利润

利润是企业在一定会计期间的经营成果，利润包括收入减去费用后的净额、直接计入利润的利得和损失等。

5. 试算平衡

试算平衡是指根据“资产 = 负债 + 所有者权益”的恒等关系及借贷记账法的记账规则，检查和验证所有账户记录是否正确的过程，包括发生额试算平衡和余额试算平衡法两种方法。

【任务检测】

一、单项选择题

1. 企业在销售过程中发生的广告费应记入(　　)。

A. 财务费用　B. 管理费用　C. 销售费用　D. 制造费用

2. 企业的营业利润加营业外收入减营业外支出后的余额为(　　)。

A. 利润总额　B. 计税利润　C. 净利润　D. 营业利润

3. 在期末结转后一般无余额的账户是(　　)。

A. 材料采购　B. 银行存款　C. 主营业务收入　D. 累计折旧

4. “营业税金及附加”账户中不包括企业应交纳的(　　)。

A. 城市维护建设税　B. 消费税

C. 资源税　D. 增值税

5. “本年利润”账户各月末余额反映的是(　　)。

A. 本月实现的利润总额

B. 本月实现的净利润留成

C. 截止到本期的本年累计实现的净利润(或亏损)

D. 截止到本期的本年累计实现的利润总额

二、多项选择题

1. 企业的采购成本包括(　　)等。

A. 买价　B. 运杂费

C. 运输途中的合理损耗　D. 增值税

2. 下列项目应在“管理费用”账户中列支的有(　　)。

A. 工会经费　B. 业务招待费

C. 车间管理人员的薪酬　D. 排污费

3. 为了核算利润分配和未分配利润的结存金额,“利润分配”账户一般设置的明细账户有(　　)。

A. 提取盈余公积　B. 未分配利润

C. 应付股利　D. 盈余公积补亏

4. 应记入“营业税金及附加”的税金包括(　　)

A. 增值税　B. 消费税　C. 城市维护建设税　D. 所得税

5. 下列项目中影响营业利润的有(　　)。

A. 管理费用　B. 主营业务收入

C. 投资收益　D. 主营业务成本

三、判断题

1.“累计折旧”账户属于资产类账户,所以其期末余额在借方。 ( )

2. 企业的利润总额等于产品销售利润与营业利润之和。 ( )

3. 企业的收入包括主营业务收入、其他业务收入和营业外收入。 ( )

4. 财务费用是一种期间费用,按月归集,月末全部转入“本年利润”账户。 ( )

5. 生产车间管理人员的工资及福利费属于制造费用。 ( )

四、实务题

(一)目的:综合练习工业企业主要经济业务的核算。

(二)资料:

1. 企业概况

蓝山有限责任公司是一家毛巾生产企业,主要以精制梳棉和涤棉为原料生产高档浴巾,产品生产工艺较为简单,在一个综合车间进行产品的加工制造。公司产品主要面向商场和超市批发销售。该公司为增值税一般纳税人企业,增值税税率为17%,所得税率为25%。存货按实际成本计价,产品销售成本采用月末集中结转方式。

2. 业务资料

(1)2008 年 6 月初有关账户余额如表 3.7 所示:

表 3.7 总账余额表　　单位:元

账户名称	借方余额	账户余额	贷方余额
库存现金	900	累计折旧	11 855
银行存款	548 068	短期借款	89 700
其他货币资金	500 000	应付票据	53 000
应收票据	32 000	应付账款	60 000
应收账款	232 675	应付职工薪酬	80 400
预付账款	30 000	应付股利	70 960
其他应收款	3 472	应交税费	50 000
原材料	260 600	长期借款	356 000
库存商品	400 000	实收资本	1 533 000
固定资产	836 000	盈余公积	17 800
无形资产	130 000	本年利润	551 000
		利润分配——未分配利润	100 000(年初数)
合　计	2 973 715	合　计	2 973 715

(二)2008 年 6 月公司发生下列主要经济业务:

1.2 日,向苏州棉麻厂购进精制梳棉 22 500 千克,单价 8 元,计买价 180 000 元,增值税 30 600 元,材料验收入库,货款尚未支付。

2.3 日,从银行取得借款 228 000 元,期限 6 个月,年利率为 5%,到期还本付息。收到开户银行的收账通知。

3.5 日,签发现金支票一张,提取现金 1 000 元,以备零用。

4.6 日,收到东方商场支票一张,计 46 800 元,系该商场偿还上月所欠货款。当日已将支票送存银行。

5.7 日,开出转账支票发放本月职工工资 122 000 元。

6.8 日,向太平洋百货公司销售高档毛巾,发出 5 000 箱,单位售价 80 元,增值税率 17%,收到委托收款的收账通知。

7.11 日,生产车间领用精制梳棉 11 623 千克,单价 8 元,计 92 984 元,用于生产高档毛巾。

8.12 日,签发银行转账支票,支付易通广告公司广告费 1 210 元。

9.14 日,向松沛棉纱厂购买涤棉 4 375 千克,单价 16 元,计买价 70 000 元,增值税 11 900 元,另以现金支付运费 300 元,材料验收入库。款项未付。

10.15 日,开出支票为生产车间购买劳保用品 2 850 元,并当即交车间领用。

11.16 日,收到中山修配厂以现金支付的违约金 1 000 元。

12.18 日,通过银行电汇方式偿还 14 日所欠松沛棉纱厂货款 81 900 元。

13.19 日,收到天山纺织厂 250 000 元投资款,并存入银行。(设收到的投资额全部作为实收资本入账。)

14.21 日,购入涤染机一台,价款 100 000 元,增值税 17 000 元,设备投入使用。价款已通过银行电汇支付。

15.22 日,生产车间领用涤棉 2 626 千克,单价 16 元,计 42 016 元,用于生产高档毛巾。

16.24 日,向联华百货公司销售高档毛巾 2 000 箱,单位售价 80 元。委托银行收款,已办妥收款手续。

17.30 日,计提短期借款利息 950 元(见业务 2)

18.30 日,计算结转本月应付职工工资费用 122 000,其中生产工人工资 60 000 元,车间管理人员工资 25 500 元,厂部管理人员工资 36 500 元;按预计数计提本月职工福利费 12 000 元,其中生产工人工资 6 000 元,车间管理人员工资 2 500 元,厂部管理人员工资 3 500 元。

19.30 日,计提本月固定资产折旧 3 800 元,其中车间为 2 600 元,厂部为 1 200 元。

20. 30 日，结转本月制造费用。（设本月只生产高档毛巾一种产品）

21. 30 日，本月生产产品全部完工，结转完工产品成本。

22. 结转本月已销产品的总生产成本 350 000 元。

23. 30 日，计提本月应交的城市维护建设税 2 520 元和教育费附加 1 080 元。

24. 30 日，结转本月各损益类账户。

25. 30 日，计算并结转本月应交所得税 41 010 元。

26. 30 日，根据董事会决议按本月净利润的 10% 提取盈余公积金 12 303 元，按 20% 向投资者分配利润 24 606 元。

（三）要求

1. 根据上述经济业务逐题编制会计分录。

2. 利用"T"型账户开设各总分类账户（除成本类和损益类账户外），并进行登记，期末结出余额和发生额。

3. 根据账户记录编制总分类账发生额及余额试算平衡表。

参考答案

【做一做】参考答案

1. 会计分录

会计分录	借方	贷方
(1)借:在途物资——南城商贸公司	16 000	
应交税费——应交增值税(进项税额)	2 720	
贷:银行存款		18 720
(2)借:应付账款——天威实业公司	98 000	
贷:银行存款		98 000
(3)借:原材料——玉米面粉	700 500	
应交税费——应交增值税(进项税额)	119 000	
贷:应付票据		819 500
(4)借:生产成本——玉米饼	280 000	
贷:原材料——玉米面粉		260 000
——白砂糖		20 000
(5)借:原材料——白砂糖	16 000	
贷:在途物资——南城商贸公司		16 000
(6)借:原材料——白砂糖	45 200	
应交税费——应交增值税(进项税额)	7 650	
贷:应付账款——同乐股份有限公司		52 850
(7)借:应收账款——讯达公司	2 106 000	
贷:主营业务收入		1 800 000
应交税费——应交增值税(销项税额)		306 000
(8)借:应付职工薪酬——工资	274 000	
贷:银行存款		274 000
(9)借:应交税费——未交增值税	200 000	
贷:银行存款		200 000
(10)借:销售费用——广告费	20 000	
贷:银行存款		20 000
(11)借:预付账款——爱农商贸公司	50 000	
贷:银行存款		50 000
(12)借:其他应收款——张林	2 000	
贷:库存现金		2 000

(13)借:原材料——玉米面粉 100 000
应交税费——应交增值税(进项税额) 17 000
贷:预付账款——爱农商贸公司 50 000
银行存款 67 000

(14)借:短期借款 200 000
财务费用——利息 6 000
贷:银行存款 206 000

(15)借:银行存款 2 106 000
贷:应收账款——讯达贸易公司 2 106 000

(16)借:管理费用——差旅费 1 840
库存现金 160
贷:其他应收款——张林 2 000

(17)借:银行存款 702 000
贷:主营业务收入 600 000
应交税费——应交增值税(销项税额) 102 000

(18)①借:生产成本——玉米饼 178 580
制造费用——工资 30 190
管理费用——工资 65 230
贷:应付职工薪酬——工资 274 000

②借:生产成本——玉米饼 24 900
制造费用——福利费 4 000
管理费用——福利费 9 400
贷:应付职工薪酬——福利费 38 300

(19)借:制造费用——折旧费 48 320
管理费用——折旧费 4 110
贷:累计折旧 52 430

(20)借:生产成本——玉米饼 82 510
贷:制造费用 82 510

(21)借:库存商品——玉米饼 565 990
贷:生产成本——玉米饼 565 990

(22)借:主营业务成本 2 000 000
贷:库存商品——玉米饼 2 000 000

分录	借方	贷方
(23)借:营业税金及附加	26 163	
贷:应交税费——应交城市维护建设税		18 314.10
——应交教育费附加		7 848.90
(24)①借:主营业务收入	2 400 000	
贷:本年利润		2 400 000
②借:本年利润	2 132 743	
贷:主营业务成本		2 000 000
营业税金及附加		26 163
管理费用		80 580
销售费用		20 000
财务费用		6 000
(25)①借:所得税费用	66 814.25	
贷:应交税费——应交所得税		66 814.25
②借:本年利润	66 814.25	
贷:所得税费用		66 814.25
(26)借:利润分配——提取法定盈余公积	20 044.275	
贷:盈余公积		20 044.275
(27)借:利润分配——向投资者分利	80 000	
贷:应付利润		80 000

2. 登记总分类账——“T”型账:

借方　银行存款　贷方

借方		贷方	
期初余额	6 540 000		
(15)	2 160 000	(1)	18 720
(17)	702 000	(2)	98 000
		(8)	274 000
		(9)	200 000
		(10)	20 000
		(11)	50 000
		(13)	67 000
		(14)	206 000
本期发生额	2 808 000	本期发生额	933 720
期末余额	8 414 280		

借方　库存现金　贷方

借方		贷方	
期初余额	10 000		
(16)	160	(12)	2 000
本期发生额	160	本期发生额	2 000
期末余额	8 160		

借方　其他货币资金　贷方

借方		贷方	
期初余额	10 000		
期末余额	10 000		

借方 应收票据 贷方

借方		贷方	
期初余额	480 000		
期末余额	480 000		

借方 应收账款 贷方

借方		贷方	
期初余额	286 000		
(7)	2 106 000	(15)	2 106 000
本期发生额	2 106 000	本期发生额	2 106 000
期末余额	286 000		

借方 预付账款 贷方

借方		贷方	
(11)	50 000	(13)	50 000
本期发生额	50 000	本期发生额	50 000

借方 其他应收款 贷方

借方		贷方	
(12)	2 000	(16)	2 000
本期发生额	2 000	本期发生额	2 000

借方 原材料 贷方

借方		贷方	
期初余额	50 000		
(3)	700 500	(4)	280 000
(5)	16 000		
(6)	45 200		
(13)	100 000		
本期发生额	861 700	本期发生额	280 000
期末余额	631 700		

借方 库存商品 贷方

借方		贷方	
期初余额	1 520 000		
(21)	565 990	(22)	2 000 000
本期发生额	565 990	本期发生额	2 000 000
期末余额	85 990		

借方 材料采购 贷方

借方		贷方	
(1)	16 000	(5)	16 000
本期发生额	16 000	本期发生额	16 000

借方 固定资产 贷方

借方		贷方	
期初余额	6 490 000		
期末余额	6 490 000		

借方 短期借款 贷方

借方		贷方	
		期初余额	600 000
(14)	200 000		
本期发生额	200 000		
		期末余额	400 000

借方 累计折旧 贷方

借方		贷方	
		期初余额	1 498 000
		(19)	52 430
		本期发生额	52 430
		期末余额	1 550 430

借方	应付股利		贷方
		(27)	80 000
		本期发生额	80 000
		期末余额	80 000

借方	应付账款		贷方
		期初余额	148 000
(2)	98 000	(6)	52 850
本期发生额	98 000	本期发生额	52 850
		期末余额	102 850

借方	应付票据		贷方
		(3)	819 500
		本期发生额	819 500
		期末余额	819 500

借方	应付职工薪酬		贷方
(8)	274 000	(18)	274 000
		(19)	38 300
本期发生额	274 000	本期发生额	312 300
		期末余额	38 300

借方	应交税费		贷方
		期初余额	520 000
(1)	2 720	(7)	306 000
(3)	119 000	(17)	102 000
(6)	7 650	(23)	2 616
(9)	20 000	(25)	66 814.25
(13)	17 000		
本期发生额	346 370	本期发生额	500 977.25
		期末余额	674 607.25

借方	长期借款		贷方
		期初余额	7 060 000
		期末余额	7 060 000

借方	盈余公积		贷方
		期初余额	640 000
		(26)	20 044.28
		本期发生额	20 044.28
		期末余额	660 044.28

借方	实收资本		贷方
		期初余额	4 000 000
		期末余额	4 000 000

借方	利润分配		贷方
(26)	20 044.28		
(27)	80 000		
本期发生额	80 044.28		
期末余额	80 044.28		

借方	本年利润		贷方
		期初余额	1 230 000
(24)	2 132 743	(24)	2 400 000
(25)	6 681 425		
本期发生额	2 199 557.25	本期发生额	2 400 000
		期末余额	1 430 442.75

借方	制造费用		贷方
(18)	30 190	(20)	82 510
(18)	4 000		
(19)	48 320		
本期发生额	82 510	本期发生额	82 510

借方	生产成本		贷方
(4)	280 000	(21)	565 990
(18)	178 580		
(18)	24 900		
(20)	82 510		
本期发生额	565 990	本期发生额	565 990

借方	主营业务成本		贷方
(22)	2 000 000	(24)	2 000 000
本期发生额	2 000 000	本期发生额	2 000 000

借方	主营业务收入		贷方
(24)	2 400 000	(7)	1 800 000
		(17)	600 000
本期发生额	2 400 000	本期发生额	2 400 000

借方	财务费用		贷方
(14)	6 000	(24)	6 000
本期发生额	6 000	本期发生额	6 000

借方	销售费用		贷方
(10)	20 000	(24)	20 000
本期发生额	20 000	本期发生额	20 000

借方	营业税金及附加		贷方
(23)	26 163	(24)	26 163
本期发生额	26 163	本期发生额	26 163

借方	管理费用		贷方
(16)	1 840	(24)	80 580
(18)	65 230		
(18)	9 400		
(19)	4 110		
本期发生额	80 580	本期发生额	80 580

借方	所得税费用		贷方
(25)	66 814.25	(25)	66 814.25
本期发生额	66 814.25	本期发生额	66 814.25

3. 编制总分类账户本期发生额及余额平衡表

试算平衡表

2008年5月31日

总账科目	期初余额		本期发生额		期末余额	
	借方余额	贷方余额	借方发生额	贷方发生额	借方余额	贷方余额
库存现金	10 000.00		160.00	2 000.00	8 160.00	
银行存款	6 540 000.00		2 808 000.00	932 720.00	8 414 280.00	
其他货币资金	320 000.00				320 000.00	
应收票据	480 000.00				480 000.00	
应收账款	286 000.00		2 106 000.00	2 106 000.00	286 000.00	
原材料	50 000.00		861 700.00	280 000.00	631 700.00	
库存商品	1 520 000.00		565 990.00	2 000 000.00	85 990.00	
固定资产	6 490 000.00				6 490 000.00	
累计折旧		1 498 000.00		52 430.00		1 550 430.00
短期借款		600 000.00	200 000.00			400 000.00
应付票据				819 500.00		819 500.00
应付账款		148 000.00	98 000.00	52 850.00		102 850.00
应付职工薪酬			274 000.00	312 300.00		38 300.00
应交税费		520 000.00	346 370.00	500 977.25		674 607.25
应付股利				80 000.00		80 000.00
长期借款		7 060 000.00				7 060 000.00
实收资本		4 000 000.00				4 000 000.00
盈余公积		640 000.00		20 044.28		660 044.28
本年利润		1 230 000.00	2 199 557.25	2 400 000.00		1 430 442.75
利润分配			100 044.28		100 044.28	
合　计	15 696 000.00	15 696 000.00	9 559 821.53	9 558 821.53	16 816 174.28	16 816 174.28

【任务检讨参考答案】

一、单项选择题

1. C　　2. A　　3. C　　4. D　　5. C

二、多项选择题

1. ABC　　2. ABD　　3. ABC　　4. BC　　5. ABCD

三、判断题

1. ×　2. ×　3. ×　4. √　5. √

四、实务题

(一)会计分录

1.

借:原材料——精制梳棉　180 000
　应交税费——应交增值税(进项税额)　30 600
　贷:应付账款　210 600

2.

借:银行存款　228 000
　贷:短期借款　228 000

3.

借:库存现金　1 000
　贷:银行存款　1 000

4.

借:银行存款　46 800
　贷:应收账款　46 800

5.

借:应付职工薪酬　122 000
　贷:银行存款　122 000

6.

借:银行存款　468 000
　贷:主营业务收入　400 000
　　应交税费——应交增值税(销项税额)　68 000

7.

借:生产成本　92 984
　贷:原材料——精制梳棉　92 984

8.

借:销售费用　1 210
　贷:银行存款　1 210

9.

借:原材料——涤棉　70 300
　应交税费——应交增值税(进项税额)　11 900
　贷:应付账款　81 900
　　库存现金　300

10.

借:制造费用　2 850

　贷:银行存款　2 850

11.

借:库存现金　1 000

　贷:营业外收入　1 000

12.

借:应付账款　81 900

　贷:银行存款　81 900

13.

借:银行存款　250 000

　贷:实收资本　250 000

14.

借:固定资产　100 000

　应交税费——应交增值税(进项税额)　17 000

　贷:银行存款　117 000

15.

借:生产成本　42 016

　贷:原材料——涤棉　42 016

16.

借:应收账款　187 200

　贷:主营业务收入　160 000

　　应交税费——应交增值税(销项税额)　27 200

17.

借:财务费用　950

　贷:应付利息　950

18.

(1)借:生产成本——高档毛巾(工资)　60 000

　　制造费用——工资　25 500

　　管理费用——工资　36 500

　　贷:应付职工薪酬——工资　122 000

(2)借:生产成本——高档毛巾(福利费)　6 000

　　制造费用——福利费　2 500

　　管理费用——福利费　3 500

　　贷:应付职工薪酬——福利费　12 000

19.

借:制造费用 2 600
　管理费用 1 200
　贷:累计折旧 3 800

20.

借:生产成本 33 450
　贷:制造费用 33 450

21.

借:库存商品——高档毛巾 234 450
贷:生产成本——高档毛巾 234 450

22.

借:主营业务成本 350 000
　贷:库存商品 350 000

23.

借:营业税金及附加 3 600
　贷:应交税费——应交城建税 2 520
　　　——应交教育费附加 1 080

24.

①借:主营业务收入 560 000
　营业外收入 1 000
　贷:本年利润 561 000
②借:本年利润 396 960
　贷:主营业务成本 350 000
　　营业税金及附加 3 600
　　管理费用 41 200
　　销售费用 1 210
　　财务费用 950

25.

①借:所得税费用 41 010
　贷:应交税费——应交所得税 41 010
②借:本年利润 41 010
　贷:所得税费用 41 010

26.

①借:利润分配——提取法定盈余公积　　12 303

　　贷:盈余公积　　12 303

②借:利润分配——向投资者分利　　24 606

　　贷:应付股利　　24 606

(二)登记总分类账

借方	银行存款		贷方
期初余额	548 068		
(2)	228 000	(3)	1 000
(4)	46 800	(5)	122 000
(6)	468 000	(8)	1 210
(13)	250 000	(10)	2 850
		(12)	81 900
		(14)	117 000
本期发生额	992 800	本期发生额	325 960
期末余额	1 214 908		

借方	库存现金		贷方
期初余额	900		
(3)	1 000	(9)	300
(11)	1 000		
本期发生额	2 000	本期发生额	300
期末余额	2 600		

借方	应收账款		贷方
期初余额	232 675		
(16)	187 200	(4)	46 800
本期发生额	187 200	本期发生额	46 800
期末余额	373 075		

借方	应收票据		贷方
期初余额	32 000		
期末余额	32 000		

借方	其他应收款		贷方
期初余额	3 472		
期末余额	3 472		

借方	预付账款		贷方
期初余额	30 000		
期末余额	30 000		

借方	其他货币资金		贷方
期初余额	500 000		
期末余额	500 000		

借方	原材料		贷方
期初余额	260 600		
(1)	180 000	(7)	92 984
(9)	70 300	(15)	42 016
本期发生额	250 300	本期发生额	13 500
期末余额	375 900		

借方	库存商品		贷方
期初余额	400 000		
(21)	234 450	(22)	350 000
本期发生额	234 450	本期发生额	35 000
期末余额	284 450		

固定资产

借方		贷方	
期初余额	836 000		
(14)	100 000		
本期发生额	100 000		
期末余额	936 000		

无形资产

借方		贷方	
期初余额	130 000		
期末余额	130 000		

累计折旧

借方		贷方	
		期初余额	11 855
		(20)	3 800
		本期发生额	3 800
		期末余额	15 655

短期借款

借方		贷方	
		期初余额	89 700
		(2)	228 000
		本期发生额	228 000
		期末余额	317 700

应付票据

借方		贷方	
		期初余额	53 000
		期末余额	53 000

应付利息

借方		贷方	
		(17)	950
		期末余额	950

应付账款

借方		贷方	
		期初余额	60 000
(12)	81 900	(1)	210 600
		(9)	81 900
本期发生额	81 900	本期发生额	292 500
		期末余额	270 600

应付职工薪酬

借方		贷方	
		期初余额	80 400
(5)	122 000	(18)	122 000
		(18)	12 000
本期发生额	122 000	本期发生额	134 000
		期末余额	92 400

应付股利

借方		贷方	
		期初余额	70 960
		(26)	24 606
		本期发生额	24 606
		期末余额	95 556

应交税费

借方		贷方	
		期初余额	50 000
(1)	30 600	(5)	68 000
(9)	11 900	(16)	27 200
(14)	17 000	(23)	3 600
		(25)	41 010
本期发生额	59 500	本期发生额	139 810
		期末余额	130 310

借方	长期借款		贷方
		期初余额	356 000
		期末余额	356 000

借方	盈余公积		贷方
		期初余额	17 800
		(26)	12 300
		本期发生额	12 300
		期末余额	30 100

借方	实收资本		贷方
		期初余额	1 533 000
		(13)	250 000
		本期发生额	250 000
		期末余额	1 783 000

借方	本年利润		贷方
		期初余额	551 000
(24)	396 960	(24)	561 000
(25)	41 010		
本期发生额	437 970	本期发生额	561 000
		期末余额	674 030

借方	利润分配		贷方
		期初余额	100 000
(26)	12 303		
(26)	24 606		
本期发生额	36 909		
		期末余额	63 091

（三）编制余额和发生额试算平衡表

试算平衡表

2008 年 6 月 30 日

总账科目	期初余额		本期发生额		期末余额	
	借方余额	贷方余额	借方发生额	贷方发生额	借方余额	贷方余额
库存现金	900		2 000	300	2 600	
银行存款	548 068		992 800	325 960	1 214 908	
其他货币资金	500 000				500 000	
应收票据	32 000				32 000	
应收账款	232 675		187 200	46 800	373 075	
预付账款	30 000				30 000	
其他应收款	3 472				3 472	
原材料	260 600		250 300	135 000	375 900	

续表

总账科目	期初余额		本期发生额		期末余额	
	借方余额	贷方余额	借方发生额	贷方发生额	借方余额	贷方余额
库存商品	400 000		234 450	350 000	284 450	
固定资产	836 000		100 000		936 000	
无形资产	130 000				130 000	
累计折旧		11 855		3 800		15 655
短期借款		89 700		228 000		317 700
应付票据		53 000				53 000
应付账款		60 000	81 900	292 500		270 600
应付利息				950		950
应付职工薪酬		80 400	122 000	134 000		92 400
应付股利		70 960		24 606		95 566
应交税费		50 000	59 500	139 810		130 310
长期借款		356 000				356 000
实收资本		1 533 000		250 000		1 783 000
盈余公积		17 800		12 303		30 103
本年利润		551 000	437 970	561 000		674 030
利润分配		100 000	36 909			63 091
合　计	2 973 715	2 973 715	2 505 029	2 505 029	3 882 405	3 882 405

任务 4 账簿的设置、登记

任务目标

1. 认识会计账簿的概念与分类；
2. 清楚各种账簿的格式及其登记要求；
3. 学会根据经济业务的需要选择合适的账簿进行设置和登记的方法。

学时建议

6 课时

【导语学】

经过这段时间的实习,章华林对一个企业的基本经济业务有了一些认识。不过,他也知道处理经济业务光靠会计凭证是不够的,因为凭证太多太零散,而运用"T"型账户形式反映经济业务又有很多不足。为了更深入系统地了解企业经济业务的发生过程及变化结果,掌握会计账簿的设置与登记显得十分重要。

你知道什么是账簿吗?你知道怎么登记账簿吗?

【学一学】

4.1 账簿的概念

账簿是由具有一定格式的账页组成的簿籍,以会计凭证为依据,连续、全面、系统、综合地记录和反映经济业务引起的各项资产和权益增减变动情况和结果的财务会计信息资料。

会计法规中明确规定,企业、行政事业单位在生产经营活动中,对发生的每一项经济业务,必须通过会计凭证进行记录反映。会计凭证虽能详细具体地记载经济业务内容,但会计凭证零星分散,数量多,缺乏系统性,每张凭证只能反映个别经济业务内容,因此,在会计核算过程中,根据账簿核算的特点,在完成会计凭证的填制和审核之后,将会计凭证中记载的内容过到相应的账簿中,通过账簿记录将会计凭证资料进行整理、归纳、分类、汇总,将同类经济业务连续、系统、全面、综合地反映出来。

4.2 账簿的种类

会计核算中使用的账簿,其种类和结构是多种多样的,记录和反映的内容也不完全一样。为了便于大家了解、掌握和使用各种账簿,需要对账簿进行分类。

4.2.1 账簿按用途分类

账簿按照用途可以划分为序时账簿、分类账簿和备查账簿3种。具体如表4.1所示。

表 4.1　账簿按用途不同划分

账簿名称	定义	表现形式	外表形式
序时账簿（日记账）	这是按照经济业务发生或完成的时间顺序，逐日逐笔进行登记的账簿	①库存现金日记账：它是用来登记库存现金每日收入、支出和结存情况的账簿。②银行存款日记账：它是用来登记银行存款的存入、支取以及结存情况的账簿	订本式账簿
分类账簿	这是按照总分类账户和明细分类账户对全部经济业务进行分类登记的账簿	①总分类账簿：它是按照总分类账户进行分类登记的账簿，简称总账	订本式账簿
		②明细分类账簿：它是按照明细分类账户进行分类登记的账簿，简称明细账	活页式账簿
备查账簿	又称辅助账簿，是对某些序时账、分类账中未能记载的经济事项进行补充登记的账簿		各单位根据实际需要设置

4.2.2　账簿按外表形式分类

账簿按照外表形式可以划分为订本式账簿、活页式账簿、卡片式账簿 3 种，具体如表 4.2 所示。

表 4.2　账簿按外表形式划分

名称 项目	订本式账簿	活页式账簿	卡片式账簿
定义	在启用前就由一定数量的、顺序编号的账页固定装订成册的账簿	一种将所需的零散的账页存放于账夹之内，可以随时取放的账簿	一种由具有各种格式、使用分散的卡片所组成的账簿
优点	避免账页散失，防止随意抽换账页	可根据实际需要随时增补账页，便于分工记账	可根据经济活动特点，选择或设计相应的格式、结构，记载内容更具体、详细，并可随时存取，便于日常查阅

续表

项目＼名称	订本式账簿	活页式账簿	卡片式账簿
缺点	账页固定,不便于分工记账,不能增减账页,容易造成浪费	容易造成散失或被抽换	容易造成散失或被抽换
适用范围	总分类账、现金日记账、银行存款日记账	各类明细分类账	一般在实物保管、使用部门使用,如对材料、库存商品、固定资产等的保管

4.2.3 账簿按所使用的账页格式分类

账簿按照所使用的账页的格式可以划分为三栏式账簿、多栏式账簿、数量金额式账簿、横线登记式账簿,具体如表4.3所示。

表4.3 账簿按照所使用的账页的格式划分

项目＼名称	三栏式账簿	多栏式账簿	数量金额式账簿	横线登记式账簿
定义	这是由三栏式账页组成的账簿	这是由多栏式账页组成的账簿	这是由数量金额式账页组成的账簿	这又称“平行式账簿”,是全部由横线登记式账页组成的账簿
基本结构	借、贷、余三栏	在借、贷栏目下面再分设若干专栏	在借、贷、余三栏下面再分设数量、单价、金额3个小栏目	在同一张账页的同一行,已录某一项经济业务从发生到结束的有关内容
作用	反映某项资金的增加、减少和结余情况及结果	详细具体的记载某一小类经济业务的活动情况	具体反映数量、单价、金额三者之间的关系	对照反映一项经济活动的来龙去脉,对应关系清楚明了
适用范围	只需记录金额的经济业务	需进行分项目具体反映的经济业务	既需要记录金额,又需要记录数量的经济业务	需要逐笔进行结算的经济业务
举例	如总分类账及应收账款、应付账款等明细分类账	如制造费用、管理费用、本年利润等明细分类账	如库存商品、原材料等明细分类账	如其他应收款、材料采购等明细账

4.3 账簿的使用规则

4.3.1 账簿的启用规则

账簿是各单位的重要经济档案，为了保证账簿记录的合法性和会计资料的完整性，明确记账责任，在启用会计账簿时，应在账簿封面上写明账簿名称和单位名称。在账簿扉页上附“账簿启用及交接表”，包括：启用日期、账簿页数、记账人员和会计机构负责人、会计主管人员姓名，并加盖人名章和单位公章。记账人员或者会计机构负责人、会计主管人员在调动工作时，应当注明交接日期、接办人员或监交人员姓名，并由交接方人员签名或盖章，以明确双方经济责任。“账簿启用及交接表”格式如表4.4所示。

表4.4 账簿启用及交接表

<table>
<tr><td colspan="2">单位名称</td><td colspan="4"></td></tr>
<tr><td colspan="2">账簿名称</td><td colspan="4"></td></tr>
<tr><td colspan="2">账簿编号</td><td colspan="4"></td></tr>
<tr><td colspan="2">账簿页数</td><td colspan="4">本账簿共计使用　　页</td></tr>
<tr><td colspan="2">启用日期</td><td colspan="4">年　　月　　日</td></tr>
<tr><td colspan="2">截止日期</td><td colspan="4">年　　月　　日</td></tr>
<tr><td rowspan="3">责任者盖章</td><td>出纳</td><td>审核</td><td>主管</td><td colspan="2">部门领导</td></tr>
<tr><td></td><td></td><td></td><td colspan="2"></td></tr>
<tr><td></td><td></td><td></td><td colspan="2"></td></tr>
<tr><td colspan="6">交接记录</td></tr>
<tr><td rowspan="2" colspan="2">姓名</td><td rowspan="2">交接日期</td><td rowspan="2">交接盖章</td><td colspan="2">监交人员</td></tr>
<tr><td>职务</td><td>姓名</td></tr>
<tr><td rowspan="2" colspan="2"></td><td>经管　年　月　日</td><td></td><td colspan="2"></td></tr>
<tr><td>交出　年　月　日</td><td></td><td colspan="2"></td></tr>
<tr><td rowspan="2" colspan="2"></td><td>经管　年　月　日</td><td></td><td colspan="2"></td></tr>
<tr><td>交出　年　月　日</td><td></td><td colspan="2"></td></tr>
<tr><td rowspan="2" colspan="2"></td><td>经管　年　月　日</td><td></td><td colspan="2"></td></tr>
<tr><td>交出　年　月　日</td><td></td><td colspan="2"></td></tr>
</table>

4.3.2 账簿的登记规则

(1)登记及时

会计人员必须根据审核无误的会计凭证,及时完成登账工作,不得拖延、迟办。

(2)内容准确、清楚、完整,并标明记账符号

应当按记账凭证日期、凭证号数、摘要、金额和其他有关资料逐项对应登入相应账户中。每笔经济业务登记入账后,应逐项复核无误并在记账凭证上签名或盖章,并注明已登账的符号"√",表示已经登记入账,避免重登或漏登。

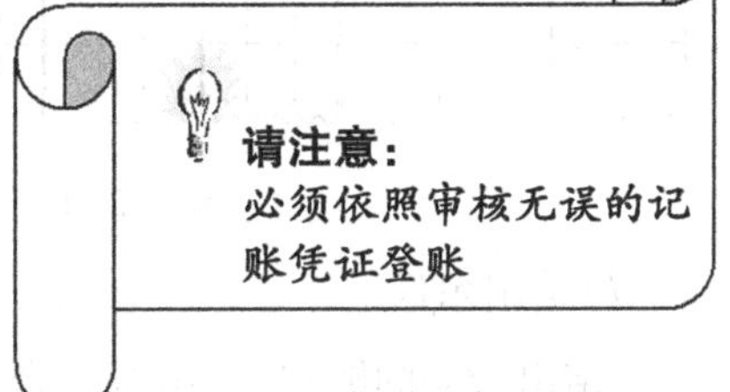

(3)一般用蓝黑墨水笔填写

除按规定可用红字记账外,登记账簿必须使用蓝黑或者碳素墨水填写,不得使用铅笔或圆珠笔,只有在复写账页上才能用圆珠笔书写。

(4)文字与数字书写端正规范

账簿应保持清晰、整洁,文字书写端正,摘要内容清楚、简洁明了;数字书写要规范化,并排列整齐,大小一致,上下位置对齐,不占满格,紧靠本行底线,一般为行距的1/2。

(5)顺序、连续登记

应按账户页次逐页逐行登记,不能跳行、隔页。如不慎发生跳行、隔页时,应将空行或空页注销。如出现空行时,应在该行用红笔画一条通栏红线,或注明"此行空白",并由记账人员在该行签名或盖章。发生隔页的处理如图4.1所示。

(6)换页时"过次承前"

每张账页记满并需继续登记时,应在本页最后一行结出本页借、贷方发生额合计数及余额,并在"摘要"栏内注明"过次页"字样,同时在次页第一行内"摘要"栏注明"承前页"字样,并将上页最后一行结出的借、贷方发生额合计数及余额分别记入本页第一行的相应栏目,然后再开始登记经济业务,以保持账簿记录的连续性。

应付账款　明细分类账

应付账款　科目　幸福化工厂

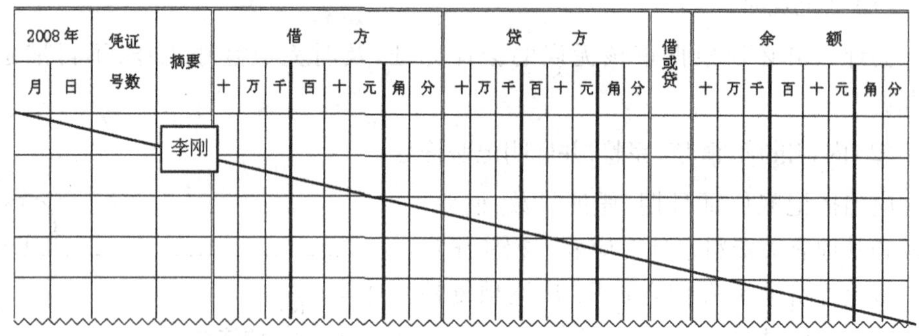

2008年		凭证号数	摘要	借方								贷方								借或贷	余额							
月	日			十	万	千	百	十	元	角	分	十	万	千	百	十	元	角	分		十	万	千	百	十	元	角	分
			李刚																									

图4.1　发生隔页的处理

(7)结出余额

需结出余额的账户，结出账户余额后，应当在“借或贷”栏内注明余额的“借”或“贷”方向。若余额为零，应当在“借或贷”栏内注明“平”字，并在余额栏“元”位上用“0”表示。

(8)按规定方法更正错账

如果账簿记录发生错误，不得采用涂改、刮擦、挖补或用褪色药水消除笔迹等手段更正，更不能将本页撕毁重新抄写，必须按照规定的方法进行错账的更正。(详见任务6)

4.4　账簿的登记方法

各企、事业单位应根据自身经济活动的特点和国家有关会计制度的规定以及会计核算的要求设置相应的账簿，及时登记发生的各种经济业务。下面介绍企业常见的账簿设置与登记方法。

4.4.1　日记账的登记方法

日记账即是序时账，它必须按照经济业务发生的时间顺序进行记载反映，不得用银行对账单或者其他方法代替日记账。日记账的登记方法，如表4.5所示。

表4.5 日记账的登记方法

账簿	账页格式	作用	登记人员、依据和方法
库存现金日记账	一般采用"借方"、"贷方"、"余额"三栏式	能随时提供库存现金的收入及其来源、付出及其用途，以及结存余额的会计信息资料	由出纳员按照经济业务发生的时间先后顺序，依据审核无误的现金收款凭证、现金付款凭证及有关银行存款付款凭证，逐日逐笔进行登记，并于每天终了结出现金余额
银行存款日记账	一般采用"借方"、"贷方"、"余额"三栏式	能随时提供银行存款的增加及其来源、付出及其用途，以及结存余额变动的会计信息资料	由出纳员按照经济业务发生的时间先后顺序，依据审核无误的银行存款收款凭证、银行存款付款凭证及有关现金付款凭证，逐日逐笔进行登记，并于每天终了结出银行存款余额

例4.1　2008年12月8日，厂部业务员王平因出差借支差旅费3 000元，出纳员张强以现金付讫，会计李刚审核后填制了"记字第12号"记账凭证，如图4.2所示。

会计分录：

借：其他应收款——王平　　3 000

　　贷：库存现金　　3 000

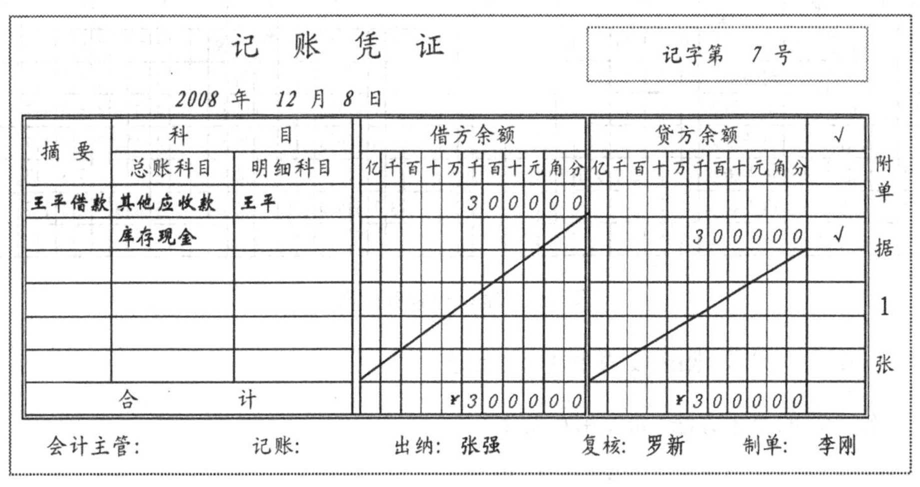

记　账　凭　证

记字第　7 号

2008 年　12 月　8 日

摘要	科目：总账科目	科目：明细科目	借方余额（亿千百十万千百十元角分）	贷方余额（亿千百十万千百十元角分）	√
王平借款	其他应收款	王平	300000		
	库存现金			300000	√
合　　计			¥300000	¥300000	

附单据 1 张

会计主管：　　记账：　　出纳：张强　　复核：罗新　　制单：李刚

图4.2 "记字第7号"记账凭证

出纳员张强根据记账凭证登记现金日记账,操作步骤如下:

①根据记账凭证上的"年、月、日"、"凭证编号"及"摘要"填写。

②"借方"栏根据现金收款凭证或银行存款付款凭证中的金额填写。

③"贷方"栏根据现金付款凭证中的金额填写。

④每日终了必须及时结出余额,如图4.3所示。

总页号	分页号

库存现金日记账

2008年		凭证		摘要	借方											核对	贷方											核对	借或贷	余额											核对
月	日	种类	号数		亿	千	百	十	万	千	百	十	元	角	分		亿	千	百	十	万	千	百	十	元	角	分			亿	千	百	十	万	千	百	十	元	角	分	
12	8			承上页				1	2	3	0	0	0	0							1	1	2	0	0	0	0		借						3	3	5	0	0	0	
12	8	记	7	王平借款																		3	0	0	0	0	0		借							3	5	0	0	0	

图4.3　库存现金日记账

银行存款日记账的登记方法与库存现金日记账的登记方法基本相同,这里不再赘述,如图4.4所示。

总页号	分页号

银 行 存 款 日记账

子目或户名　　工行

2008年		凭证		摘要	借方											核对	贷方											核对	借或贷	余额											核对
月	日	种类	号数		亿	千	百	十	万	千	百	十	元	角	分		亿	千	百	十	万	千	百	十	元	角	分			亿	千	百	十	万	千	百	十	元	角	分	
12	1			期初余额																									借				4	7	8	2	6	1	1	7	
12	2	记	1	购地板胶																		7	8	0	8	0	0		借				4	7	0	4	5	3	1	7	
12	2	记	3	预付货款																		3	5	0	0	0	0		借				4	6	6	9	5	3	1	7	
12	2	记	4	取得借款				2	0	0	0	0	0	0															借				6	6	6	9	5	3	1	7	
12	2	记	6	购买材料																1	3	7	5	0	0	0	0		借				5	2	9	4	5	3	1	7	

图4.4　银行存款日记账

4.4.2　分类账的设置和登记方法

分类账的登记方法,如表4.6所示。

表4.6 分类账的登记方法

账簿	格式	提供信息	登记方法
总分类账	一般采用“借方”、“贷方”、“余额”三栏式	能全面、系统、概括地反映各单位的资金增减变动情况，为编制会计报表提供必要的数据资料	由于各单位采用的会计核算组织程序不同，登记的依据也略有不同
明细分类账	可根据需要，分别采用三栏式、数量金额式、多栏式及横线登记式的账页格式	明细分类账提供详细、具体的会计核算资料，对总账资料起补充说明	要根据原始凭证、原始凭证汇总表和记账凭证每天进行登记，也可以定期登记

【想一想】总分类账与明细分类账之间有什么关系？

(1)总分类账的登记

例4.2 同上例，总账会计根据记账凭证登记总账。总分类账示样，如图4.5所示。

总页号	分页号

科目 库存现金

2008年		凭证		摘要	借方											核对	贷方											核对	借或贷	余额										
月	日	种类	号数		亿	千	百	十	万	千	百	十	元	角	分		亿	千	百	十	万	千	百	十	元	角	分			亿	千	百	十	万	千	百	十	元	角	分
12	8			承上页					1	2	3	0	0	0							1	1	2	0	0	0	0		借						3	3	5	0	0	0
12	8	记	7	王平借款																		3	0	0	0	0	0		借							3	5	0	0	0

图4.5 总分类账示样

(2)明细分类账的登记

明细分类账根据其所记录内容的性质和管理的要求不同又分成4种不同格式的明细账，其登记方法如表4.7所示。明细账示样，如图4.6至图4.9所示。

表 4.7　明细分类账的登记方法

种类	格式	适用范围
三栏式明细账	只设“借方”、“贷方”及“余额”三栏	适用于只需要进行金额核算的明细账户，如“应付账款”、“实收资本”等明细分类账(举例如图 4.6 所示)
数量金额式明细账	采用“借方”、“贷方”、“余额”每一栏下，再分别设置“数量”、“单价”、“金额”3 个专栏进行金额和数量的核算	适用于对一些财产物资核算和管理，不仅要了解其详细的价值指标，还需要掌握其详细的数量指标，如原材料、库存商品等存货明细账(举例如图 4.7 和图 4.8 所示)
多栏式明细分类账	在“借方”或“贷方”，或者在“借方”、“贷方”双方栏下分别设立若干专栏，以便在同一账页上集中分类反映有关明细科目或明细项目的金额	适用于需要进行分项目具体反映的经济业务，如“生产成本”、“制造费用”等明细分类账(举例如图 4.9 所示)
横线登记式账簿	在“借方”、“贷方”的同一行内，记录某一经济业务从发生到结束的所有事项	一般适用于需要逐笔对照清算的经济业务，如其他应收款明细账的备用金借支和报销收回的情况等(举例略)

总页号　分页号

应付账款明细账

一级科目　应付账款

明细科目　华瑞工厂

2008年		凭证		摘要	借方											核对	贷方											核对	借或贷	余额										
月	日	种类	号数		亿	千	百	十	万	千	百	十	元	角	分		亿	千	百	十	万	千	百	十	元	角	分			亿	千	百	十	万	千	百	十	元	角	分
3	2			偿还欠款						3	5	0	0	0															贷				1	0	0	0	0	0	0	0
3	9	记	32	购料欠款																	7	0	2	0	0	0	0		贷				1	7	0	2	0	0	0	0

图 4.6　三栏式明细账的登记

原材料明细账

总页号	分页号

最高存量______　　　　　　　　　　　　　　　　　　　　　　　　编　号________

最低存量_____ 存储地点________ 规格________ 类别 原料 计量单位 千克 品 名 B材料

08年 月	日	凭证 种类	号数	摘要	借方 数量	借方 单价	借方 金额	贷方 数量	贷方 单价	贷方 金额	余额 数量	余额 单价	余额 金额
3	1			期初余额							200	120	2400000
3	9	记	32	购买材料	500	120	600000				700	120	8400000

图4.7　数量金额式明细账的登记

应交增值税　明细账

08年 月	日	凭证 种类	号数	摘要	借方 合计	借方 进项税额	贷方 合计	贷方 销项税额	借或贷	余额
3	1	记	1	购进	111040	111040			借	111040
3	5	记	5	购进	83560	83560			借	194600
3	5	记	6	购进	1573300	1573300			借	1767900
3	6	记	9	销售			7497000	7497000	贷	5729100
3	6	记	10	销售			3292900	3292900	贷	9022000
3	7	记	15	购进	163200	163200			贷	8858800
3	8	记	18	购进	756600	756600			贷	8102200

图4.8　多栏式明细账的登记

总账科目名称：生产成本

生产成本-基本生产成本　明细账

明细科目名称：基本生产成本

2008年 月	日	凭证 种类	号数	摘要	借方	贷方	余额	借方余额分析 直接材料	借方余额分析 直接人工	借方余额分析 制造费用
3	10	记	46	领料	11940		11940	11940		
3	31	记	47	工资	894000		905940		894000	
3	31	记	47	福利费	125160		1031100		125160	
3	31	记	50	水费	23125		1054225	23125		
3	31	记	51	电费	150560		1204785	150560		
3	31	记	55	提折旧	60000		1264785			60000

图4.9　多栏式明细账的登记

4.4.3 总分类账与所属明细分类的平行登记

总分类账户、明细分类账尽管反映经济业务、核算内容的详细程度不同，但两者核算内容是一致的，因而在会计核算中，应当采用平行登记方法。

平行登记方法，就是对每一项经济业务，既要在总分类账户中总括登记，又要在该总分类账户所属明细分类账户中详细登记。

【想一想】总分类账与所属明细分类账之间为什么能采用平行登记？

总分类账户与明细分类账户之间的关系是：总分类账户对其所属的明细分类账户起着控制、统驭的作用；明细分类账户对其归属的总分类账户则起着补充、具体说明的作用。两者相辅相成，只是反映经济业务的详细程度不同，但是两者登记的原始依据是相同的，核算的内容也是相同的。这就决定了在总分类账与所属明细分类账之间必须按照平行登记的方法，既要登记总分类账户，又要登记明细分类账户。

总分类账户与明细分类账户平行登记的要点，可以概括归纳为以 4 个方面：

(1)依据相同

对发生的经济业务，都要以相关的会计凭证为依据，既登记有关总分类账户，又登记其所属明细分类账户。

(2)方向相同

将经济业务记入总分类账和明细分类账时，记账方向必须相同。即总分类账户记入借方，明细分类账户也记入借方；总分类账户记入贷方，明细分类账户也记入贷方。

(3)期间相同

对每项经济业务在记入总分类账户和明细分类账户的过程中，可以有先有后，但必须在同一会计期间(如同一个月、同一个季度、同一年度)全部登记入账。

(4)金额相等

记入总分类账户的金额，应与记入其所属明细分类账户的金额合计相等。

通过平行登记，总分类账户与明细分类账之间在登记金额上就形成了如下关系：

总分类账户借方(贷方)发生额 = 所属各明细分类账户借方(贷方)发生额之和

总分类账户借方(贷方)期初或期末余额 = 所属各明细分类账户期初或期末借方(贷方)余额之和

以上这种金额上的关系也称为总分类账与明细分类账的钩稽关系，这一钩稽关系也是总分类账与明细分类账相互核对的理论依据。

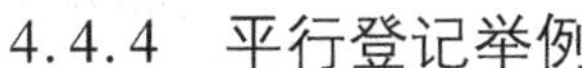

4.4.4 平行登记举例

1)资料

下面以“原材料”和“应付账款”两个账户为例,说明总分类账户与明细分类账户平行登记的方法。(“应交税费——应交增值税”账户登记暂略)

假设天宇食品公司“原材料”和“应付账款”总分类账户和所属明细分类账户2008年3月初余额如表4.8和4.9所示。

表4.8 原材料明细账

原材料名称	计量单位	数量	单价/元	余额/元
特级白砂糖	千克	10 000	5.60	56 000
玉米面粉	千克	4 800	10	48 000
合　计				104 000

表4.9 应付账款明细账

供货单位名称	余额/元
爱农商贸公司	40 000
同乐有限公司	30 000
合　计	70 000

例4.3　3日,以银行存款偿还上月欠爱农商贸公司货款40 000元;欠同乐有限公司30 000元。

会计分录

借:应付账款——爱农商贸公司　　40 000

　　　　　——同乐有限公司　　30 000

　贷:银行存款　　70 000

例4.4　5日,从爱农商贸公司购入白砂糖30 000千克,每千克5.60元,计168 000元;购入玉米面粉7 200千克,每千克为10元,计72 000元,材料已验收入库,货款以银行存款付讫。

会计分录

借:原材料——白砂糖　　168 000

　　　　——玉米面粉　　72 000

贷:银行存款　　240 000

例4.5　20 日,从爱农商贸公司购入白砂糖 20 000 千克,每千克 5.60 元,计 112 000元,材料验收入库,货款尚未支付。

会计分录

借:原材料——白砂糖　　112 000

贷:应付账款——爱农商贸公司　　112 000

例4.6　30 日,材料仓库本月共发出投入产品生产的各种材料如表 4.10 所示:

表 4.10　**投入产品生产的各种材料**　　单位:元

原材料名称	发出材料数量	单　价	金　额
白砂糖	40 000 千克	5.60	224 000
玉米面粉	9 600 千克	10.00	96 000
合　计	—	—	320 000

会计分录

借:生产成本　　320 000

贷:原材料——白砂糖　　224 000

——玉米面粉　　96 000

2)平行登记

根据上述资料,进行平行登记:

(1)"原材料"总分类账户与所属明细账户的平行登记

①在"原材料"总分类账户,先登记期初余额 104 000 元,同时在"白砂糖"、"玉米面粉"明细分类账户,分别按数量、单价和金额登记期初余额。

②将本月收入的材料逐笔记入总分类账户的借方,同时将收入的各种材料分别按数量、单价和金额,记入有关明细分类账户的借方。

③将本月发出材料的合计数 320 000 元,记入"原材料"总分类账户的贷方,同时将发出的各种材料分别按数量、单价和金额,记入有关明细分类账户的贷方。

④月末,对"原材料"总分类账户及其所属明细分类账户进行结账,结出本期发生额和月末余额,并进行相互核对。

"原材料"总账与所属明细账平行登记的结果如图 4.10 至图 4.12 所示。

(2)"应付账款"总分类账户与明细分类账户的平行登记

①在"应付账款"总分类账户与所属明细分类账户,先登记期初余额。

②将本期发生的新债务和清偿负债,按发生日期先后记入"应付账款"总分类

总页号	分页号

总 分 类 账

科目名称 原材料

2008年 月	日	凭证 种类	号数	摘要	借方（亿千百十万千百十元角分）	核对	贷方（亿千百十万千百十元角分）	核对	借或贷	余额（亿千百十万千百十元角分）
3	1			月初余额					借	10400000
3	5			购入	24000000				借	34400000
3	20			购入	11200000				借	45600000
3	30			投入生产			32000000		借	13600000
3	31			本月合计	35200000		32000000		借	13600000

图 4.10　原材料总账

原 材 料 明细账

总页号	分页号

最高存量------　　　　　　　　　　　　编　号--------

最低存量--------存储地点--------　规格--------　类别 原料　计量单位 千克　品 名 白砂糖

2008年 月	日	凭证 种类	号数	摘要	借方 数量	借方 单价	借方 金额（千百十万千百十元角分）	贷方 数量	贷方 单价	贷方 金额（千百十万千百十元角分）	余额 数量	余额 单价	余额 金额（千百十万千百十元角分）
3	1			期初余额							10000	5.60	5600000
3	5			购 入	30000	5.60	16800000				40000	5.60	22400000
3	20			购 入	20000	5.60	11200000				60000	5.60	33600000
3	30			仓库发出				40000	5.60	22400000	20000	5.60	11200000
3	31			本月合计	50000	5.60	28000000	40000	5.60	22400000	20000	5.60	11200000

图 4.11　白砂糖明细账

原 材 料 明细账

总页号	分页号

最高存量------　　　　　　　　　　　　编　号--------

最低存量--------存储地点--------　规格--------　类别 原料　计量单位 千克　玉米面粉

2008年 月	日	凭证 种类	号数	摘要	借方 数量	借方 单价	借方 金额（千百十万千百十元角分）	贷方 数量	贷方 单价	贷方 金额（千百十万千百十元角分）	余额 数量	余额 单价	余额 金额（千百十万千百十元角分）
3	1			期初余额							4800	10	4800000
3	5			购 入	7200	10	7200000				12000	10	12000000
3	30			发出材料				9600	10	9600000	2400	10	2400000
3	31			本月合计	7200	10	7200000	9600	10	9600000	2400	10	2400000

图 4.12　玉米面粉明细账

账户和所属明细分类账户。

③月末,对“应付账款”总账和所属明细账进行结账,结出本期发生额和月末余额,并进行相互核对。

“应付账款”总账与所属明细账平行登记结果如图 4.13 至图 4.15 所示。

从上述平行登记的结果可以看出,“原材料”和“应付账款”总分类账户的期初、期末余额及本期借、贷方发生额,与其所属明细分类账户的期初、期末余额之和及本期借、贷方发生额之和都是相等的。利用这种相等的关系,可以核对总分类账户和明细分类账的登记是否正确。如有不同,就表明记账出现差错,即应查明原因

总页号	分页号

总 分 类 账

科目名称 应付账款

2008年 月	日	凭证 种类	号数	摘要	借方（亿千百十万千百十元角分）	核对	贷方（亿千百十万千百十元角分）	核对	借或贷	余额（亿千百十万千百十元角分）	核对
3	1			月初余额					贷	7000000	
3	3			还前欠货款	7000000				贷	0	
3	20			还欠货款			11200000		贷	11200000	
3	31			本月合计	7000000		11200000		贷	11200000	

图 4.13　应付账款总账

总页号	分页号

应 付 账 款 明细账

一级科目 应付账款

明细科目 爱农商贸公司

2008年 月	日	凭证 种类	号数	摘要	借方（亿千百十万千百十元角分）	核对	贷方（亿千百十万千百十元角分）	核对	借或贷	余额（亿千百十万千百十元角分）
3	1			月初余额					贷	4000000
3	3			还欠货款	4000000				平	0
3	20			购买原材料			11200000		贷	11200000
3	31			本月合计	4000000		11200000		贷	11200000

图 4.14　应付账款明细账

总页号	分页号

应 付 账 款 明细账

一级科目 应付账款

明细科目 同乐股份有限公司

2008年 月	日	凭证 种类	号数	摘要	借方（亿千百十万千百十元角分）	核对	贷方（亿千百十万千百十元角分）	核对	借或贷	余额（亿千百十万千百十元角分）
3	1			月初余额					贷	3000000
3	3			还欠货款	3000000				平	0
3	31			本月合计	3000000				平	0

图 4.15　应付账款明细账

予以更正。核对的方法，可将各明细账户的本期发生额及余额相加，与总分类账直接核对，也可以编制本期发生额及余额明细表与总分类账户核对。根据本例，编制“原材料”和“应付账款”的本期发生额及余额明细表，如表 4.11 和表 4.12 所示。

表 4.11 原材料本期发生额及余额明细表

明细账户	计量单位	单价	期初余额		本期发生额				期末余额	
			数量	余额	收入(借方)		发出(贷方)		数量	金额
					数量	金额	数量	金额		
白砂糖	千克	5.60	10 000	56 000	50 000	280 000	40 000	224 000	20 000	112 000
玉米面粉	千克	10.00	4 800	48 000	7 200	72 000	9 600	96 000	2 400	24 000
合计				104 000		352 000		320 000		136 000

表 4.12 应付账款本期发生额及余额明细表

明细账户	期初余额	本期发生额		期末余额
		借方	贷方	
爱农商贸公司	40 000	40 000	112 000	112 000
同乐股份公司	30 000	30 000	0	0
合计	70 000	70 000	112 000	112 000

【做一做】

1.2008 年 2 月 12 日,厂部业务员王平出差回来报销差旅费 860 元,退回余款 140 元,会计人员填制记账凭证并登记日记账和相关明细账簿。

2.2008 年 2 月 25 日,用银行存款归还前欠同乐公司款项 170 200 元,会计人员填制记账凭证并登记日记账和相关明细账簿。

【任务回顾】

通过对本章的学习,大家认识了账簿的概念和分类、理解了账簿的启用和登记规则;熟悉了日记账、分类账的设置,并学会了企业经济业务中主要账簿的登记方法。

【任务检测】

一、单项选择题

1.(　　)是按照经济业务发生先后顺序,逐日逐笔登记经济业务的账簿。

A.序时账　　B.分类账　　C.明细账　　D.备查账

2. “应付账款”明细账的格式一般采用(　　)。

A. 多栏式　　B. 三栏式　　C. 订本式　　D. 数量金额式

3. “原材料”明细账的格式一般采用(　　)。

A. 多栏式　　B. 三栏式　　C. 横线登记式　　D. 数量金额式

4. 登记账簿的依据是(　　)。

A. 原始凭证　　B. 各类发票收据　　C. 各类经济合同　　D. 记账凭证

5. (　　)明细账应根据经济业务的内容和经营管理的需要,在“借方”或“贷方”分别按明细项目设若干专栏。

A. 多栏式　　B. 三栏式　　C. 数量金额式　　D. 横线登记式

二、多项选择题

1. 账簿按外表形式不同可分为(　　)。

A. 多栏账　　B. 三栏账　　C. 订本账　　D. 卡片账

2. 必须采用订本式账簿的有(　　)。

A. 库存现金日记账　　B. 原材料账

C. 银行存款日记账　　D. 总分类账

3. 明细账账页格式一般有(　　)。

A. 多栏式　　B. 三栏式　　C. 订本式　　D. 数量金额式

4. 应该采用数量金额式格式的明细账有(　　)。

A. 库存商品明细账　　B. 原材料明细账

C. 固定资产明细账　　D. 实收资本明细账

5. 三栏式格式的明细账适用于(　　)。

A. 库存商品明细账　　B. 原材料明细账

C. 应收账款明细账　　D. 应付账款明细账

三、判断题

1. 分类账必须采用订本式。(　　)

2. 多栏式明细账格式适用于费用、成本、收入、成果等科目的记账。(　　)

3. 登记账簿可以用蓝黑或者碳素墨水书写,也可以用圆珠笔或者铅笔书写。(　　)

4. 库存现金日记账必须每天结出余额并和库存现金实物进行仔细核对。(　　)

5. 备查账簿是正式账簿,应根据各单位的实际需要确定应设置哪些备查账簿及何种形式。(　　)

四、实务题

(一)目的:练习会计账簿的登记。

(二)资料:

参见任务3课后练习中的实务题:蓝山有限责任公司2008年6月业务资料。

(三)分工合作:

可以根据情况两人或3人为一组,分别担任出纳、会计人员等完成练习。

(四)要求:

选登"银行存款"日记账、"原材料——精制梳棉"明细账、"生产成本"明细账以及"应收账款"总账。(注:原材料——精制梳棉的期初结存数量为6 000千克,单价8元,计48 000元。"生产成本"账户期初无余额。)

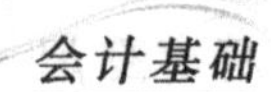

参考答案

【做一做】参考答案

1.

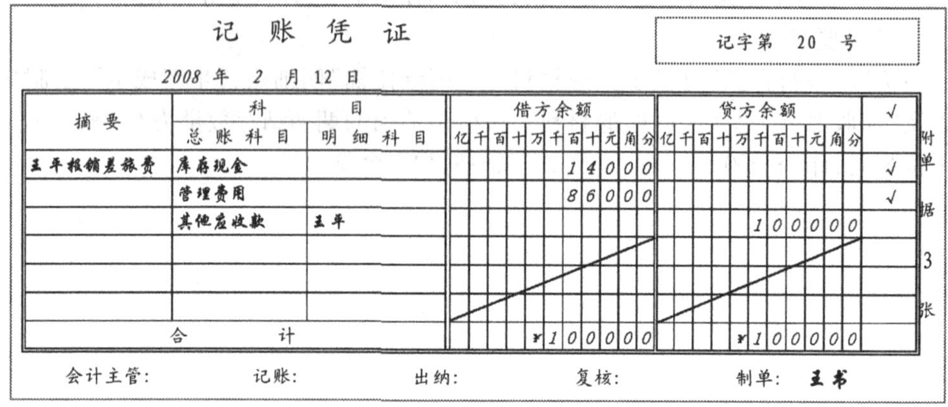

记 账 凭 证

记字第 20 号

2008 年 2 月 12 日

摘 要	科目：总账科目	科目：明细科目	借方余额	贷方余额	√
王平报销差旅费	库存现金		14000		√
	管理费用		86000		√
	其他应收款	王平		100000	
合 计			¥100000	¥100000	

附单据 3 张

会计主管： 记账： 出纳： 复核： 制单： 王书

总页号	分页号

库 存 现 金 日记账

2008年 月	日	凭证 种类	号数	摘 要	借 方	核对	贷 方	核对	借或贷	余 额	核对
2	1			承上月					借	15000	
2	12	记	20	王平报销退回余款	14000				借	16400	

总账科目名称__ 编号______

管理费用 明 细 账

明细科目名称__

08年 月	日	凭证 种类	号数	摘 要	借 方	贷 方	余 额	借方余额分析：差旅费	借方余额分析	借方余额分析
2	12	记	20	差旅费	86000		86000	86000		

总页号 | 分页号

其他应收款明细账

一级科目 其他应收款

明细科目 王平

2008年 月	日	凭证 种类	号数	摘要	借方（亿千百十万千百十元角分）	核对	贷方（亿千百十万千百十元角分）	核对	借或贷	余额（亿千百十万千百十元角分）
2	1	记	1	预借差旅费	100000				借	100000
2	12	记	20	报销差旅费			100000		平	0

2.

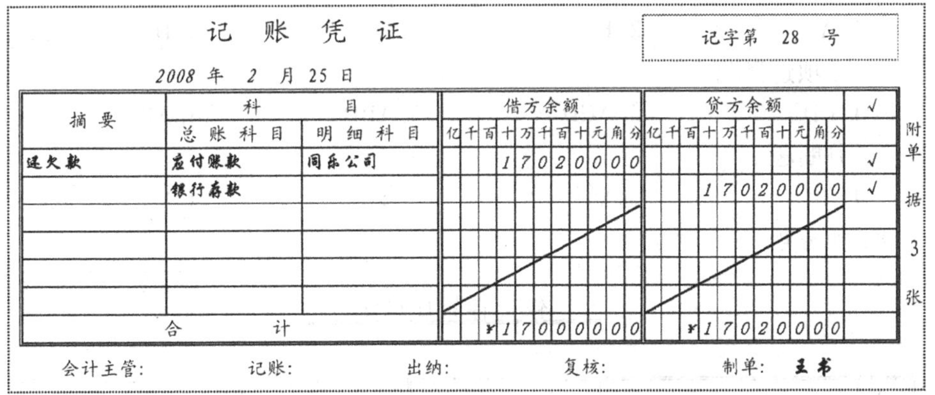

记 账 凭 证

记字第 28 号

2008 年 2 月 25 日

摘要	总账科目	明细科目	借方余额（亿千百十万千百十元角分）	贷方余额（亿千百十万千百十元角分）	√
还欠款	应付账款	同乐公司	17020000		√
	银行存款			17020000	√
合计			¥17000000	¥17020000	

附单据 3 张

会计主管：　记账：　出纳：　复核：　制单：王书

总页号 | 分页号

银行存款日记账

子目或户名 工行

2008年 月	日	凭证 种类	号数	摘要	借方（亿千百十万千百十元角分）	核对	贷方（亿千百十万千百十元角分）	核对	借或贷	余额（亿千百十万千百十元角分）	核对
2	1			承上月					借	43000000	
2	25	记	28	还同乐公司货款			17020000		借	25980000	

总页号	分页号

应付账款 明细账

一级科目 应付账款

明细科目 同乐公司

2008年 月	日	凭证 种类	号数	摘要	借方	核对	贷方	核对	借或贷	余额
2	1			月初余额					贷	17020000
2	25			还欠款	17020000				平	0

【任务检测参考答案】

一、单项选择题

1. A　2. B　3. D　4. D　5. A

二、多项选择题

1. CD　2. ACD　3. ABD　4. AB　5. CD

三、判断题

1. ×　2. √　3. ×　4. √　5. √

四、实务题

总页号	分页号

银行存款日记账

户名 工行

2008年 月	日	凭证 种类	号数	摘要	借方	核对	贷方	核对	借或贷	余额
6	1			期初余额					借	5480680 0
6	3	记	2	借款	22800000				借	77606800
6	5	记	3	取现备用			100000		借	77506800
6	6	记	4	偿还货款	4680000				借	82186800
6	7	记	5	发放工资			12200000		借	69986800
6	8	记	6	收回欠款	46800000				借	116786800
6	12	记	8	付广告费			121000		借	116665800
6	15	记	10	购买劳保用品			285000		借	116380800
6	18	记	12	还欠款			819000 0		借	108190800
6	19	记	13	收到投资款	25000000				借	133190800
6	21	记	14	购入设备			11700000		借	121490800
6	30			本月合计	99280000		32496000		借	121490800

原材料明细账

总页号	分页号

最高存量______　　　　　　　　　　　　　　　　　　　　　　　　　　　　编 号________

最低存量______ 存储地点________ 规格________ 类别_______ 计量单位 公斤 品 名_精制梳棉

2008年		凭证		摘要	借方			贷方			余额		
月	日	种类	号数		数量	单价	金额	数量	单价	金额	数量	单价	金额
6	1			期初余额							6000	8.00	48000.00
6	2	记	1	购进	22500	8.00	180000.00				28500	8.00	228000.00
6	11	记	7	生产领料				11623	8.00	92984.00	11687	8.00	135016.00
6	30			本月合计	22500		180000.00	11623		92984.00	11687	8.00	135016.00

生产成本-基本生产成本 明 细 账

总账科目名称_生产成本

明细科目名称__基本生产成本

2008年		凭证		摘要	借方	贷方	余额	借方余额分析		
月	日	种类	号数					直接材料	直接人工	制造费用
6	11	记	7	领料	92984.00		92984.00	92984.00		
6	30	记	15	领料	42016.00		135000.00	42016.00		
6	30	记	18	分配工资	60000.00		195000.00		60000.00	
6	30	记	18	福利费	6000.00		201000.00		6000.00	
6	30	记	20	结转制造费用	33450.00		234450.00			33450.00
6	30	记	21	结转产品成本		234450.00	0			
6	30	记		本月合计	234450.00	23445.00	0			

总页号	分页号

总 分 类 账

科目名称 应收账款

2008年		凭证		摘要	借方	核对	贷方	核对	借或贷	余额
月	日	种类	号数							
6	1			承上月					借	232675.00
6	6	记	4	偿还货款			46800.00		借	185875.00
6	24	记	16	销售产品	187200.00				借	373075.00
6	30			本月合计	187200.00		46800.00		借	373075.00

任务5 对账和结账

任务目标

1. 清楚对账的基本内容；
2. 学会结账的方法。

学时建议

2 课时

【导学语】

实习生章华林已经对账簿的设置、登记比较熟练了,那么多的账簿,怎么保证登记中没有错误、遗漏呢?章华林知道,这要通过对账来进行检查。另外,企业每个月都要发生多笔业务,怎样才能把握企业每个会计要素的变化情况和结果呢?这就要求定期进行结账。

你知道什么是对账吗?你知道怎么结账吗?

【学一学】

5.1 对账

对账就是核对账目,一般在结账前,将账簿记录与会计凭证核对、各种账簿之间的数字核对、账簿记录与实物及货币资金的实存数核对,以保证账证相符、账实相符、账账相符的一项工作。

对账包括日常核对和定期核对两方面。日常核对是在记账前对日常填制的记账凭证所作的审核。定期核对一般在月末、季末、年末于结账前进行。定期核对的内容主要包括以下几个方面:

5.1.1 账证核对

账证核对就是核对会计账簿的记录与原始凭证、记账凭证记录的时间,凭证字号、内容、金额是否一致,记账方向是否相符。账簿记录与会计凭证反映的经济业务内容必须一致,数额计算结果相等,保证做到账证相符。

5.1.2 账账核对

账账核对是核对不同会计账簿之间的账簿记录是否相符。

5.1.3 账实核对

账实核对是核对会计账簿记录与各项财产实有数额是否相符。

【想一想】会计人员怎么进行账证核对、账账核对、账实核对呢?

对账的方法,如表5.1所示:

表 5.1　对账的方法

对账内容	核对方法
账证核对	核对会计账簿与据以入账的记账凭证及其所附原始凭证上时间、凭证字号、内容、金额是否一致,记账方向是否相符。
账账核对	①总分类账簿全部账户的本期发生额及期末余额通过试算平衡进行核对。 ②将总分类账簿与其所属的明细分类账簿进行核对。 ③将总分类账簿中“现金”、“银行存款”账上的期末余额与“现金日记账”、“银行存款日记账”进行核对,以检查总账与日记账记录是否相符。 ④将会计部门财产物资明细分类账的期末余额与相应的财产物资使用或保管部门的明细账(或卡)上记录的期末结存数进行核对,检查是否相符。
账实核对	①将“现金日记账”账面余额与库存现金实际结存数进行核对。 ②将“银行存款日记账”账面余额与银行转来的“对账单”上的实有余额核对。 ③将各种财产物资明细分类账账面余额与该项财产物资的实际结存数额核对。 ④各种应收、应付款项的明细分类账账面余额与债权、债务的单位或个人进行核对清查

5.2　结账

结账是在一定时期内所发生的经济业务全部登记入账的基础上,按照规定的方法对该期内的账簿记录进行小结,结出各账簿本期发生额合计和期末余额的一项会计核算工作。

结账前,应查明是否已将本期内所发生的全部经济业务按规定程序全部登记入账和有无错漏,在确认账簿记录正确无误的基础上进行结账。

结账应分别结出日记账、总分类账和明细分类账每个账户的本期发生额合计和期末余额。结账可分为月度结账、季度结账、年度结账。

5.2.1　月度结账

月度结账即在每月终了时进行的结账。

月度结账方法是在每月最后一笔经济业务的记录下面画一条通栏红线,在红线下面的一行“摘要”栏内注明“本月合计”字样,在“借方”、“贷方”、“余额”栏分别计算出本月借方发生额合计、贷方发生额合计和期末余额,然后在此行下再画一条通栏红线,如图 5.1 所示。

总页号　分页号

银行存款日记账

子目或户名　工行

2008年		凭证		摘要	借方												核对	贷方												核对	借或贷	余额												核对
月	日	种类	号数		亿	千	百	十	万	千	百	十	元	角	分		亿	千	百	十	万	千	百	十	元	角	分			亿	千	百	十	万	千	百	十	元	角	分	
12	1			期初余额																									借				4	7	8	2	6	1	1	7	
12	3	记	1	购地板胶																		7	8	0	8	0	0		借				4	7	0	4	5	3	1	7	
12	7	记	3	预付货款																		3	5	0	0	0	0		借				4	6	6	9	5	3	1	7	
12	15	记	4	取得借款				2	0	0	0	0	0	0																借				6	6	6	9	5	3	1	7	
12	23	记	6	购买材料																1	3	7	5	0	0	0	0		借				5	2	9	4	5	3	1	7	
12	31			本月合计				2	0	0	0	0	0	0						1	3	8	8	0	8	0	0		借				5	2	9	4	5	3	1	7	

图5.1　月度结账

5.2.2　季度结账

季度结账即每季度终了时进行的结账。

季度结账的方法是:在每季度最后一个月的月度结账的下一行“摘要”栏注明“本季度累计”或“本季度发生额及余额”,在“借方”、“贷方”、“余额”三栏分别计算出本季度3个月的借方、贷方发生额合计数及季末余额,然后在此行下面画一条红线,表示季度结账完毕,如图5.2所示。

总页号　分页号

银行存款日记账

子目或户名　工行

2008年		凭证		摘要	借方												核对	贷方												核对	借或贷	余额												核对
月	日	种类	号数		亿	千	百	十	万	千	百	十	元	角	分		亿	千	百	十	万	千	百	十	元	角	分			亿	千	百	十	万	千	百	十	元	角	分	
12	1			期初余额																									借				4	7	8	2	6	1	1	7	
12	3	记	1	购地板胶																		7	8	0	8	0	0		借				4	7	0	4	5	3	1	7	
12	7	记	3	预付货款																		3	5	0	0	0	0		借				4	6	6	9	5	3	1	7	
12	15	记	4	取得借款				2	0	0	0	0	0	0																借				6	6	6	9	5	3	1	7	
12	23	记	6	购买材料																1	3	7	5	0	0	0	0		借				5	2	9	4	5	3	1	7	
12	31			本月合计				2	0	0	0	0	0	0						1	3	8	8	0	8	0	0		借				5	2	9	4	5	3	1	7	
12	31			本季度累计				6	2	0	0	0	0	0						4	2	9	8	0	8	0	0		借				5	2	9	4	5	3	1	7	

图5.2　季度结账

5.2.3　年度结账

年度结账即每年年末进行的结账。

年度结账的方法是:在本年第四季度结账的下一行“摘要”栏注明“本年累计”或“本年发生额及年末余额”,在“借方”、“贷方”、“余额”三栏,分别填入本年度借方发生额合计、贷方发生额合计、年末余额，然后在此行下面画两条通栏红线，表示全年经济业务的登账工作至此全部结束，如图 5.3 所示。

银 行 存 款 日记账

子目或户名　　工行

2008年		凭证		摘要	借方											核对	贷方											核对	借或贷	余额										
月	日	种类	号数		亿	千	百	十	万	千	百	十	元	角	分		亿	千	百	十	万	千	百	十	元	角	分			亿	千	百	十	万	千	百	十	元	角	分
12	1			期初余额																									借				4	7	8	2	6	1	1	7
12	3	记	1	购地板胶																		7	8	0	8	0	0		借				4	7	0	4	5	3	1	7
12	7	记	3	预付货款																		3	5	0	0	0	0		借				4	6	6	9	5	3	1	7
12	15	记	4	取得借款				2	0	0	0	0	0	0															借				6	6	6	9	5	3	1	7
12	23	记	6	购买材料																1	3	7	5	0	0	0	0		借				5	2	9	4	5	3	1	7
12	31			本月合计				2	0	0	0	0	0	0						1	3	8	8	0	8	0	0		借				5	2	9	4	5	3	1	7
12	31			本季度累计				6	2	0	0	0	0	0						4	2	9	8	0	8	0	0		借				5	2	9	4	5	3	1	7
12	31			本年累计			2	2	2	0	0	0	0	0					1	3	2	9	8	3	5	0	0		借				5	2	9	4	5	3	1	7

图 5.3　年度结账

【想一想】结账的结果告诉了我们哪些内容？

结账的结果告诉我们每个账户一定时期增加、减少的数额以及期末的余额，便于我们全面了解企业的经济活动。

【做一做】

（一）资料

1. 美华鞋厂 2008 年 6 月初“库存现金日记账”借方余额为 1 000 元，“银行存款日记账”借方余额为 100 000 元。

2. 该厂 6 月发生的部分业务如下：

（1）出纳员向银行提取现金 2 000 元，备用。

（2）采购员王强预借差旅费 800 元，付给现金。

（3）支付前欠大华广告公司产品广告费 500 元，付给现金。

（4）购入办公用品，金额 150 元，以现金付讫，交管理部门使用。

（5）采购员王强出差回来，凭证报销 720，退回金额款 80 元。

（6）销售一批儿童皮鞋 50 双，单价 50 元，收到现金 2 500 元。

（7）用现金预付下半年报纸订阅费 600 元。

（8）用现金支付管理部门设备修理费 120 元。

（9）用现金支付厂办交通费 100 元。

（10）把多余库存现金 1 500 元存入银行。

（二）要求

1. 根据资料1设置“库存现金”和“银行存放”日记账，并登记月初余额。

2. 根据资料2填制记账凭证或编制会计分录，并按经济业务发生的时间先后顺序依次逐笔登记相关日记账账簿。

3. 登账完毕进行账证核对、账账核对、账实核对，对账完毕完成月度结账工作。

【任务回顾】

通过对本任务的学习，使我们了解了对账的方法和途径，学会了在登账完毕后期末如何结账。

【任务检测】

一、单项选择题

1. 下列哪项不是对账的主要内容：(　　)。

A. 账账核对　B. 账实核对　C. 内外核对　D. 账证核对

2. 银行存款日记账的账实核对是指与(　　)进行核对。

A. 银行对账单　B. 银行存款总账　C. 存折　D. 现金日记账

3. 年度结账完毕，应在该行下面画(　　)红线，表示全年业务登记工作结束。

A. 一道　B. 双道　C. 三道　D. 四道

4. 12月31日登账完毕后，要进行(　　)。

A. 月度结账　B. 季度结账　C. 年度结账　D. 以上三项

二、多项选择题

1. 对账时，现金日记账要与(　　)等进行核对。

A. 现金总账　B. 库存现金实际数额

C. 收付现金的记账凭证　D. 收付现金的原始凭证

2. 应付账款明细账要与(　　)等进行核对。

A. 应付账款总账　B. 购销合同

C. 对方单位　D. 应收账款明细账

三、判断题

1. 现金日记账必须每天结出余额，并与库存现金进行核对。(　　)

2. 月度结账时要把本月借方发生额、贷方发生额、余额分别加起来。(　　)

四、实务题

(一) 目的

练习对账和结账

(二)资料

玉群公司2008年6月初有关账户余额如表5.2所示:

表5.2 玉群公司有关账户余额表

2008年6月1日

资产类	借方余额	权益类	贷方余额
库存现金	20 000	应付账款	70 000
应收账款	100 000	长期借款	300 000
固定资产	1 250 000	实收资本	1 000 000
合　计	1 370 000	合　计	1 370 000

玉群公司2008年6月发生下列经济业务:

1.1日,向银行申请取得期限为5年的借款200 000元,已存入银行存款户。

2.6日,收到宏达工厂还来欠货款50 000元,存入银行。

3.8日,用银行存款归还已到期的两年期借款本息共计100 000元。

4.11日,因临时需要向银行申请3个月借款30 000元,存入银行存款户。

5.17日,收到建华工厂投入资本100 000元,存入银行。

6.28日,以银行存款偿还上月欠南方公司的购料款55 800元。

7.31日,用银行存款支付管理部门水电费21 000元。

(三)要求

1.先逐题填制记账凭证或编制会计分录,再登记有关总账及其明细账。

2.按对账的要求逐笔进行账证核对。

3.核对后对账户进行月度结账(限于已知资料,不进行季度结账)。

参考答案

【做一做】参考答案

1. 摘要:08.6.1 取现

记字1号

借:库存现金	2 000	
贷:银行存款		2 000

2. 摘要:08.6.8 借差旅费.

记字2号

借:其他应收款—王强	800	
贷:库存现金		800

3. 摘要:08.6.13 付广告费

记字3号

借:销售费用	500	
贷:库存现金		500

4. 摘要:08.6.18 购办公用品

记字4号

借:管理费用	150	
贷:库存现金		150

5. 摘要:08.6.25 报销差旅费

记字5号

借:管理费用	720	
库存现金	80	
贷:其他应收款		800

6. 摘要:08.6.26 销售

记字6号

借:库存现金	2 500	
贷:主营业务收入		2 500

7. 摘要:08.6.27 预付报刊费

记字7号

借:管理费用	600	
贷:库存现金		600

8. 摘要:08.6.28 支付修理费

记字8号

借:管理费用　　120

　贷:库存现金　　120

9. 摘要:08.6.29 支付厂办交通费

记字 9 号

借:管理费用　　100

　贷:库存现金　　100

10. 摘要:08.6.30 存款

记字 10 号

借:银行存款　　1 500

　贷:库存现金　　1 500

总页号	分页号

银行存款日记账

子目或户名　　工行

2008年 月	日	凭证 种类	号数	摘要	借方	核对	贷方	核对	借或贷	余额	核对
6	1			承上月					借	1000000	
6	1	记	1	取现			200000	√	借	980000	√
6	30	记	10	存款	150000	√			借	995000	√
6	30			本月合计	150000		200000		借	995000	

总页号	分页号

库存现金日记账

2008年 月	日	凭证 种类	号数	摘要	借方	核对	贷方	核对	借或贷	余额	核对
6	1			承上月					借	100000	
6	1	记	1	取现	200000	√			借	300000	√
6	8	记	2	预借差旅费			80000	√	借	220000	√
6	13	记	3	支付产品广告费			50000	√	借	170000	√
6	18	记	4	购买办公用品			15000	√	借	155000	√
6	25	记	5	王强报销差旅费	8000	√			借	163000	√
6	26	记	6	销售产品	250000	√			借	413000	√
6	27	记	7	预付报纸订阅费			60000	√	借	353000	√
6	28	记	8	支付设备修理费			12000	√	借	341000	√
6	29	记	9	支付厂办交通费			10000	√	借	331000	√
6	30	记	10	存款			150000	√	借	181000	√
6	31			合计	458000		377000		借	181000	

【任务检测参考答案】

一、单项选择题

1. C　　2. A　　3. B　　4. D

二、多项选择题

1. ABCD　　2. AC

三、判断题

1. √　　2. ×

四、实务题

1. 摘要:08.6.1 借款

记字1号

借:银行存款　　200 000

　　贷:长期借贷　　200 000

2. 摘要:08.6.6 收款

记字2号

借:银行存款　　50 000

　　贷:应收账款　　50 000

3. 摘要:08.6.8 还款

记字3号

借:长期借款　　100 000

　　贷:银行存款　　100 000

4. 摘要:08.6.11 借款

记字4号

借:银行存款　　30 000

　　贷:短期借款　　30 000

5. 摘要:08.6.17 接受投资

记字5号

借:银行存款　　100 000

　　贷:实收资本　　100 000

6. 摘要:08.6.28 还款

记字6号

借:应付账款　　55 800

　　贷:银行存款　　55 800

7. 摘要:08.6.30 付水电费

记字7号

借:管理费用　　　　21 000
　贷:银行存款　　　　21 000

总页号　分页号

银行存款日记账

子目或户名　工行

2008年 月	日	凭证 种类	号数	摘要	借方（亿千百十万千百十元角分）	核对	贷方（亿千百十万千百十元角分）	核对	借或贷	余额（亿千百十万千百十元角分）	核对
6	1			承上月					借	30000000	
6	1	记	1	借款	20000000	✓			借	50000000	✓
6	6	记	2	收回宏达欠款	5000000	✓			借	55000000	✓
6	8	记	3	还借款本息			10000000	✓	借	45000000	✓
6	11	记	4	借款	3000000	✓			借	48000000	✓
6	17	记	5	接受建华投资	10000000	✓			借	58000000	✓
6	28	记	6	还欠南方货款			5580000	✓	借	52420000	✓
6	30	记	7	支付水电费			2100000	✓	借	50320000	✓
6	30			本月合计	38000000		17680000		借	50320000	

总页号　分页号

总分类账

科目名称　长期借款

2008年 月	日	凭证 种类	号数	摘要	借方（亿千百十万千百十元角分）	核对	贷方（亿千百十万千百十元角分）	核对	借或贷	余额（亿千百十万千百十元角分）
6	1			承上月					贷	30000000
6	1	记	1	借款			20000000	✓	贷	50000000
6	8	记	3	还款	10000000	✓			贷	40000000
6	30			本月合计	10000000		20000000		贷	40000000

总页号　分页号

总分类账

科目名称　应收账款

2008年 月	日	凭证 种类	号数	摘要	借方（亿千百十万千百十元角分）	核对	贷方（亿千百十万千百十元角分）	核对	借或贷	余额（亿千百十万千百十元角分）
6	1			承上月					借	10000000
6	6	记	2	收回欠款			5000000	✓	借	5000000
6	30			本月合计			5000000		借	5000000

总页号	分页号

总 分 类 账

科目名称 短期借款

2008年 月	日	凭证 种类	号数	摘要	借方 亿千百十万千百十元角分	核对	贷方 亿千百十万千百十元角分	核对	借或贷	余额 亿千百十万千百十元角分
6	1			承上月					平	0
6	11	记	4	借款			3000000	✓	贷	3000000
6	30			本月合计			3000000		贷	3000000

总页号	分页号

总 分 类 账

科目名称 实收资本

2008年 月	日	凭证 种类	号数	摘要	借方 亿千百十万千百十元角分	核对	贷方 亿千百十万千百十元角分	核对	借或贷	余额 亿千百十万千百十元角分
6	1			承上月					贷	100000000
6	17	记	5	接受投资			10000000	✓	贷	110000000
6	30			本月合计			10000000		贷	110000000

总页号	分页号

总 分 类 账

科目名称 应付账款

2008年 月	日	凭证 种类	号数	摘要	借方 亿千百十万千百十元角分	核对	贷方 亿千百十万千百十元角分	核对	借或贷	余额 亿千百十万千百十元角分
6	1			承上月					贷	7000000
6	28	记	6	还欠款	5580000	✓			贷	1420000
6	30			本月合计	5580000				贷	1420000

总页号 分页号

总 分 类 账

科目名称 管理费用

2008年		凭证		摘要	借方											核对	贷方											核对	借或贷	余额										
月	日	种类	号数		亿	千	百	十	万	千	百	十	元	角	分		亿	千	百	十	万	千	百	十	元	角	分			亿	千	百	十	万	千	百	十	元	角	分
6	30	记	7	支付水电费					2	1	0	0	0	0	0	✓													借					2	1	0	0	0	0	0
6	30			本月合计					2	1	0	0	0	0	0														借					2	1	0	0	0	0	0

总页号 分页号

应收账款明细账

一级科目 应收账款

明细科目 宏达工厂

2008年		凭证		摘要	借方											核对	贷方											核对	借或贷	余额										
月	日	种类	号数		亿	千	百	十	万	千	百	十	元	角	分		亿	千	百	十	万	千	百	十	元	角	分			亿	千	百	十	万	千	百	十	元	角	分
6	1			承上月																									借					5	0	0	0	0	0	0
6	6	记	2	收回货款																	5	0	0	0	0	0	0	✓	平									0		
6	30			本月合计																	5	0	0	0	0	0	0		平									0		

总页号 分页号

实收资本明细账

一级科目 实收资本

明细科目 建华工厂

2008年		凭证		摘要	借方											核对	贷方											核对	借或贷	余额										
月	日	种类	号数		亿	千	百	十	万	千	百	十	元	角	分		亿	千	百	十	万	千	百	十	元	角	分			亿	千	百	十	万	千	百	十	元	角	分
6	1			承上月																									贷				1	0	0	0	0	0	0	0
6	17	记	5	接受投资																1	0	0	0	0	0	0	0	✓	贷				2	0	0	0	0	0	0	0
6	30			本月合计																1	0	0	0	0	0	0	0		贷				2	0	0	0	0	0	0	0

总页号 分页号

应付账款明细账

一级科目 应付账款

明细科目 南方公司

2008年		凭证		摘要	借方											核对	贷方											核对	借或贷	余额										
月	日	种类	号数		亿	千	百	十	万	千	百	十	元	角	分		亿	千	百	十	万	千	百	十	元	角	分			亿	千	百	十	万	千	百	十	元	角	分
6	1			承上月																									贷					7	0	0	0	0	0	0
6	28	记	6	还欠货款					5	5	8	0	0	0	0	✓													贷					1	4	2	0	0	0	0
6	30			本月合计					5	5	8	0	0	0	0														贷					1	4	2	0	0	0	0

任务6
错账更正

任务目标

学会错账的更正方法

学时建议

2 课时

【导学语】

在实习中，章华林发现登账过程中难免会出现这样那样的错误，那么，在登账过程中出现了错误，该怎么纠正过来呢？登账过程中的错误不能随便用挖补、涂抹的方法修改，会计中有专门的方法来改正错误。

你知道会计改错的方法有哪些吗？你知道怎么改正登账中的错误吗？

【学一学】

错账更正是指根据记账凭证登记账簿之后，发现已登记的账簿有错而采用的一种补救措施。可见，错账的更正就是对账簿中错误的更正。错账更正的方法一般有划线更正法、红字更正法和补充登记法3种。

6.1　划线更正法

在结账前的核查时，发现记账凭证填制无误而账簿记录由于会计人员不慎出现笔误或计算失误，造成账上文字或数字错误，此种错账可采用“划线更正法”。

划线更正法的具体做法是：先在错误的文字或全部数字正中划一条红线，表示错误内容已被注销，但应保持原记录文字或数字的内容清晰易于辨认。然后，将正确的文字或数字用蓝、黑色墨水笔书写在被注销的文字或数字上端的空白处，并由记账人员在更正处签章，以保证以后会计核算的正确，同时明确相关人员责任。

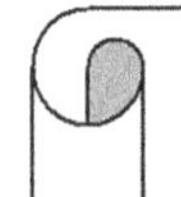

请注意：对于文字差错，可只划去错误的部分，不必将与错字相关联的其他文字划去；对于数字差错，应将错误的数额整笔划掉，不得只更正错误数额中的一个或几个数字。

例如，根据记账凭证入账时，误把4 635元记录为4 365元。更正方法的部分样式如图6.1所示。

	亿	千	百	十	万	千	百	十	元	角	分
（更改后的记录）						4	6	3	张	强	0
（原记录）						~~4~~	~~3~~	~~6~~	~~5~~	~~0~~	~~0~~

图6.1 划线更正法

错误的更正方法有部分样式如图6.2所示。

	亿	千	百	十	万	千	百	十	元	角	分
（更改后的记录）							6	3			
（原记录）						4	~~3~~	~~6~~	5	0	0

图6.2 错误的更正方法

【想一想】如果在填制记账凭证时出现文字或数字错误，在尚未过账前，能否也用划线更正法呢？划线时用什么颜色的笔划线？

6.2 红字更正法

红字更正法又称红线更正法。当出现以下两种情况之一时，可采用红字更正法：

一是在记账后，经核对发现由于原记账凭证上会计科目名称写错或应借、应贷的方向记错而造成账簿记录错误。

具体做法是：首先用红字金额填制一张与原错误的记账凭证内容完全相同的记账凭证，在凭证的“摘要”栏注明“注销×月×日×字×号凭证”字样，并据此红字凭证用红字登记入账，在账簿的“摘要”栏注明“冲销×月×日错账”，“凭证”栏写上凭证的“字、号”，将原有错误记录冲销。后用蓝字重新填制一张内容正确的记账凭证，并依此记账凭证登记入账，在账簿的“凭证”栏写入该凭证的“字、号”，在“摘要”栏注明“更正×月××错账”，将正确内容记载下来。

二是在记账或结账以后，在核对时发现原记账凭证上所记载的金额大于经济业务的实际金额，造成账簿记录中金额错误。

具体做法是：首先按多记金额用红字填制一张记账凭证，其中使用的会计科目，应借、应贷方向应与原记账凭证相同，并在“摘要”栏注明“冲销×月×日×字×号凭证多记金额”，并据以用红字金额登记入账，在账簿的“摘要”栏注明“冲销×月×日账上多记金额”，将原记录中多记的金额冲销。

下面举例说明红字更正法的具体做法。

例 6.1　收到从其他单位分得的投资利润 30 000 元,存入银行存款户。

①根据有关原始凭证,填制记账凭证,并据以登记入账。原记账凭证填制内容如图 6.3 所示:

借:银行存款　　　　30 000

　贷:本年利润　　　　30 000

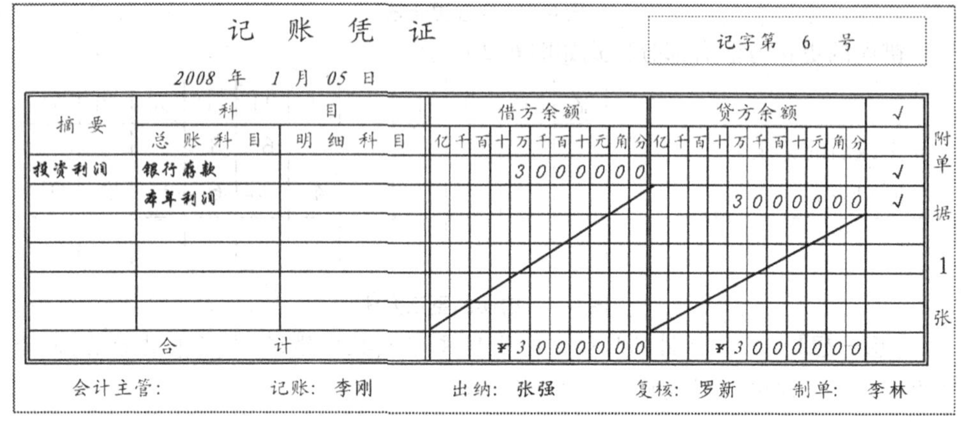

记　账　凭　证　　　　记字第　6　号

2008 年　1 月　05 日

摘要	科目		借方余额	贷方余额	√
	总账科目	明细科目	亿千百十万千百十元角分	亿千百十万千百十元角分	
投资利润	银行存款		3000000		√
	本年利润			3000000	√
合　计			¥3000000	¥3000000	

附单据 1 张

会计主管:　　记账:李刚　　出纳:张强　　复核:罗新　　制单:李林

图 6.3　填错的记账凭证

②经过核查,发现上述记录有误,正确的处理应是记入"银行存款"账户的借方,同时记入"投资收益"账户的贷方,原记账凭证将贷方科目用错,并已过账。对这种错账应按照红字更正法规定的手续和内容进行更正。

首先用红字金额填制一张与原记账凭证内容相同的记账凭证图 6.4,并据以红字登记入账,将原错误记录冲销。

红字记账凭证填制如下:(也可用[　　]代表红字)

借:银行存款　　　　[30 000]

　贷:本年利润　　　　[30 000]

③然后,用蓝字填制一张内容正确的记账凭证,并据此登记入账。正确的记账凭证填制如图 6.5 所示:

借:银行存款　　　　30 000

　贷:投资收益　　　　30 000

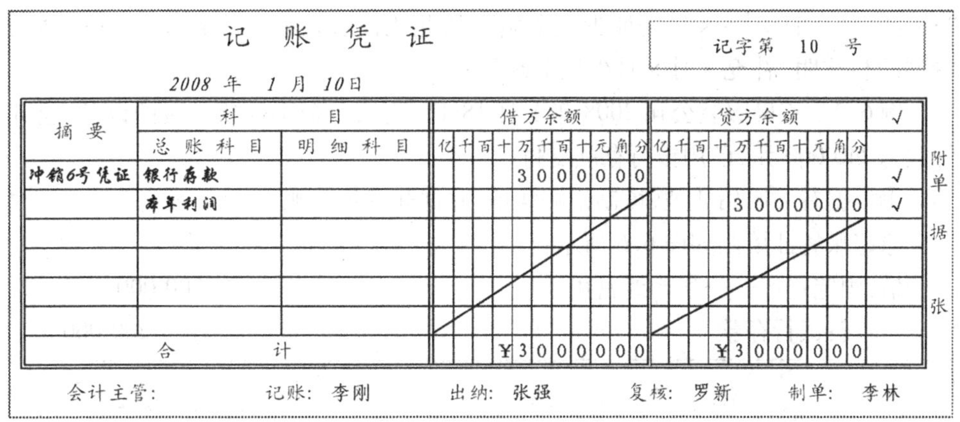

记 账 凭 证

记字第 10 号

2008 年 1 月 10日

摘要	总账科目	明细科目	借方余额	贷方余额	√
冲销6号凭证	银行存款		3000000		√
	本年利润			3000000	√
合计			¥3000000	¥3000000	

附单据 张

会计主管: 记账: 李刚 出纳: 张强 复核: 罗新 制单: 李林

图 6.4 红字填制的记账凭证

注:金额用红字填写

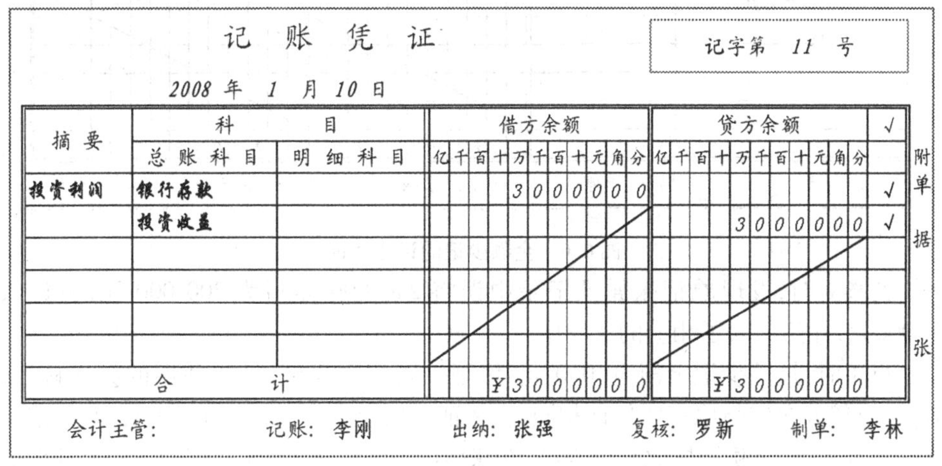

记 账 凭 证

记字第 11 号

2008 年 1 月 10 日

摘要	总账科目	明细科目	借方余额	贷方余额	√
投资利润	银行存款		3000000		√
	投资收益			3000000	√
合计			¥3000000	¥3000000	

附单据 张

会计主管: 记账: 李刚 出纳: 张强 复核: 罗新 制单: 李林

图 6.5 正确的记账凭证

6.3 补充登记法

在记账或结账以后,经核对发现记账凭证中使用的会计科目,应借、应贷方向没有错误,只是所记金额小于应记金额,并已据此登记入账,造成账簿记录相应出错,对这种类型的错账,可使用补充登记法。

补充登记法的具体做法是:核对时发现记账凭证上记载的金额小于经济业务的实际金额,并已在相应的账簿中记载下来,此时可按照少记的金额,填写一张与原记账凭证中的会计科目应借、应贷方向完全相同的记账凭证,在“摘要”栏注明

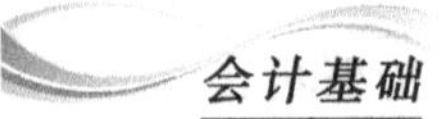

"补充×月×日×字×号凭证少记金额",依此凭证过入相应的账簿中,在账簿的"摘要"栏注明"补充×月×日少记金额"。

例 6.2 京晨服装公司 2008 年 1 月 18 日,购入一台不需要安装的设备,全部价款为 240 000 元,已用银行存款支付。

①根据有关原始凭证,填制记账凭证,并据此登记入账。

原记账凭证填制如图 6.6 所示:

借:固定资产——生产经营用　　200 000

　　贷:银行存款　　200 000

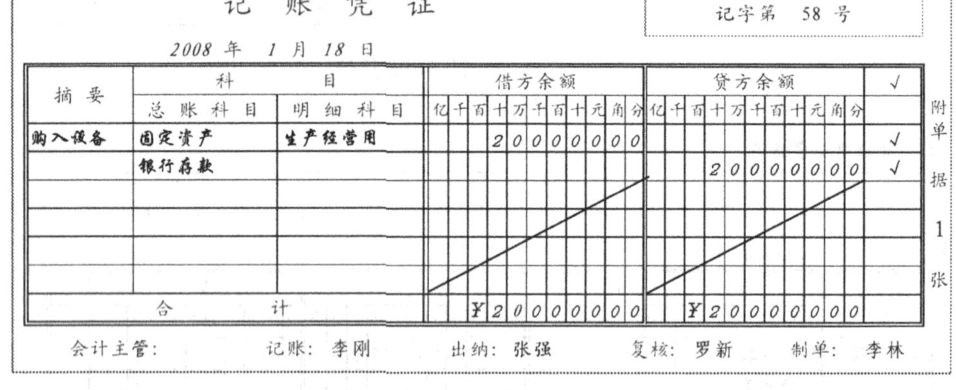

记 账 凭 证　　记字第 58 号

2008 年 1 月 18 日

摘要	科目		借方余额	贷方余额	√
	总账科目	明细科目	亿千百十万千百十元角分	亿千百十万千百十元角分	
购入设备	固定资产	生产经营用	20000000		√
	银行存款			20000000	√
合计			¥20000000	¥20000000	

附单据 1 张

会计主管:　记账:李刚　出纳:张强　复核:罗新　制单:李林

图 6.6　金额少记的记账凭证

②核对时,发现原记账凭证记录中误将 240 000 元写为 200 000 元,少记入 40 000元,并已记入了相应的账簿中。

更正时:按照少记金额 40 000 元,填制一张记账凭证,其中使用的会计科目,应借、应贷方向应与原记账凭证相同,在凭证的"摘要"栏注明"补充 1 月 18 日记字 58 号凭证少记金额",据此登记入账,在账簿的"摘要"栏注明"补充 1 月 18 日少记金额"。

补充填制的记账凭证如图 6.7 所示:

借:固定资产——生产经营用　　40 000

　　贷:银行存款　　40 000

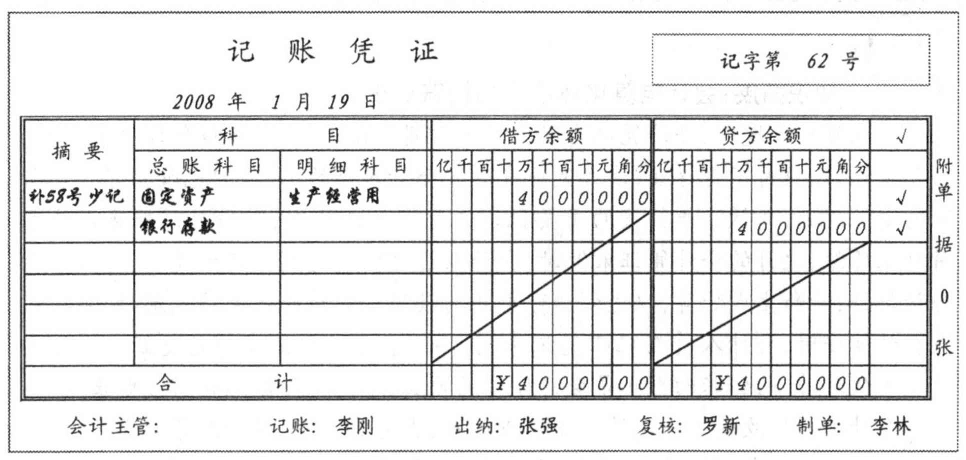

记　账　凭　证

记字第　62　号

2008 年　1 月　19 日

摘要	总账科目	明细科目	借方余额	贷方余额	√
补58号少记	固定资产	生产经营用	4000000		√
	银行存款			4000000	√
合计			¥4000000	¥4000000	

附单据 0 张

会计主管：　　记账：李刚　　出纳：张强　　复核：罗新　　制单：李林

图 6.7　补充填制的记账凭证

3 种错账更正方法适用条件及具体操作方法对比，如表 6.1 所示。

表 6.1　错账更正方法

<table>
<tr><th colspan="2">错误情形</th><th>更正方法</th><th>更正步骤</th></tr>
<tr><td colspan="2">记账凭证正确，只是登记账簿时发生文字或数字错误</td><td>划线更正法</td><td>①在错误的文字或数字（全部）上划线注销
②在红线上方用蓝字填写正确的文字或数字
③记账人员在更正处盖章</td></tr>
<tr><td rowspan="3">因为记账凭证错误而使账簿记录错误</td><td>会计科目错或借贷方向错</td><td rowspan="2">红字更正法</td><td>①填制一张与错误凭证内容完全相同的记账凭证，并据以登记入账
②用蓝字填制一张正确的记账凭证，据以入账</td></tr>
<tr><td>金额错，所记金额大于应记的金额</td><td>将多记金额用红字填制一张与原记账凭证相同的记账凭证，并据以登记入账</td></tr>
<tr><td>金额错，所记金额小于应记的金额</td><td>补充登记法</td><td>将少记金额用蓝字填制一张与原记账凭证相同的凭证，并据以登记入账</td></tr>
</table>

知识拓展:会计电算化环境下的错账更正

在电算化环境下,会计凭证自动产生日记账、明细账、总账和会计报表,会计的账账、账表核对不再存在,这大大地减少了会计人员的工作,但也改变了手工错账的更正规则,降低账簿档案的重要性。在电算化工作中,如当月总账未结或当月总账已结,次月的会计凭证未做时,会计人员可以通过删除错误凭证,做正确的会计凭证,重新生成账簿,以达到错账更正的效果。如错账是上月或前期,本月已做会计凭证时,会计人员在记账凭证中用“-”号进行冲销或补充更正。即在会计电算化环境下,错账的更正是会计凭证的更正,不再存在账簿的划线更正。

会计电算化改变了手工的错账更正规则,在电算化下,根据业务的需要,会计人员可以运用账务回退功能,删除错误凭证,重新生成会计账簿。会计人员也可用这种规则,在凭证中用“-”号进行冲销或补充更正。但会计电算化环境下的错账更正规则也只有在企业的组织制度和会计法律制度保证下,并借助信息技术,才能为会计人员正确使用。

【任务回顾】

通过对本任务的学习,使我们认识了画线更正法、红字更正法和补充登记法3种错账的更正方法,在登账错误时不会再随意涂改、挖补或用药水来更改。

【任务检测】

一、单项选择题

1. 记账凭证使用科目正确,但填写金额大于应填金额并已经登记入账,应采用(　　)更正。

A. 划线更正法　　B. 红字更正法　　C. 补充登记法　　D. 平行登记法

2. 在填制凭证时,错将5 400元记为4 500元并已登记入账,月末结账前发现时最便捷的更正方法是(　　)。

A. 划线更正法　　B. 红字更正法　　C. 补充登记法　　D. 平行登记法

3. 记账凭证正确,但是在登记账簿时发生文字或者数字错误,更正的方法是(　　)。

A. 划线更正法　　B. 红字更正法　　C. 补充登记法　　D. 平行登记法

4. 使用划线更正法更正数字错误时,正确的做法是:(　　)。

A. 更正该数字中错误的个别数码

B. 把错误的数字划红线注销,在其上方书写正确数字

C. 把错误的数字划红线注销,在其下方书写正确数字

D. 把错误的数字用红笔抹掉,在其上方书写正确数字

二、多项选择题

1. 记账后发现记账凭证上误将 8 700 元填写为 7 800 元,可以采用(　　)来更正。

A. 划线更正法　　B. 红字更正法　　C. 补充登记法　　D. 平行登记法

2. 不能通过试算平衡发现的错误有:(　　)

A. 应借科目和应贷科目颠倒

B. 漏记某项经济业务

C. 重记某项经济业务

D. 登账时借方发生额和贷方发生额不相等

三、判断题

1. 记账凭证填写正确,登账时误将 1 800 元记为 800 元,这种错误可以采用补充登记法来加以更正。(　　)

2. 使用划线更正法更正错误后,记账人员须在更正处盖章。(　　)

3. 使用划线更正法更正错误时,如果仅是文字错误,不须划掉全部文字,只需要把错的文字划线更正就可以。(　　)

4. 企业实现会计电算化以后,错账更正方法只有红字更正法和补充登记法。(　　)

四、实务题

(一)目的

熟悉和掌握错账更正方法

(二)资料

蓝山有限责任公司 2008 年 7 月末核对账目,发现下列问题:

1. 7 月 2 日,以银行存款支付前欠材料款 27 500 元。原记账凭证填制为:

借:应付账款　　27 500

　贷:银行存款　　27 500

并据此登记入账。“银行存款”账户贷方登记为 27 000 元。

2. 7 月 10 日,厂办报销办公费 2 000 元,以现金支付。原记账凭证填制为:

借:制造费用　　2 000

　贷:短期借款　　2 000

并据此登记入账。

3.7 月 15 日,从银行借入为期 1 个月的借款 300 000 元。原记账凭证填制为:

借:银行存款　　3 000 000

　　贷:短期借款　　3 000 000

并据此登记入账。

4.7 月 20 日,生产车间领用涤棉 42 016 元,用于生产高档毛巾。原记账凭证填制为:

借:生产成本　　4 216

　　贷:原材料——涤棉　　4 216

并据此登记入账。

(三)要求

判断以上资料所列账证记录是否有错误?若有错,请反映出其错误类型,并予以更正。请填入下表。

题号	日　期	错误类型	更正方法	更正过程
1				
2				
3				
4				

参考答案

【任务检测参考答案】

一、单项选择题

1. B　　2. C　　3. A　　4. B

二、多项选择题

1. BC　　2. ABC

三、判断题

1. ×　　2. √　　3. √　　4. ×

四、实务题

题号	日期	错误类型	更正方法	更 正 过 程
1	7月2日	记账错误	划线更正法	将"银行存款"账户贷方错误数字27 000用红线划掉，并在此数上端用蓝（或黑）墨水写上正确数字27 500，然后在更正处盖章。
2	7月10日	会计科目错误	红字更正法	用红字填制凭证： 借：制造费用　2 000 　贷：库存现金　2 000 并据此登记入账，再用蓝字填制正确凭证： 借：管理费用　2 000 　贷：库存现金　2 000 并据此登记入账。
3	7月15日	金额错误	红字更正法	按所记金额大于应记金额的差记金额的差额2 700 000，用红字金额填制凭证： 借：银行存款　2 700 000 　贷：短期借款　2 700 000 并据此登记入账。
4	7月20日	金额错误	补充登记法	按所记金额小于应记金额的差额37 800，用蓝字金额填制凭证： 借：生产成本　37 800 　贷：原材料——涤棉　37 800 并据此登记入账。

任务 7
财产物资的清查与处理

任务目标

1. 清楚财产物资的清查范围和清查结果的处理过程；
2. 学会编制银行存款余额调节表，并能根据清查结果进行账务处理。

学时建议

6 课时

【导学语】

章华林不知不觉已经在京晨服装公司实习了3个多月，转眼，就要到年底了。财务处的同事们在忙着做年底结账工作的同时，还把这一年里未结清的账找了出来。同事告诉小章：公司要进行年终盘点。盘点是什么？有什么作用？又要如何进行呢？让我们跟着章华林一起来学习一下吧。

【学一学】

7.1　财产清查的意义和种类

7.1.1　财产清查的概念

财产清查俗称盘点，是指通过对实物资产、库存现金的实地盘点和对银行存款、债权债务的函证核对，来确定各项实物资产、货币资金、往来款项的实际结存数，并与账面结存数核对，以查明账面数与实存数是否相符的一种会计核算专门方法。

7.1.2　财产清查的意义

1)财产清查的意义

财产清查对于保证会计核算资料的真实和可靠，保护企业财产的安全与完整，促进企业健全管理制度和遵守财经纪律方面有着重要的意义。

①保证账实相符，使会计资料真实可靠。

②保护财产的安全和完整。

③挖掘财产潜力，加速资金周转。

④保证财经纪律和结算纪律的执行。

2)引起账实不符的原因

①在收发财产物资时，由于计量、检验不准确而发生品种数量或质量上的差错；

②在凭证和账簿中，出现漏记、重记、错记或计算上的错误；

③财产物资在保管过程中发生了自然损耗；

④由于结算凭证传递不及时而造成未达账项；

⑤由于管理不善或工作人员失职而发生财产物资的损坏变质或短缺；
⑥由于不法分子的营私舞弊、贪污盗窃而发生的财产物资损失；
⑦由于自然灾害和意外事故造成了财产物资损失等。

以上种种原因，都会影响账实的一致性，因此，运用财产清查手段，对各种财产物资进行定期或不定期的核对或盘点有着十分重要的意义。

7.1.3 财产清查的种类

1)按清查的对象和范围可分为全面清查和局部清查

(1)全面清查

全面清查又称整体清查，是指对属于本单位的全部实物资产、货币资金和各项债权债务等进行全面的盘点、查询和核对。一般来说，全面清查的范围包括资产、负债、所有者权益的所有有关项目。

全面清查可以全面而准确地掌握企业财产物资的实存数，但由于清查时涉及的内容多、范围广，需要投入较多的人力物力，花费时间也较长，因而不可能经常进行。

(2)局部清查

局部清查又称重点清查，是指根据需要，只对财产中某些重点部分进行的盘点和核对。局部清查的主要对象是流动性比较大的资产，如库存现金、原材料、在产品、库存商品等。

局部清查相对全面清查而言，需要投入的人力物力较少，花费时间短，但清查范围小，内容少，侧重点强。

2)按清查的时间可分为定期清查和不定期清查

(1)定期清查

定期清查是指按预先安排确定好的时间对财产物资进行清查。一般在年度、季度或月份结账时进行。清查的目的除了及时发现账实不符，调整错误外，还要核实损益，保证会计报表的真实完整。定期清查的对象和范围，可以包括全部的财产物资，也可以针对性地指某些财产；既可以是全面清查，也可以是局部清查。

(2)不定期清查

不定期清查也称临时清查，是指事先不规定清查日期及范围，根据实际需要而临时进行的清查。

7.1.4　财产清查的组织

财产物资的清查工作烦琐而复杂，涉及面广，工作任务重，所需人力物力较多，花费时间也较长，因此在进行清查前，应有计划有步骤地做好各项准备工作，以备在清查过程中出现问题时能很好地应对。财产清查的组织主要是指财产清查前的准备工作，包括组织准备和业务准备，然后才能按科学、合理的方法进行财产清查。

(1)组织准备

成立专门的财产清查领导小组，具体负责清查的组织和管理工作。其主要职责是，实施清查以前，合理安排清查工作；清查过程中，进行监督、检查和指导；清查结束后，提出处理意见和建议。

(2)业务准备

业务准备是进行财产清查的前提条件。为了做好清查工作，各部门及职能人员应积极配合：

①会计部门和会计人员应在清查工作开始前，将所有经济业务登记入账，将有关账簿登记齐全并结出余额，做到账簿记录及时准确完整，为清查提供正确可靠的依据。

②财产物资部门和保管人员应完成至清查之日前止的所有经济业务，办好各项存货物资的收、发、领、退的凭证手续，全部登记入账并结出余额，并将各类存货物资堆放整齐，注明好品种、规格等，以便清查时进行实物盘点核对。

③清查小组还应责成有关部门准备好相关衡量器具及清查所需的登记表册等。

④银行存款、银行借款、结算款项以及债权债务的清查，需要取得对账单、有关的函证资料等。

⑤印制好各种清查登记的表册，如库存现金盘点报告表、盘存单、实存账存对比表等。

7.2　财产清查的方法

财产清查是一项涉及面广、工作量大的工作，为了保证财产清查工作的质量、提高工作效率、达到财产清查的目的，确定各项财产物资清查的方法是有必要的。

7.2.1　货币资金的清查方法

货币资金，就是我们通常所说的钱，即指处于货币状态的资产，它是企业流动资产的重要组成部分，包括出纳人员经管的库存现金、存在银行里的银行存款，以及采用其他结算方式产生的具有特定用途的其他货币资金。对货币资金的清查主要是指对库存现金和银行存款的清查。

1)库存现金清查的方法

对库存现金的清查主要是用实地盘点法来确定库存现金的实存数,再与库存现金日记账上的账存数进行核对,以查明盈亏情况。库存现金的实存数与账存数必须一致,如有不同,一定要查明原因,并提出处理意见。

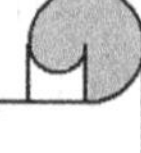

请注意:库存现金清查的内容

①库存现金的实有数和现金日记账的账面数是否一致;

②现金库存数与规定限额是否一致;

③是否有白条抵库现象;

④是否有偷盗、贪污挪用、公款私存、私设小金库等现象。

在进行现金清查的过程中,清查人员和出纳人员必须同时在场。出纳人员要将全部与现金有关的凭证登记入账,结出库存现金的账存数,填列在"库存现金盘点报告表"的"账存金额"栏内。对未入账的临时性借条和未领取的保管金等不得计入实存数内。盘点完毕,清查人员将盘点结果填列在该表的"实存金额"栏内,以对比账实是否相符。如发现账实不符,由出纳人员在该表上注明,并由清查人员和出纳人员共同签章,如表7.1所示。

盘点后,对发现的差错应查明原因,并等待处理。对白条抵库、坐支现金、库存现金超额等情况要在备注栏中注明。

表7.1　库存现金盘点报告表

库存现金盘点报告表

单位名称:　　　　　　　　年　月　日

实存金额	账存金额	实存与账存对比		备　注
		盘盈	盘亏	
合　计				

盘点人签章:　　　　　　　　出纳员签章:

2)银行存款的清查方法

和库存现金清查的方法不同,银行存款没法进行实地盘点,它只能通过与银行核对账目的方法来确定实存数与账面记载数是否相同。

每月末,在进行银行存款清查核对之前,出纳人员都要先详细检查本单位银行存款账目的正确性和完整性,看看是否有漏登、错登的项目,而后再根据银行送来的对账单逐笔核对。开户银行的对账单是银行对账复写的,它完整地记录了本单位银行存款的增加、减少及结存的情况,是企业清查银行存款账目的重要依据。但由于企业和银行双方在记账时间上的不一致,往往会发生一方已入账,而另一方尚未入账的情况,因而造成企业的银行存款日记账和银行转来的对账单上的数据不相同的结果。

账单不符有两个原因:一个是一方或双方在记账时发生错误,如漏记、错记、串户记账等,发生记账错误后应及时予以更正;另一个是产生了未达账项。所谓未达账项,就是指当银行存款收、付款凭证在企业和开户银行之间传递时,由于收到凭证的时间先后不同而发生的有些凭证一方已经入账,而另一方尚未入账,从而造成企业银行存款日记账记录与银行对账单记录不符现象的某些账款。

未达账项一般有以下 4 种情况:

①企业已收,银行未收。如企业已将销售产品得到的支票入账,而对账前银行尚未收到企业传来的凭证,而没有入账。

②企业已付,银行未付。如企业已经开出支票购货,凭支票存根已经登记入账,而银行尚未收到支票,而没有入账。

③银行已收,企业未收。如银行已收到外单位采用委托收款等方式购货所付的款项而登记入账,而企业尚未收到银行的通知而没有入账。

④银行已付,企业未付。如银行代企业支付的购料款等,已经登记入账,而企业尚未收到凭证而没有入账。

若发生上述①、④两种情况,则会出现企业的银行存款账户上的余额大于开户银行账面上的存款余额的情况;若发生上述②、③两种情况,则会出现企业的银行存款账户上的余额小于开户银行账面上的存款余额的情况。出现这两种情况后,为了查明是哪笔未达账项造成的,就应当对企业和银行双方的存款账面余额进行调整,这个工作就要通过编制“银行存款余额调节表”来完成。

“银行存款余额调节表”就是在双方账面余额的基础上,各自加上对方已收、自己未收的款项,减去对方已付,自己未付的款项,从而达到调节后余额的平衡。

【想一想】企业与银行间核对账目时为什么会出现未达账项?

下面举例说明“银行存款余额调节表”的编制方法。

例 7.1　京晨服饰公司 2008 年 12 月底银行存款日记账账面余额为 890 000 元,

银行转来对账单余额为887 450元。经逐笔核对,发现存在以下几笔未达账项:

①企业送存转账支票一张,金额8 860元,并已登记入账,但银行未入账;

②企业开出转账支票一张,金额6 168元,并已登记入账,但银行未入账;

③银行收到购货单位转来支票一张,金额8 000元,并登记入账,但企业未入账;

④银行为企业代缴水电费7 858元,并登记入账,但企业未入账。

根据上述资料编制银行存款余额调节表,如表7.2所示。

表7.2 银行存款余额调节表

单位:元

项 目	金 额	项 目	金 额
企业银行存款日记账余额 加:银行已收,企业未收 减:银行已付,企业未付	890 000 8 000 7 858	银行对账单余额 加:企业已收,银行未收 减:企业已付,银行未付	887 450 8 860 6 168
调节后的存款余额	890 142	调节后的存款余额	890 142

【想一想】"银行存款余额调节表"调节后的余额说明什么?

编制"银行存款余额调节表"的目的,是为了核对银行存款账目有无差错,消除未达账项的影响,而并不能作为登记账簿的依据。所有未达账项只有在银行转来有关收付款凭证时才能登记入账。调节后的余额是企业当时实际可动用的存款数额。

7.2.2 实物资产的清查方法

实物资产的清查对象包括具有实物形态的各种财产,如原材料、在产品、产成品、库存商品、包装物、委托加工物资、固定资产等财产物资的清查。对这些物资的清查,不仅要从数量上核对账面数与实存数是否相符,而且要查明是否有损坏、变质等情况。

1)实物资产的盘点方法

对于不同的清查对象,应选择合适的清查方法。实物资产的清查方法具体可分为以下4种。

(1)实地盘点法

这种方法适用于成件堆放、包装完整的材料、产成品、库存商品和机器设备等,可以通过点数、称重、量尺寸等方法来确定其实有额。

(2)抽样盘存法

这种方法适用于价值量较小而数量较多,重量又比较均匀的实物资产,可以采用测算其总体积或总重量,再抽样盘点其单位体积或单位重量,而后再计算出总量的方法来确定其实有额。

(3)技术推算法

这种方法适用于大量成堆、难以清点的物资,可以通过先测算出总体积,再测算单位体积,最后再计算总重量的方法来确定其实有额。

(4)函证核对法

对于委托外单位加工生产或保管的财产物资,用函证核对的方法进行清查核对,必要时也要派人前去进行专门核对。

2)盘点记录

在清查过程中,实物保管负责人必须亲自在场参加盘点,并对盘点的数据一一翔实记录,清查的结果,要登记在"盘存单"上(见表7.3),并由清查人员和实物保管负责人在上面签章。

将盘存表上的数据和登记在账簿上的数据进行核对,对账实不符的资产要编制"实存账存对比表"(见表7.4),把实存数和账存数记在上面,以便作为重新记账的依据。

表7.3　盘存单

盘存单

单位名称:　　　　　　　　　　　　　　　　编号:

盘点时间:　　　　　　　　财产类别:　　　　　　　　存放地点:

编　号	名　称	计量单位	数　量	单　价	金　额	备　注

盘点人(签章):　　　　　　　　　　　　实物保管人(签章):

表7.4　实存账存对比表

实存账存对比表

单位名称:　　　　　年　　月　　日

编号	名称规格	计量单位	单价	实　存		账　存		差　异				备　注
								盘盈		盘亏		
				数量	金额	数量	金额	数量	金额	数量	金额	

主管人员:　　　　　　　　　　会计:　　　　　　　　　　制表:

3)盘存制度

财产清查的重要环节是通过盘点确认财产物资的实存数量,在实物的清查中,存货的清查较为复杂,为使存货的盘点工作顺利进行,应建立一定的存货盘存制度。存货的盘存制度一般有两种。

(1)实地盘存制

实地盘存制又称定期盘存制,是指平时只根据会计凭证在账簿中登记各种财产的增加数,不登记减少数,在期末时通过盘点实物,来确定各种财产的数量,并据以计算出各项财产减少数的一种盘存制度。其计算公式是:

本期发出数 = 期初结存数 + 本期收入数 - 期末实存数

公式中的"期末实存数"是期末时通过盘点而确定的。

这种盘存制度要求,平时只登记收入数,不登记发出数,月末再根据实地盘点的实物数量,倒挤出本期发出数,登记到有关账簿中。因此,每月末,对各项财产进行实地盘点的结果,就是计算、确定本月财产减少数的依据。

(2)永续盘存制

又称账面盘存制,是指通过设置各种财产明细账,逐笔地登记其收入数和发出数,并能随时结出账面余额的一种盘存制度。其计算公式是:

期末账存数 = 期初结存数 + 本期收入数 - 本期发出数

这种盘存制度要求,财产的收入和发出都要有严密的手续,对财产的收入和发出都要在有关账簿中进行连续地登记,且随时结出账面结存数。采用这种盘存制度时,仍需定期或不定期地对财产进行实地盘点,且至少每年实地盘点一次,以验证账实是否相符。

两种盘存制在确认存货有关指标数量做法上的比较如表7.5所示:

表7.5 实地盘存制与永续盘存制做法比较

存货有关指标	实地盘存制	永续盘存制	比较结果
期初结存数	上一会计期末结转过来	上一会计期末结转过来	相同
本期收入数	根据收货凭证及时登记账簿	根据收货凭证及时登记账簿	相同
本期发出数	根据期初结存数量、本期增加数量和期末结存数量计算确定	根据发货凭证及时登记账簿	不同
期末账存数		根据账面记录计算	
期末实存数	通过清查盘点确认		

例7.2　京晨公司2008年10月初库存棉纱1 000千克,每千克单价10元;本月购入棉纱2 000千克,发出1 200千克。期末进行实地盘点后,发现棉纱实际库存为1 750千克。假设棉纱购入和发出的单价与期初结余单价相同,分别按照实地盘存制和永续盘存制计算棉纱本月发出额,如表7.6所法。

表7.6　按两种盘存制计算京晨公司2008年10月发出额

存货有关指标	实地盘存制	永续盘存制
期初结存数	1 000×10=10 000(元)	1 000×10=10 000(元)
本期收入数	2 000×10=20 000(元)	2 000×10=20 000(元)
本期发出数	(1 000+2 000-1 750)=12 500(元)	1 200×10=12 000(元)
期末账存数		(1 000+2 000-1 200)×10=18 000(元)
期末实存数	1 750×10=17 500(元)	

从上面的计算可以看到:在实地盘存制下,本期发出金额由倒挤得到,因此期末盘亏金额(18 000-17 500)=500元作为本期耗用数额入账。在永续盘存制下,账存数和实存数不符,账存数为18 000元,而实存数为(1 750×10)=17 500元。因此,需要进行财产清查,以确定棉纱的实有数,并确定盘盈、盘亏数额,进一步查出差异原因。

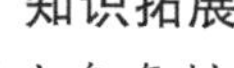

知识拓展:实地盘存制和永续盘存制优缺点及适用范围的比较

- 实地盘存制

优点:方法简单,会计核算工作量小。

缺点:各项财产的减少数没有严密的手续,倒挤出的各项财产的减少数中成分复杂,除了正常耗用外,可能存在很多非正常因素,因而不便于施行会计监督。

适用范围:适用于商业企业的品种多、价值低、交易频繁的商品,数量不稳定、损耗大且难以控制的鲜活商品等。

- 永续盘存制

优点:能够加强库存财产的管理,便于随时掌握各项财产的占用情况及其动态,有利于施行会计监督。

缺点:存货的明细分类核算工作量较大,需要较多的人力和费用。但同实地盘存制相比,它在控制和保护财产物资安全完整方面具有明显的优越性。

适用范围:在存货的增减变动记录上,除少数特殊情况外,一般都采用永续盘存制。

7.2.3 往来账项的清查方法

往来账项又称债权债务，是指企业与供应商和客户之间的贸易往来，记录企业应付供应商多少款，应收客户多少款的账目。包括应收账款、其他应收款、应付账款、其他应付款、预收账款及预付账款等。

往来账项的清查重点是应收账款和应付账款，采用查询核实法，即通过信函、电询或面询的方式，与对方单位核对账目的办法。

对于往来账项，一般采用查询核实法，即通过信函、邮件、电询或面询等方式，与对方单位核对账目的方法。清查过程分为3个步骤：

一是将本单位的往来账项核对清楚，总分类账和明细账之间进行平行登记，并做到账账相符。

二是向对方单位填发对账单，如图7.1所示。对账单一式两联，其中一联由对方留存，另一联作为回单，对方单位如实核对后，如果相符，应在回单上盖章后退回；如果不符，则应在回单上注明，作为进一步核对的依据。

函证信

××公司：

本公司与贵单位的业务往来款项有下列项目，为了核对账目，特函请查证是否相符，请在回执联中注明后盖章寄回。

此致

敬礼！

往来结算款项对账单

单位： 地址： 编号：

会计科目名称	截止日期	经济事项摘要	账面余额

××公司（公章）

年 月 日

图7.1 函证信示样

三是收到回单后，应填制“往来款项清查表”，并及时催收该收回的账款，积极处理呆账悬账，如表7.7所示。

表7.7 往来款项清查表

往来款项清查表

总分类账户名称： 年 月 日

明细分类账户		清查结果		核对不符原因分析			备注
名称	账面金额	核对相符金额	核对不符金额	未达账项金额	有争议款项金额	其 他	

四是单位之间的结算款项，如有未达账项发生，可以用编制调节表的方法加以调节。对于各种应收款项，在清查完毕后，一般应汇总编制清查报告表，如表7.8所示。

表7.8 应收款项清查报告表

应收款项清查报告表

年 月 日

户名	账面结余金额	清查情况		不同意承付原因	不同意承付金额的分析				备注
		同意承付金额	不同意承付金额		按合同拒付	争议中款项	无收回希望	其他	

7.3 财产清查结果的账务处理

7.3.1 货币资金清查结果的账务处理

在对库存现金的清查中如发现账实不符，除了设法查明原因外，还应根据“库存现金盘点报告表”及时进行账务处理。有待查明原因的现金溢余或短缺，均通过“待处理财产损溢—待处理流动资产损溢”账户进行核算。

为了核算财产清查过程中财产物资的盘盈、盘亏及处理的情况，需要设置“待处理财产损溢”账户。该账户属于资产类账户，用于记录各项财产物资盘盈、盘亏和毁损的数额。清查时发生的盘盈数记在该账户的贷方，盘亏及毁损数记在该账户的借方。批准处理后，盘盈数转到该账户的借方，盘亏和毁损数转到该账户的贷方。此账户的月末余额,有时在借方,有时在贷方。在借方表示期末尚待处理的财产物资的净损失,在贷方表示期末尚待处理的财产物资的净盈余。若会计期末结束前没有尚待处理的盈亏的财产物资,则此账户期末无余额。

待处理财产损溢

①清查时发生的盘亏和毁损数 ②批准处理后的盘盈数	①清查时发生的盘盈数 ②批准处理后的盘亏和毁损数
期末尚待处理的财产物资的净损失	期末尚待处理的财产物资的净盈余

(1)盘盈的账务处理

库存现金清查中的盘盈,属于现金溢余部分,按实际溢余的金额,借记“库存现金”账户,贷记“待处理财产损溢——待处理流动资产损溢”账户;待查明原因后,如属于应支付给有关人员或单位的,则应计入“其他应付款”账户的贷方,同时计入“待处理财产损溢——待处理流动资产损溢”账户的借方;如无法查明原因的,经批准处理后,计入“营业外收入”账户的贷方,同时计入“待处理财产损溢——待处理流动资产损溢”账户的借方。

例 7.3　京晨公司在现金清查中发现库存现金多出账面余额 500 元。要求作出账务处理。

在这项经济业务中,库存现金增加了 500 元,在尚未查明原因之前,将盈余的现金借记“库存现金”账户,表示现金的增加;同时贷记“待处理财产损溢”账户。

借:库存现金　　500

　贷:待处理财产损溢——待处理流动资产损溢　　500

经核查,上述长款原因不明,批准处理后作分录如下:

借:待处理财产损溢——待处理流动资产损溢　　500

　贷:营业外收入　　500

(2)盘亏的账务处理

库存现金清查中的盘亏,属于现金短缺部分,按实际短缺的金额,借记“待处理财产损溢——待处理流动资产损溢”账户,贷记“库存现金”账户;待查明原因后,如属于记账差错的,应及时予以纠正;如属于出纳人员的过失,则计入“其他应收款”账户的借方,同时计入“待处理财产损溢——待处理流动资产损溢”账户的贷方。

企业清查的各种现金的损溢,均应于期末结账前处理完毕。

例 7.4　京晨公司在现金清查过程中发现库存现金短款 1 000 元。要求作出账务处理。

在这项经济业务中，现金减少了1 000元，在尚未查明原因之前，贷记“库存现金”账户，表示现金的减少；同时登入“待处理财产损溢”账户借方。

借：待处理财产损溢——待处理流动资产损溢　1 000
　　贷：库存现金　1 000

经查明，短款系出纳人员工作过失造成。作会计分录如下：

借：其他应收款　1 000
　　贷：待处理财产损溢——待处理流动资产损溢　1 000

7.3.2　实物资产清查结果的账务处理

(1)存货清查的账务处理

存货清查中出现的盘盈、盘亏或者毁损存货的处理，可分为两个步骤进行。一是首先将清查结果中的盘盈、盘亏及毁损数转入到“待处理财产损溢——待处理流动资产损溢”账户下，并同时调整存货的账面价值。二是将清查结果报经上级批准，一般的处理方法是：定额内的盘亏，应计入管理费用；责任事故造成的损失，应由过失人负责赔偿；由于自然灾害等非常事故造成的损失，在扣除保险公司赔款和残料收入后，经批准列作营业外支出。如果发生盘盈，一般冲减管理费用。

例7.5　京晨公司在财产清查中，发现盘盈纯棉面料200千克，单位成本80元，计1 600元。

第一步：根据清查记录作会计分录如下：

借：原材料——纯棉面料　1 600
　　贷：待处理财产损溢——待处理流动资产损溢　1 600

第二步：报经批准后按批准意见作会计分录如下：

借：待处理财产损溢——待处理流动资产损溢　1 600
　　贷：管理费用　1 600

例7.6　京晨公司在财产清查中发现皮料霉烂变质15千克，单位成本300元，计4 500元。

第一步：根据清查记录作会计分录如下：

借：待处理财产损溢——待处理流动资产损溢　4 500
　　贷：原材料——皮料　4 500

第二步：报经批准后作自然损耗处理。会计分录如下：

借：管理费用　4 500
　　贷：待处理财产损溢——待处理流动资产损溢　4 500

例7.7　京晨公司在财产清查中发生意外毁损一批纯棉布料50千克，单位成本 100 元,经核查,属于保管员张力保管不当而造成。按规定由过失人赔偿 1 000 元,其余属于非常事故列作营业外支出处理。

第一步:根据清查记录作会计分录如下:

借:待处理财产损溢——待处理流动资产损溢　　5 000

　　贷:原材料——纯棉布料　　5 000

第二步:报经批准后作会计分录如下:

由过失人赔偿部分:

借:其他应收款——张力　　1 000

　　贷:待处理财产损溢——待处理流动资产损溢　　1 000

非常损失部分:

借:营业外支出　　4 000

　　贷:待处理财产损溢——待处理流动资产损溢　　4 000

知识拓展:关于"应交增值税——进项税额转出"的说明

根据增值税会计处理办法的规定,企业购进的原材料发生非正常损失时,其增值税的进项税额应相应转入有关账户。如例 7.7 中,由于原材料发生意外毁损,则根据清查记录作会计分录应为:

借:待处理财产损溢——待处理流动资产损溢　　5 850

　　贷:原材料——纯棉布料　　5 000

　　　　应交税费——应交增值税(进项税额转出)　　850

(对于这部分内容作为初学者暂不作要求。)

(2)固定资产清查的账务处理

固定资产出现由于企业无法控制的因素而造成盘盈的可能性极小甚至是不可能,企业出现固定资产的盘盈一般都是因为企业在以前会计期间少记、漏记而产生的,作为前期差错处理,应调整到以前年度损益调整中。(这部分内容应放在专业财务会计课程中讲述,在此略)

固定资产发生盘亏或毁损时,应将损失数计入到当期损益。当企业发生固定资产盘亏时,按盘亏固定资产的账面价值,借记"待处理财产损溢——待处理固定资产损溢"账户,按已计提的累计折旧,借记"累计折旧"账户,按固定资产的原价,贷记"固定资产"账户。报经批准处理时,按盘亏或毁损原因的不同,分别按以下情况进行处理:

一是丢失的固定资产,经批准后应列作营业外支出;

二是自然灾害所造成的固定资产毁损,应在扣除保险公司赔偿以及残料收入后,经有关部门批准作营业外支出;

三是责任事故造成的固定资产毁损,则应由责任人赔偿相应的损失。

例 7.8　京晨公司在对固定资产的清查中,发现盘亏设备一台,其账面价值为500 000元,已提折旧150 000元。

该经济事项发生后,先将盘亏的固定资产记入"待处理财产损溢"账户下,待报经批准处理后,记入"营业外支出"账户下。

第一步:根据清查记录作会计分录如下:

借:待处理财产损溢——待处理固定资产损溢　　350 000
　　累计折旧　　150 000
　　贷:固定资产　　500 000

第二步:报经批准后作会计分录如下:

借:营业外支出　　350 000
　　贷:待处理财产损溢——待处理固定资产损溢　　350 000

例 7.9　京晨公司在对固定资产的清查中,发现毁损设备一台,经查明系自然灾害造成,设备原价85 000元,已提折旧12 000元。根据保险合同规定,应由保险公司赔偿50 000元,余下损失由企业自己负担。

该经济事项发生后,先将毁损的固定资产计入到"待处理财产损溢"账户下,再将保险公司的赔偿款计入到"其他应收款"账户下,最后,将损失计入到营业外支出。

第一步:根据清查记录作会计分录如下:

借:待处理财产损溢——待处理固定资产损溢　　73 000
　　累计折旧　　12 000
　　贷:固定资产　　85 000

第二步:报经批准后作会计分录如下:

借:其他应收款——保险公司　　50 000
　　营业外支出　　23 000
　　贷:待处理财产损溢——待处理固定资产损溢　　73 000

7.3.3　往来账项清查结果的账务处理

在对往来账项的清查中,查明确实无法收回的应收账款和无法支付的应付账款,一般不通过"待处理财产损溢"账户来核算,而是在原来账簿记录数据的基础上,按照规定的程序报经批准处理后直接冲销转账。对无法收回的应收账款,即坏账,在提取坏账准备的企业,冲减坏账准备金,在不提取坏账准备的企业,记入管理费用;对无法支付的应付账款经批准后,转作营业外收入处理。

例 7.10　京晨公司一项长期无法收回的应收账款 2 000 元,按规定程序报经批准后,作为坏账转销。会计分录如下:

①若京晨公司是提取坏账准备的企业:

借:坏账准备　　2 000

　　贷:应收账款　　2 000

②若京晨公司是不提取坏账准备的企业:

借:管理费用　　2 000

　　贷:应收账款　　2 000

对确实无法支付的应付款项,按规定的程序批准后,借记"应付账款"账户,贷记"营业外收入"账户。

例 7.11　京晨公司 2009 年初发现应付给某单位的货款 5 000 元,由于该企业破产,无法向其支付,经批准予以转销。

借:应付账款　　5 000

　　贷:营业外收入　　5 000

【做一做】

(一)实训资料

1. 鑫达公司 2008 年 6 月 30 日银行存款日记账余额为 80 000 元,银行对账单上的余额为 82 425 元,经过逐笔核对发现有下列未达账项:

(1)企业于 6 月 30 日存入从其他单位收到的转账支票一张计 8 000 元,银行尚未入账;

(2)企业于 6 月 30 日开出的转账支票 6 000 元,现金支票 500 元,持票人尚未到银行办理转账和取款手续,银行尚未入账;

(3)委托银行代收的外埠货款 4 000 元,银行已经收到入账,但收款通知尚未到达企业;

(4)银行受运输机构委托代收运费,已经从企业存款中付出 150 元,但企业尚未接到转账付款通知;

(5)银行计算企业的存款利息 75 元,已经记入企业存款户,但企业尚未入账。

2. 广安公司年终进行财产清查,在清查中发现下列事项:

(1)发生盘亏机器设备一台,原价 5 200 元,账面已提折旧 2 400 元;经批准作营业外支出处理。

(2)甲材料账面存量455千克,盘存实际存量445千克,盘亏10千克;后经查明其中3千克为定额损耗,7千克为保管不善所致,责成有关责任人赔偿。甲材料单位成本为42元。

(3)乙材料盘盈10千克,每千克单位成本30元;后经查明属于日常收发计量差错。

(4)经核查应收某单位货款4 000元,因该单位撤销,确实无法收回。经批准作为坏账处理。(该公司属于计提坏账准备的企业)

(二)要求

1. 根据资料1编制银行存款余额调节表。

2. 根据资料2编制相关会计分录。

【任务回顾】

通过对本任务的学习,使大家认识了财产清查的意义和方法,学会了对财产清查结果进行账务处理的方法,并利用课堂实训进一步提高动手能力。

【名词速查】

1. 财产清查

财产清查俗称盘点,是指通过对实物资产、库存现金的实地盘点和对银行存款、债权债务的函证核对,来确定各项实物资产、货币资金、往来款项的实际结存数,并与账面结存数核对,以查明账面数与实存数是否相符的一种会计核算的专门方法。

2. 全面清查

全面清查又称整体清查,是指对属于本单位的全部实物资产、货币资金和各项债权债务等进行全面的盘点、查询和核对。

3. 货币资金

货币资金,就是我们通常所说的钱,即指处于货币状态的资产,它是企业流动资产的重要组成部分,包括出纳人员经管的库存现金、存在银行里的银行存款,以及采用其他结算方式产生的具有特定用途的其他货币资金。

4. 未达账项

所谓未达账项,就是指当银行存款收、付款凭证在企业和开户银行之间传递时,由于收到凭证的时间不同而发生的有些凭证一方已经入账,而另一方尚未入账,从而造成企业银行存款日记账记录与银行对账单记录不符现象的某些账款。

5. 实地盘存制

实地盘存制又称定期盘存制，是指平时只在账簿中登记各项财产物资的增加数，不登记减少数，等到期末时通过实地盘点实物，来确定财产物资的结余数，并采用倒挤的方法，来计算财产物资发出数的一种盘存制度。

6. 永续盘存制

永续盘存制又称账面盘存制，就是平时在财产物资的账簿记录中，对财产物资的收入数和发出数及金额逐笔登记，并随时在账簿中结算出各项财产物资结存数的盘存制度。

7. 往来账项

往来账项又称债权债务，是指企业与供应商和客户之间的贸易往来，记录企业应付供应商多少款，应收客户多少款的账目。包括应收账款、其他应收款、应付账款、其他应付款、预收账款及预付账款等。

【任务检测】

一、单项选择题

1. 对现金的清查方法应采用（　　）。

A. 技术推算法　　B. 实物盘点法

C. 实地盘存制　　D. 查询核对法

2. 在记账无误的情况下，造成银行对账单和银行存款日记账不一致的原因是（　　）。

A. 应付账款　　B. 应收账款

C. 未达账项　　D. 外埠存款

3. "待处理财产损溢"账户未转销的借方余额表示（　　）。

A. 尚待处理的盘盈数　　B. 尚待处理的盘亏和毁损数

C. 已处理的盘盈数　　D. 已处理的盘亏和毁损数

4. 实地盘存制与永续盘存制的主要区别是（　　）。

A. 盘点的方法不同　　B. 盘点的目标不同

C. 盘点的工具不同　　D. 盘亏结果处理不同

5. 在实地盘存制下，平时在账簿中对财产物资（　　）。

A. 只记发出数，不记收入数

B. 只记收入数，不记发出数

C. 不记收入数，也不记发出数

D. 既记收入数，又记发出数

二、多项选择题

1. 财产清查的内容主要有(　　)。

A. 企业拥有的各种物资　　B. 企业拥有的各种货币资金

C. 企业拥有的各种证券　　D. 企业拥有的各种债权

E. 企业拥有的各种债务

2. 财产清查结果的处理步骤是(　　)。

A. 核准数字，查明原因　　B. 调整凭证，做到账实相符

C. 调整账簿，做到账实相符　　D. 进行批准后的账务处理

E. 销毁账簿资料

3. 以下(　　)情况需调减企业银行存款余额。

A. 企业委托银行代收的销售收入，银行已收妥，但还未通知企业入账

B. 银行直接转账代缴企业应付的水电煤费，但还未通知企业入账

C. 企业开出支票预付购货款并减少账面存款余额，但银行还未入账

D. 企业存入款项已增加账面存款余额，但银行还未入账

4. 对于盘亏的财产物资，经批准后进行账务处理，可能涉及的借方账户有(　　)。

A. 管理费用　　B. 营业外支出　　C. 营业外收入　　D. 其他应收款

E. 待处理财产损溢

5. 财产清查中遇到有账实不符时，用以调整账簿记录的原始凭证有(　　)。

A. 实存账存对比表　　B. 现金盘点报告表

C. 银行对账单　　D. 银行存款余额调节表

三、判断题

1. 进行财产清查，如发现账面数小于实存数，即为盘亏。　(　　)

2. 对于银行存款的未达账项应编制银行存款余额调节表进行调节，同时将未达账项编成记账凭证登记入账。　(　　)

3. 存货的盘亏、毁损和报废，在报经批准后均应计入“管理费用”科目。　(　　)

4. 如果丙种材料由于日常收发计量不准发生盘盈，在报经批准后应当贷记“营业外收入”账户。　(　　)

5. 在债权债务往来款项中，也存在未达账项。　(　　)

四、实务题

(一)目的

练习财产清查结果的会计处理。

(二)资料

恒山钢铁厂2008年年终进行财产清查,在清查中发现下列事项:

1. 原材料的账面资料和清查资料分别如表7.9至表7.11所示:

表7.9 原材料账面资料

材料编号	材料名称	单 位	单 价	结余(12月31日)	
				数 量	金 额
1	甲材料	千克	42	1 000	42 000
2	乙材料	千克	25	810	20 250
3	丙材料	吨	9 000	19.5	175 500

表7.10 恒山钢铁厂盘存单

财产类别:原材料

存放地点:3号仓库　　　盘点时间:2008年12月31日　　　编号:105423

编号	名 称	单位	数量	单 价	金 额	备 注
1	甲材料	千克	988	42	41 496	定额损耗12千克
2	乙材料	千克	780	25	19 500	保管人员失职造成
3	丙材料	吨	20	9 000	180 000	收发计量上的差错
盘点人签章:李明					实物保管人签章:王新华	

表7.11 实存账存对比表

实存账存对比表

单位名称:　　　2008年12月31日

编号	名称规格	计量单位	单价	实 存		账 存		差 异				备注
								盘 盈		盘 亏		
				数量	金额	数量	金额	数量	金额	数量	金额	
1	甲材料	千克	42	988	41 496	1 000	42 000			12	504	
2	乙材料	千克	25	780	19 500	810	20 250			30	750	
3	丙材料	吨	9 000	20	180 000	19.5	175 500	0.5	4 500			

主管人员:　　　会计:　　　制表:

2. 盘亏水泵一部,原价6 900元,账面已提折旧1 380元;

3. 查明应收账款3 500元,已无法收回;

4. 查明应付账款1 000元,已无法偿还。

上述各项资产盘盈、盘亏和损失,经查明原因属实,报请领导审核批准,作如下处理:

1. 材料定额内损耗及材料收发计量错误,均列入管理费用处理;
2. 保管人员失职造成材料短缺损失,责成过失人赔偿;
3. 盘亏水泵系自然灾害招致毁损,作非常损失处理;
4. 无法收回的应收账款,作坏账损失处理;
5. 无法支付的应付账款,作营业外收入处理。

(三)要求

1. 根据上列清查结果,编制审批前的会计分录。
2. 根据报请批准处理的结果,编制审批后的会计分录。

参考答案

【做一做】参考答案

1.

银行存款余额调节表　　　　单位:元

项　目	金　额	项　目	金　额
企业银行存款日记账余额	80 000	银行对账单余额	82 425
加:银行已收,企业未收	4 075	加:企业已收,银行未收	8 000
减:银行已付,企业未付	150	减:企业已付,银行未付	6 500
调节后的存款余额	83 925	调节后的存款余额	83 925

2.

(1)借:待处理财产损溢——待处理固定资产损溢　　2 800
　　　累计折旧　　2 400
　　　贷:固定资产　　5 200
　借:营业外支出　　2 800
　　　贷:待处理财产损溢——待处理固定资产损溢　　2 800

(2)借:待处理财产损溢——待处理流动资产损溢　　420
　　　贷:原材料——甲材料　　420
　借:管理费用　　126
　　　其他应收款　　294
　　　贷:待处理财产损溢——待处理流动资产损溢　　420

(3)借:原材料——乙材料　　300
　　　贷:待处理财产损溢——待处理流动资产损溢　　300
　借:待处理财产损溢——待处理流动资产损溢　　300
　　　贷:管理费用　　300

(4)借:坏账准备　　4 000
　　　贷:应收账款　　4 000

【任务检测参考答案】

一、单项选择题

1. B　　2. C　　3. B　　4. A　　5. B

二、多项选择题

1. ABCDE　　2. ACD　　3. AB　　4. ABDE　　5. AB

三、判断题

1. √　　2. ×　　3. √　　4. ×　　5. √

四、实务题

审批前的会计分录：

1. 借：待处理财产损溢——待处理流动资产损溢　　1 254
　　贷：原材料——甲材料　　504
　　　　　　——乙材料　　750

2. 借：原材料——丙材料　　4 500
　　贷：待处理财产损溢——待处理流动资产损溢　　4 500

3. 借：待处理财产损溢——待处理固定资产损溢　　5 520
　　累计折旧　　1 380
　　贷：固定资产　　6 900

审批后的会计分录：

1. 借：管理费用　　504
　　其他应收款　　750
　　贷：待处理财产损溢——待处理流动资产损溢　　1 254

2. 借：待处理财产损溢——待处理流动资产损溢　　4 500
　　贷：管理费用　　4 500

3. 借：营业外支出　　5 520
　　贷：待处理财产损溢——待处理固定资产损溢　　5 520

4. 借：坏账准备　　3 500
　　贷：应收账款　　3 500

5. 借：应付账款　　1 000
　　贷：营业外收入　　1 000

任务 8
资产负债表

任务目标

1. 清楚财务报表的概念及其分类；
2. 学会编制资产负债表。

学时建议

6 课时

【导学语】

通过前面的学习大家知道,账簿记录实现了会计信息的条理化、系统化。但对企业经济活动整体来说,单个账簿所反映的信息仍然是分散的、局部的。一个会计期间终了,企业外界(如企业的投资人、债权人、政府部门等)和内部管理层都有了解企业的经营情况的要求。但你不能指望让他们去翻你的账本。一则没那功夫,二则他们也不一定就能看懂,况且对外部来说还有个保密问题。解决这一问题,最有效的办法就是以高度概括性的一览表形式,总结和归纳出账簿所记录的内容,这就产生了会计报表。

【学一学】

8.1　财务报表概述

8.1.1　财务报表及其目标

财务报表是对企业状况、经营成果和现金流量的结构性表述。

它是根据会计账簿记录和有关资料,按照规定的报表格式,总括反映一定期间的经济活动和财务收支情况及其结果的报告文件。

企业编制财务报表的目标,是向报表使用者提供与企业财务状况、经营成果和现金流量等有关的会计信息,反映企业管理层受托责任的履行情况,有助于财务报表使用者作出经营决策。财务报表使用者通常包括投资者、债权人、政府及其有关部门和社会公众等。

8.1.2　财务报表的内容

(1)财务报表的组成

一套完整的财务报表至少包括资产负债表、利润表、现金流量表、所有者权益变动表以及附注。

资产负债表、利润表和现金流量表分别从不同角度反映企业的财务状况、经营成果和现金流量。资产负债表反映企业在某一特定日期所拥有的资产、需偿还的债务,以及股东(投资者)拥有的净资产情况;利润表反映企业在一定会计期间的经营成果,即利润或亏损的情况,表明企业运用所拥有的资产的获利能力;现金流量表反映企业在一定会计期间现金和现金等价物流入和流出的情况。所有者权益变动表反映构成所有者权益的各组成部分当期的增减变动情况。

附注是财务报表不可或缺的组成部分,是对在资产负债表、利润表、现金流量表等报表中列示项目的文字描述或明细资料,以及对未能在这些报表中列示项目的说明等。

【想一想】财务报表是根据什么来编制的?财务报表使用者通常是哪些人或部门呢?

(2)财务报表的分类

按财务报表编报期间的不同,可以分为中期会计报表和年度会计报表。中期会计报表是以短于一个完整会计年度的报告期间为基础编制的会计报表,包括月报、季报和半年报等。中期会计报表至少应当包括资产负债表、利润表、现金流量表和附注,其中,中期资产负债表、利润表和现金流量表应当是完整报表,其格式和内容应当与年度会计报表相一致。

按会计报表编报主体的不同,可以分为个别会计报表和合并会计报表。个别会计报表是由企业在自身会计核算基础上对账簿记录进行加工而编制的会计报表,它主要用以反映企业自身的财务状况、经营成果和现金流量情况。合并会计报表是以母公司和子公司组成的企业集团为会计主体,根据母公司和所属子公司的会计报表,由母公司编制的综合反映企业集团财务状况、经营成果及现金流量的会计报表。

8.1.3 财务报表的编制要求

为了使财务报表能够最大限度地满足各有关方面的需要,实现编制财务报表的基本目的,充分发挥会计报表的作用,企业编制的会计报表应当真实可靠、计算准确、内容完整、编报及时、便于理解,符合国家统一的会计制度的有关规定。

①数字真实,要真实地反映交易或事项的实际情况,不能人为地扭曲。

②计算准确,需计算填列的项目,小计、合计等要计算准确。

③内容完整,应全面地披露财务状况、经营成果和现金流量以及费用成本情况。

④编报及时,按规定时间报出。

⑤便于理解,应当清晰明了,便于为使用者理解和利用。

8.2 资产负债表

8.2.1 资产负债表的概念和作用

资产负债表是指反映企业在某一特定日期(如月末、季末、年末等)全部资产、负债和所有者权益状况的会计报表。它根据资产、负债和所有者权益之间的相互关系,按照一定的分类标准和一定的顺序,把企业在一定日期的资产、负债和所有者权益各项目进行适当排列,并对日常工作中形成的大量数据进行高度浓缩编制而成的。

通过提供资产负债表,可以反映企业在某一特定日期所拥有或控制的经济资源、所承担的现时义务和所有者对净资产的要求权,帮助会计报表使用者全面了解企业的财务状况、分析企业的偿债能力等情况,从而为其经济决策提供依据。

【想一想】如何理解资产负债表中所指的某一特定日期呢?

8.2.2 资产负债表的结构

目前,国际上流行的资产负债表的格式主要有账户式和报告式两种。

我国企业的资产负债表采用账户式结构。账户式资产负债表分左右两方,左方为资产项目,大体按资产的流动性大小排列,流动性大的资产如"货币资金"、"交易性金融资产"等排在前面,流动性小的资产如"长期股权投资"、"固定资产"等排在后面。右方为负债及所有者权益项目,一般按要求清偿时间的先后顺序排列:"短期借款""应付票据""应付账款"等需要在一年以内或者长于一年的一个正常营业周期内偿还的流动负债排在前面,"长期借款"等在一年以上才需偿还的非流动负债排在中间,在企业清算之前不需要偿还的所有者权益项目排在后面。

我国企业资产负债表格式如表8.1所示。

表8.1 资产负债表

会企01表

编制单位: 年 月 日 单位:元

资 产	期末余额	年初余额	负债和所有者权益	期末余额	年初余额
流动资产:			流动负债:		
货币资金			短期借款		
交易性金融资产			应付票据		
应收票据			应付账款		
应收账款			预收款项		
预付款项			应付职工薪酬		
应收利息			应交税费		
应收股利			应付利息		
其他应收款			应付股利		

续表

资　产	期末余额	年初余额	负债和所有者权益	期末余额	年初余额
存货			其他应付款		
一年内到期的非流动资产			一年内到期的非流动负债		
其他流动资产			其他流动负债		
流动资产合计			流动负债合计		
非流动资产:			非流动负债:		
持有至到期投资			长期借款		
长期应收款			长期应付款		
长期股权投资			其他非流动负债		
固定资产			非流动负债合计		
在建工程			负债合计		
工程物资			所有者权益		
固定资产清理			实收资本		
无形资产			资本公积		
长期待摊费用			盈余公积		
其他非流动资产			未分配利润		
非流动资产合计			所有者权益合计		
资产总计			负债和所有者权益总计		

8.2.3　资产负债表的编制方法

(1)本表“年初余额”的填列方法

本表“年初余额”栏内各项目数字,应根据上年末资产负债表“期末余额”栏内所列数字填列。如果本年度资产负债表规定的各个项目的名称和内容同上年度不相一致,应对上年年末资产负债表的各项目和数字按本年度的规定进行调整,按调整后的数字填入本表“年初余额”栏内。

(2)本表“期末余额”的填列方法

①根据总账科目的余额直接填列(简称方法1)。资产负债表中的有些项目,可直接根据有关总账科目的余额填列,如交易性金融资产、固定资产清理、短期借

款、应付票据等项目。

②根据几个总账科目的余额计算填列(简称方法2)。如“货币资金”项目,需根据“库存现金”、“银行存款”、“其他货币资金”3个总账科目余额合计填列。

例8.1　某企业2008年12月31日“库存现金”余额为10 500元,“银行存款”余额3 000 000元,“其他货币资金”余额1 000 000元。

“货币资金”项目金额=“库存现金”科目余额+“银行存款”科目余额+“其他货币资金”科目余额

【想一想】“货币资金”项目应该填制多少元呢?

应该是4 010 500元。

③根据有关明细科目的余额计算填列(简称方法3)。资产负债表中的有些项目,需要根据明细科目余额填列,如“应付账款”项目,需要分别根据“应付账款”和“预付账款”两科目所属明细科目的期末贷方余额计算填列。

例8.2　某企业2008年12月31日结账后有关明细科目余额如表8.2所示。

表8.2　某企业明细科目余额

科目名称	借方余额/元	贷方余额/元
预付账款	800 000	80 000
应付账款	400 000	1 800 000

该企业2008年12月31日资产负债表中相关项目的金额为:

“预付账款”项目的金额=“预付账款”账户所属明细分类账户借方余额+“应付账款”账户所属明细分类账户的借方余额=800 000元+400 000元=1 200 000元

“应付账款”项目的金额=“应付账款”账户所属明细分类账户贷方余额+“预付账款”账户所属明细分类账户的贷方余额=80 000元+1 800 000元=1 880 000元

④根据总账科目和明细科目的余额分析计算填列(简称方法4)。资产负债表的有些项目,需要依据总账科目和明细科目两者的余额分析填列,如“长期借款”项目,应根据“长期借款”总账科目余额扣除“长期借款”科目所属的明细科目中将在资产负债表日起一年内到期、且企业不能自主地将清偿义务延期的长期借款后的金额填列。

例8.3　某企业长期借款情况如表8.3所示。

表8.3　某企业长期借款情况

借款起始日期	借款期限/年	金额/元
2008年1月1日	3	1 000 000
2006年1月1日	5	2 000 000
2005年6月1日	4	1 500 000

该企业2008年12月31日资产负债表中“长期借款”项目金额为：

1 000 000元+2 000 000元=3 000 000元

温馨提示：企业根据“长期借款”总账科目余额4 500 000元，扣除“长期借款”科目所属的明细科目中一年内到期的1 500 000元，即3 000 000元。

⑤根据有关科目余额减去其备抵科目余额后的净额填列(简称方法5)。如资产负债表中的“应收账款”等项目，应根据“应收账款”等科目的期末余额减去“坏账准备”等科目余额后的净额填列；“固定资产”项目，应根据“固定资产”科目期末余额减去“累计折旧”、“固定资产减值准备”科目余额后的净额填列。

例8.4 某企业2008年12月31日，“固定资产”余额为2 000 000元，“累计折旧”余额为180 000元，“固定资产减值准备”余额为200 000元，则资产负债表中“固定资产”项目金额为2 000 000元-180 000元-20 000元=1 800 000元

知识拓展：资产减值准备

资产减值是指资产的可收回金额低于其账面价值。企业在对资产作了减值测试并计算了资产可收回金额后，如果资产的可收回金额低于其账面价值，应当将资产的账面价值减记至可收回金额，减记的金额确认为资产减值损失，计入当期损益，同时计提相应的资产减值准备。

8.2.4 资产负债表主要项目填列方法归纳

资产负债表主要项目填列方法归纳如下，如表8.4所示。

表8.4 资产负债表主要项目填列方法

编制方法	报表项目	补充说明
方法1	交易性金融资产、应收票据、固定资产、工程物资、固定资产清理、短期借款、应付票据、应付职工薪酬、应付股利、应交税费、其他应收款、实收资本、资本公积、盈余公积等	根据其相关总账期末余额直接填列

续表

编制方法	报表项目	补充说明
方法 2	货币资金	=“库存现金”科目余额+“银行存款”科目余额+“其他货币资金”科目余额
	未分配利润	=“本年利润”科目余额-“利润分配”科目余额
方法 3	应付账款	=“应付账款”科目所属明细账贷方余额+“预付账款”所属明细账贷方余额
	预付账款	=“预付账款”科目所属明细账借方余额+“应付账款”所属明细账借方余额
	应收账款	=“应收账款”科目所属明细账借方余额+“预收账款”所属明细账借方余额-“坏账准备”科目贷方余额
	预收账款	=“预收账款”科目所属明细账贷方余额+“应收账款”所属明细账贷方余额
方法 4	长期借款	=“长期借款”总账科目余额-“长期借款”科目所属明细科目中一年内到期的部分
方法 5	存货	=“在途物资”+“原材料”+“周转材料”+“自制半成品”+“库存商品”+“分期收款发出商品”+“委托加工物资”+委托代销商品+“生产成本”等科目期末余额-“存货跌价准备”科目期末余额
	持有至到期投资	=“持有至到期投资”科目期末余额-“持有至到期投资减值准备”科目期末余额
	固定资产	=“固定资产”科目期末余额-“累计折旧”科目期末余额-“固定资产减值准备”科目期末余额
	无形资产	=“无形资产”科目期末余额-“累计摊销”科目期末余额

8.2.5　资产负债表示例

资料:参见任务 3 中“做一做”的实训资料。

天宇食品公司2008年4月有关账户期末余额如表8.5和表8.6所示：

表8.5　有关总分类账户期末余额表

账户名称	借方余额/元	账户名称	贷方余额/元
库存现金	10 000	累计折旧	1 498 000
银行存款	6 540 000	短期借款	600 000
其他货币资金	320 000	应付账款	148 000
应收票据	480 000	应交税费	520 000
应收账款	286 000	长期借款	7 060 000
原材料	50 000	实收资本	4 000 000
库存商品	1 520 000	盈余公积	640 000
固定资产	6 490 000	本年利润	1 230 000
合　计	15 696 000	合　计	15 696 000

表8.6　资产负债表

会企01表

编制单位:天宇食品公司　　　　2008年4月31日　　　　单位:元

资　产	期末余额	年初余额	负债或所有者权益	期末余额	年初余额
流动资产:			流动负债:		
货币资金	6 870 000		短期借款	600 000	
交易性金融资产			应付票据		
应收票据	480 000		应付账款	148 000	
应收账款	286 000		预收款项		
预付款项			应付职工薪酬		
应收利息			应交税费	520 000	
应收股利			应付利息		
其他应收款			应付股利		
存货	1 570 000		其他应付款		
一年内到期的非流动资产			一年内到期的非流动负债		
其他流动资产			其他流动负债		

续表

资　产	期末余额	年初余额	负债或所有者权益	期末余额	年初余额
流动资产合计	9 206 000		流动负债合计	1 268 000	
非流动资产：			非流动负债：		
持有至到期投资			长期借款	7 060 000	
长期应收款			长期应付款		
长期股权投资			其他非流动负债		
固定资产	4 992 000		非流动负债合计	7 060 000	
在建工程			负债合计		
工程物资			所有者权益		
固定资产清理			实收资本	4 000 000	
无形资产			资本公积		
长期待摊费用			盈余公积	640 000	
其他非流动资产			未分配利润	1 230 000	
非流动资产合计	4 992 000		所有者权益合计	5 870 000	
资产总计	14 198 000		负债和所有者权益总计	14 198 000	

请注意：上述资产负债表中部分项目的填制方法说明

“货币资金”项目=10 000元+6 540 000元+320 000元
=6 870 000元

“存货”项目=50 000元+1 520 000元=1 570 000元

“固定资产”项目=6 490 000元−1 498 000元=4 992 000元

【做一做】

(一)实训资料

1. 江北公司2008年8月有关账户期初余额如表8.7所示

表8.7 有关总分类账户期初余额表

账户名称	借方余额/元	账户名称	贷方余额/元
库存现金	30 000	累计折旧	3 500 000
银行存款	16 701 000	短期借款	1 500 000
其他货币资金	150 000	应付账款	9 370 000
应收票据	50 000	应付票据	917 000
应收账款	85 300	长期借款	7 630 000
原材料	5 171 000	实收资本	10 000 000
库存商品	1 550 000	盈余公积	1 856 640
固定资产	17 950 000	未分配利润	4 285 560
		应交税费	2 057 100
合　计	21 850 000	合　计	21 850 000

2. 2008年8月江北公司发生如下经济业务：

(1)1日，购入原材料一批，增值税专用发票上注明的材料价款500万元，增值税款85万元，货款尚未支付，材料已运达企业。

(2)2日，销售商品一批，价款800万元，该批产品实际成本200万元，增值税专用发票上注明的增值税款136万元，产品已经发出，货款已收到存入银行。

(3)3日，销售多余材料，实际成本4.9万元，增值税专用发票上注明的价款9万元，增值税款1.53万元。材料已经发出，款项尚未收到。

(4)4日，向银行借入短期借款20万元，年度支付利息1万元。

(5)5日，公司将一张到期的银行承兑汇票连同解讫通知书和进账单一并交银行办理转账，票据面值3万元，款项已收妥。

(6)6日，用银行存款100万元购入不需安装的固定资产，款项已经支付。

(7)8日，用银行存款支付工资40万元。

(8)9日，提取固定资产折旧50万元，其中应计入制造费用的为30万元，应计入管理费用的为20万元。

(9)10日向银行借入两年借款390万元。

(10)11日,厂部购买办公用品,用银行存款支付2万元。

(11)12日,基本生产车间领用原材料,实际成本58万元。

(12)13日,收到前欠货款7万元。

(13)14日,公司销售产品一批,价款30万元,增值税5.1万元,收到一张为期3个月的商业承兑汇票,该批产品实际成本18万元。

(14)15日,公司将到期商业汇票到银行承兑30.51万元。

(15)16日,用商业汇票支付采购材料款,购入材料款及运费10万元,支付增值税1.7万元,材料已验收入库。

(16)17日,用银行存款支付广告费10万元。

(17)27日,分配应支付的职工工资40万元,其中,生产工人工资25万元,车间管理人员工资10万元,行政管理人员工资5万元。

(18)28日,结转本期制造费用40万元。

(19)29日,结转本期完工产品123万元(期初和期末均无在产品)。

(20)30日,计算本期应交城市维护建设税5万元,应交教育费附加2万元。

(21)30日,结转本月所有损益类账户。

(22)30日,计算并结转应交所得税142.78万元。

(23)31日,按净利润的10%计提法定盈余公积。

(24)31日,董事会提供的利润分配方案中向投资者分配现金股利10.11万元。

(二)要求

1. 根据上列经济业务编制会计分录(或记账凭证)。
2. 编制科目汇总表。
3. 根据科目汇总表登记总账。
4. 编制试算平衡表。
5. 编制资产负债表。

【想一想】资产负债表为我们提供了哪些信息呢?

【任务回顾】

通过学习本任务,我们了解会计报表的概念及其分类,同时还要了解资产负债表的内容、结构和编制要求,重点掌握资产负债表的编制方法,能熟练编制资产负债表。

【名词速查】

1. 会计报表

这是根据会计账簿记录和有关资料，按照规定的报表格式，总括反映一定期间的经济活动和财务收支情况及其结果的报告文件。

2. 资产负债表

这是指反映企业在某一特定日期全部资产、负债和所有者权益状况的会计报表。

【任务检测】

实务题一

1. 资料：

某公司 2008 年 9 月 30 日的资产负债表如下：

资产负债表

2008 年 9 月 30 日　　　　单位：元

资　产		负债及所有者权益	
项　目	金　额	项　目	金　额
货币资金	380 000	短期借款	200 000
短期投资	450 000	应付账款	196 000
应收票据	100 000	应交税金	59 000
应收账款	235 000	流动负债合计	(　　)
存货	(　　)	长期负债合计	344 000
流动资产合计	1 880 000	实收资本	4 900 000
固定资产	4 270 000	资本公积	265 000
无形资产	313 000	盈余公积	379 000
非流动资产合计	(　　)	未分配利润	120 000
		所有者权益合计	(　　)
资产总计	(　　)	负债及所有者权益总计	(　　)

2. 要求：

填列上表括号中的空缺数字。

实务题二

1. 资料：

广达公司2008年11月份有关账户期末余额如下：

账户名称	借方余额	账户名称	贷方余额
库存现金	2 390	短期借款	140 000
银行存款	188 600	应付账款	177 680
应收账款	94 800	应交税费	92 442.7
原材料	223 000	应付股利	5 400
生产成本	157 650	实收资本	1 160 000
固定资产	1 150 700	盈余公积	1 200
累计折旧	-87 700	本年利润	122 067.3
无形资产	10 700	利润分配	46 500
长期待摊费用	7 150		
合　计	1 745 290	合计	1 745 290

2. 根据资料编制该公司2008年11月的资产负债表。

参考答案

【做一做】参考答案

1. 根据上述资料编制会计分录。

会计分录	借方	贷方
(1)借:原材料	5 000 000	
应交税费——应交增值税(进项税额)	850 000	
贷:应付账款		5 850 000
(2)借:银行存款	9 360 000	
贷:主营业务收入		8 000 000
应交税费——应交增值税(销项税额)		1 360 000
借:主营业务成本	2 000 000	
贷:库存商品		2 000 000
(3)借:应收账款	105 300	
贷:其他业务收入		90 000
应交税费——应交增值税(销项税额)		15 300
借:其他业务成本	49 000	
贷:原材料		49 000
(4)借:银行存款	200 000	
贷:短期借款		200 000
借:财务费用	10 000	
贷:银行存款		10 000
(5)借:银行存款	30 000	
贷:应收票据		30 000
(6)借:固定资产	1 000 000	
贷:银行存款		1 000 000
(7)借:应付职工薪酬——工资	400 000	
贷:银行存款		400 000
(8)借:制造费用	300 000	
管理费用	200 000	
贷:累计折旧		500 000
(9)借:银行存款	3 900 000	
贷:长期借款		3 900 000
(10)借:管理费用	20 000	

	借方	贷方
贷:银行存款		20 000
(11)借:生产成本	580 000	
贷:原材料		580 000
(12)借:银行存款	70 000	
贷:应收账款		70 000
(13)借:应收票据	351 000	
贷:主营业务收入		300 000
应交税费——应交增值税(销项税额)		51 000
借:主营业务成本	180 000	
贷:库存商品		180 000
(14)借:银行存款	351 000	
贷:应收票据		351 000
(15)借:原材料	100 000	
应交税费——应交增值税(进项税额)	17 000	
贷:应付票据		117 000
(16)借:销售费用	100 000	
贷:银行存款		100 000
(17)借:生产成本	250 000	
制造费用	100 000	
管理费用	50 000	
贷:应付职工薪酬——工资		400 000
(18)借:生产成本	400 000	
贷:制造费用		400 000
(19)借:库存商品	1 230 000	
贷:生产成本		1 230 000
(20)借:营业税金及附加	70 000	
贷:应交税费——应交城市维护建设税		50 000
——应交教育费附加		20 000
(21)借:主营业务收入	8 300 000	
其他业务收入	90 000	
贷:本年利润		8 390 000
借:本年利润	2 679 000	
贷:主营业务成本		2 180 000
其他业务成本		49 000

营业税金及附加　　70 000
销售费用　　100 000
管理费用　　270 000
财务费用　　10 000

(22)借:所得税费用　　1 427 800
贷:应交税费——应交所得税　　1 427 800
借:本年利润　　1 427 800
贷:所得税费用　　1 427 800

(23)借:利润分配——提取盈余公积　　856 640
贷:盈余公积——提取法定盈余公积　　428 320

(24)借:利润分配——应付现金股利　　101 100
贷:应付股利　　101 100

2. 编制科目汇总表

科目汇总表

2008 年 8 月 31 日

总账科目	借方发生额	贷方发生额
银行存款	13 911 000	1 530 000
应收账款	105 300	70 000
应收票据	351 000	381 000
原材料	5 100 000	629 000
库存商品	1 230 000	2 180 000
固定资产	1 000 000	
累计折旧		500 000
短期借款		200 000
应付账款		5 850 000
应付票据		117 000
应付职工薪酬	400 000	400 000
应交税费	867 000	2 924 100
应付股利		101 100
长期借款		3 900 000
盈余公积		856 640

续表

总账科目	借方发生额	贷方发生额
本年利润	4 106 800	8 390 000
利润分配	957 740	
主营业务收入	8 300 000	8 300 000
主营业务成本	2 180 000	2 180 000
营业税金及附加	70 000	70 000
其他业务收入	90 000	90 000
其他业务成本	49 000	49 000
生产成本	1 230 000	1 230 000
制造费用	400 000	400 000
管理费用	270 000	270 000
财务费用	10 000	10 000
销售费用	100 000	100 000
所得税费	1 427 800	1 427 800
合　计	56 066 640	56 066 640

3. 根据科目汇总表登记总账(简表)

会计科目:库存现金

日　期	摘　要	借　方	贷　方	借或贷	余　额
2008. 8. 1	月初余额			借	30 000
2008. 8. 31	本月发生				
2008. 8. 31	月末余额			借	30 000

会计科目:银行存款

日　期	摘　要	借　方	贷　方	借或贷	余　额
2008. 8. 1	月初余额			借	4 320 000
2008. 8. 31	本月发生	13 911 000	1 530 000		
2008. 8. 31	月末余额			借	16 721 000

会计科目:其他货币资金

日　期	摘　要	借　方	贷　方	借或贷	余　额
2008.8.1	月初余额			借	150 000
2008.8.31	本月发生				
2008.8.31	月末余额			借	150 000

会计科目:应收票据

日　期	摘　要	借　方	贷　方	借或贷	余　额
2008.8.1	月初余额			借	150 000
2008.8.31	本月发生	351 000	381 000		
2008.8.31	月末余额			借	120 000

会计科目:应收账款

日　期	摘　要	借　方	贷　方	借或贷	余　额
2008.8.1	月初余额			借	50 000
2008.8.31	本月发生	105 300	70 000		
2008.8.31	月末余额			借	85 300

会计科目:原材料

日　期	摘　要	借　方	贷　方	借或贷	余　额
2008.8.1	月初余额			借	700 000
2008.8.31	本月发生	5 100 000	629 000		
2008.8.31	月末余额			借	5 171 000

会计科目:库存商品

日　期	摘　要	借　方	贷　方	借或贷	余　额
2008.8.1	月初余额			借	16 950 000
2008.8.31	本月发生	1 000 000			
2008.8.31	月末余额			借	17 950 000

会计科目:累计折旧

日　期	摘　要	借　方	贷　方	借或贷	余　额
2008.8.1	月初余额			贷	3 000 000
2008.8.31	本月发生		500 000		
2008.8.31	月末余额			贷	3 500 000

会计科目:短期借款

日　期	摘　要	借　方	贷　方	借或贷	余　额
2008.8.1	月初余额			贷	1 300 000
2008.8.31	本月发生		200 000		
2008.8.31	月末余额			贷	1 500 000

会计科目:应付账款

日　期	摘　要	借　方	贷　方	借或贷	余　额
2008.8.1	月初余额			贷	3 520 000
2008.8.31	本月发生		5 850 000	贷	
2008.8.31	月末余额			贷	9 370 000

会计科目:应付票据

日　期	摘　要	借　方	贷　方	借或贷	余　额
2008.8.1	月初余额			贷	800 000
2008.8.31	本月发生		117 000		
2008.8.31	月末余额			贷	917 000

会计科目:长期借款

日　期	摘　要	借　方	贷　方	借或贷	余　额
2008.8.1	月初余额			贷	3 730 000
2008.8.31	本月发生		3 900 000		
2008.8.31	月末余额			贷	7 630 000

会计科目:应交税费

日　期	摘　要	借　方	贷　方	借或贷	余　额
2008.8.1	月初余额			贷	
2008.8.31	本月发生	867 000	2 924 100		
2008.8.31	月末余额			贷	2 057 100

会计科目:实收资本

日　期	摘　要	借　方	贷　方	借或贷	余　额
2008.8.1	月初余额			贷	10 000 000
2008.8.31	本月发生				
2008.8.31	月末余额			贷	10 000 000

会计科目:盈余公积

日　期	摘　要	借　方	贷　方	借或贷	余　额
2008.8.1	月初余额			贷	1 000 000
2008.8.31	本月发生		856 640		
2008.8.31	月末余额			贷	1 856 640

会计科目:利润分配

日　期	摘　要	借　方	贷　方	借或贷	余　额
2008.8.1	月初余额			贷	1 500 000
2008.8.31	本月发生	957 740			
2008.8.31	月末余额			贷	542 260

会计科目:本年利润

日　期	摘　要	借　方	贷　方	借或贷	余　额
2008.8.31	本月发生	4 106 800	8 390 000	贷	4 283 20
2008.8.31	月末余额			贷	4 283 20

会计科目:主营业务收入

日　期	摘　要	借　方	贷　方	借或贷	余　额
2008.8.31	本月发生	8 300 00	8 300 000	平	
2008.8.31	月末余额			平	0

会计科目:主营业务成本

日　期	摘　要	借　方	贷　方	借或贷	余　额
2008.8.31	本月发生	2 180 000	2 180 000	平	
2008.8.31	月末余额			平	0

会计科目:其他业务收入

日　期	摘　要	借　方	贷　方	借或贷	余　额
2008.8.31	本月发生	90 000	90 000	平	
2008.8.31	月末余额			平	0

会计科目:其他业务成本

日　期	摘　要	借　方	贷　方	借或贷	余　额
2008.8.31	本月发生	49 000	49 000	平	
2008.8.31	月末余额			平	0

会计科目:营业税金及附加

日　期	摘　要	借　方	贷　方	借或贷	余　额
2008.8.31	本月发生	70 000	70 000	平	
2008.8.31	月末余额			平	0

会计科目:生产成本

日　期	摘　要	借　方	贷　方	借或贷	余　额
2008.8.31	本月发生	1 230 000	1 230 000	平	
2008.8.31	月末余额			平	0

会计科目:制造费用

日 期	摘 要	借 方	贷 方	借或贷	余 额
2008.8.31	本月发生	400 000	400 000	平	
2008.8.31	月末余额			平	0

会计科目:管理费用

日 期	摘 要	借 方	贷 方	借或贷	余 额
2008.8.31	本月发生	270 000	270 000	平	
2008.8.31	月末余额			平	0

会计科目:财务费用

日 期	摘 要	借 方	贷 方	借或贷	余 额
2008.8.31	本月发生	10 000	10 000	平	
2008.8.31	月末余额			平	0

会计科目:销售费用

日 期	摘 要	借 方	贷 方	借或贷	余 额
2008.8.31	本月发生	100 000	100 000	平	
2008.8.31	月末余额			平	0

会计科目:所得税费用

日 期	摘 要	借 方	贷 方	借或贷	余 额
2008.8.31	本月发生	1 427 800	1 427 800	平	
2008.8.31	月末余额			平	0

会计科目:应付职工薪酬

日 期	摘 要	借 方	贷 方	借或贷	余 额
2008.8.31	本月发生	400 000	400 000	平	
2008.8.31	月末余额			平	0

4. 编制试算平衡表。

试算平衡表

2008 年 8 月 31 日

总账科目	期初余额		本期发生额		期末余额	
	借 方	贷 方	借 方	贷 方	借 方	贷 方
库存现金	30 000				30 000	
银行存款	4 320 000		13 911 000	1 530 000	16 701 000	
其他货币资金	150 000				150 000	
应收账款	50 000		105 300	70 000	85 300	
应收票据	150 000		351 000	381 000	120 000	
原材料	700 000		5 100 000	629 000	5 171 000	
库存商品	2 500 000		1 230 000	2 180 000	1 550 000	
固定资产	16 950 000		1 000 000		17 950 000	
累计折旧		3 000 000		500 000		3 500 000
短期借款		1 300 000		200 000		1 500 000
应付账款		3 520 000		5 850 000		9 370 000
应付票据		800 000		117 000		917 000
应付职工薪酬			400 000	400 000		
应交税费			867 000	2 924 100		2 057 100
应付股利				101 100		101 100
长期借款		3 730 000		3 900 000		7 630 000
实收资本		10 000 000				10 000 000
盈余公积		1 000 000		856 640		1 856 640
本年利润			4 106 800	8 390 000		4 283 200
利润分配		1 500 000	957 740			542 260
生产成本			1 230 000	1 230 000		
制造费用			400 000	400 000		
主营业务收入			8 300 000	8 300 000		
主营业务成本			2 180 000	2 180 000		

续表

总账科目	期初余额		本期发生额		期末余额	
	借　方	贷　方	借　方	贷　方	借　方	贷　方
其他业务收入			90 000	90 000		
其他业务成本			49 000	49 000		
销售费用			100 000	100 000		
管理费用			270 000	270 000		
财务费用			10 000	10 000		
营业税金及附加			70 000	70 000		
所得税费用			1 427 800	1 427 800		
合　计	21 850 000	21 850 000	42 155 640	42 155 640	41 757 300	41 757 300

5. 编制资产负债表。

资产负债表

会企 01 表

编制单位:　　　　2008 年 8 月 31 日　　　　单位:元

资　产	期末余额	年初余额	负债或所有者权益	期末余额	年初余额
流动资产:		(略)	流动负债:		(略)
货币资金	16 881 000		短期借款	1 500 000	
交易性金融资产			应付票据	917 000	
应收票据	120 000		应付账款	9 370 000	
应收账款	85 300		预收款项		
预付款项			应付职工薪酬		
应收利息			应交税费	2 057 100	
应收股利			应付利息		
其他应收款			应付股利	101 100	
存货	6 721 000		其他应付款		
一年内到期的非流动资产			一年内到期的非流动负债		
其他流动资产			其他流动负债		

续表

资　产	期末余额	年初余额	负债或所有者权益	期末余额	年初余额
流动资产合计	23 807 300		流动负债合计	13 945 200	
非流动资产：			非流动负债：		
持有至到期投资			长期借款	7 630 000	
长期应收款			长期应付款		
长期股权投资			其他非流动负债		
固定资产	14 450 000		非流动负债合计	7 630 000	
在建工程			负债合计	21 575 200	
工程物资			所有者权益		
固定资产清理			实收资本	10 000 000	
无形资产			资本公积		
长期待摊费用			盈余公积	1 856 640	
其他非流动资产			未分配利润	4 825 460	
非流动资产合计	14 450 000		所有者权益合计	16 682 100	
资产总计	38 257 300		负债和所有者权益总计	38 257 300	

参考答案

【任务检测参考答案】

一、实务题一

资产方：

存货 715 000 元

非流动资产合计 4 583 000 元

资产总计 6 463 000 元

负债及所有者权益：

流动负债合计 455 000 元

所有者权益合计 566 400 元

负债及所有者权益合计 6 463 000 元

二、实务题二

资产负债表

会企 01 表

编制单位：　　　　2008 年 4 月 31 日　　　　单位：元

资产	期末余额	年初余额	负债或所有者权益	期末余额	年初余额
流动资产：		（略）	流动负债：		（略）
货币资金	168 990		短期借款	140 000	
交易性金融资产	4 000		应付票据		
应收票据			应付账款	177 680	
应收账款	94 800		预收款项		
预付款项			应付职工薪酬		
应收利息			应交税费	92 442.7	
应收股利			应付利息		
其他应收款			应付股利	5 400	
存货	380 650		其他应付款		
一年内到期的非流动资产			一年内到期的非流动负债		
其他流动资产			其他流动负债		
流动资产合计	666 440		流动负债合计	415 522.7	
非流动资产：			非流动负债：		
持有至到期投资			长期借款		
长期应收款			长期应付款		
长期股权投资			其他非流动负债		
固定资产	1 061 000		非流动负债合计		
在建工程			负债合计	415 522.7	
工程物资			所有者权益		
固定资产清理			实收资本		
无形资产	10 700		资本公积		
长期待摊费用	7 150		盈余公积	1 200	
其他非流动资产			未分配利润	168 567.3	
非流动资产合计	1 078 850		所有者权益合计	1 329 567.3	
资产总计	1 745 290		负债和所有者权益总计	1 745 290	

任务9
利润表

任务目标

学会编制利润表

学时建议

2课时

【导学语】

资产负债表为我们提供了某一时点企业的财务状况,如企业有多少总资产、多少流动资产、多少流动负债,企业偿还能力怎样等信息,那么利润表又能为我们提供什么信息呢?学完本任务后,你就明白了。

【学一学】

1)利润表的概念和作用

利润表是指反映企业在一定会计期间的经营成果的报表。

通过提供利润表,可以反映企业在一定会计期间收入、费用、利润(或亏损)的数额、构成情况,帮助会计报表使用者全面了解企业的经营成果,分析企业的获利能力及盈利增长趋势,从而为其作出经济决策提供依据。

由于利润是企业经营业绩的综合体现,又是进行利润分配的主要依据,因此,利润表是会计报表中的主要报表。

2)利润表的格式及内容

利润表由表头和基本部分组成。表头部分列明报表的名称、编制单位、编制时间和金额单位。基本部分的格式有单步式和多步式两种。我国企业利润表采用多步式格式,如表9.1所示。

表9.1 利润表

会企02表

编制单位: 年 月 单位:元

项目	本期金额	上期金额
一、营业收入		
减:营业成本		
营业税金及附加		
管理费用		
财务费用		
资产减值损失		
加:公允价值变动收益(损失以"-"号填列)		

续表

项　目	本期金额	上期金额
投资收益(净损失以“－”号填列)		
二、营业利润(亏损以“－”号填列)		
加:营业外收入		
减:营业外支出		
其中:非流动资产处置损失		
三、利润总额(亏损以“－”号填列)		
减:所得税费用		
四、净利润(净亏损以“－”号填列)		
五、每股收益:		
(一)基本每股收益		
(二)稀释每股收益		

3)利润表的编制

(1)利润表的编制步骤

企业的利润表分以下3个步骤编制:

第一步,以营业收入为基础,减去营业成本、营业税金及附加、销售费用、管理费用、财务费用、资产减值损失,加上公允价值变动收益(或减去公允价值变动损失)和投资收益(或减去投资损失),计算出营业利润;

第二步,以营业利润为基础,加上营业外收入,减去营业外支出,计算出利润总额;

第三步,以利润总额为基础,减去所得税费用,计算出净利润(或净亏损)。

例9.1　截止到2008年12月31日,广达公司有关账户发生额如表9.2所示:

企业应当根据编制利润表的多步式步骤,确定利润表中各主要项目的金额,相关计算公式如下:

①营业利润＝营业收入－营业成本－营业税金及附加－销售费用－管理费用－财务费用－资产减值损失＋公允价值变动收益(或－公允价值变动损失)＋投资收益(或－投资损失)

其中,营业收入＝主营业务收入＋其他业务收入

营业成本＝主营业务成本＋其他业务成本

表 9.2　广达公司有关账户发生额

账户名称	本期发生额	
	借　方	贷　方
主营业务收入	2 000 000	2 000 000
主营业务成本	630 000	630 000
其他业务收入	500 000	500 000
其他业务成本	150 000	150 000
销售费用	60 000	60 000
管理费用	50 000	50 000
营业税金及附加	780 000	780 000
财务费用	170 000	170 000
所得税费用	172 600	172 600
营业外收入	100 000	100 000
营业外支出	40 000	40 000

②利润总额 = 营业利润 + 营业外收入 - 营业外支出

③净利润 = 利润总额 - 所得税费用

该企业 2008 年度利润表中营业利润、利润总额和净利润的计算过程如下：

营业利润 = 2 000 000 元 + 500 000 元 - 630 000 元 - 150 000 元 - 780 000 元 - 60 000 元 - 50 000 元 - 170 000 元 = 660 000 元

利润总额 = 660 000 元 + 100 000 元 - 40 000 元 = 720 000 元

净利润 = 720 000 元 - 172 600 元 = 547 400 元

请注意：营业收入是主营业务收入 + 其他业务收入之和，营业成本是主营业务成本 + 其他业务成本之和。

(2)利润表项目的填列方法

利润表各项目均需填列“本期金额”和“上期金额”两栏。

利润表“本期金额”、“上期金额”栏内各项数字，除“每股收益”项目外，应当按照相关科目的发生额分析填列。

(3)利润表主要项目的填列说明

利润表主要项目的填列说明，如表 9.3 所示。

表9.3　利润表主要项目的填列说明

报表项目	编制方法说明
营业收入	应根据“主营业务收入”和“其他业务收入”科目的发生额分析填列
营业成本	根据“主营业务成本”和“其他业务成本”科目的发生额分析填列
营业税金及附加	根据“营业税金及附加”科目的发生额分析填列
销售费用	根据“销售费用”科目的发生额分析填列
管理费用	根据“管理费”的发生额分析填列
财务费用	根据“财务费用”科目的发生额分析填列
营业利润	反映企业实现的营业利润。如为亏损,本项目以“－”号填列。 根据“营业外收入”科目的发生额分析填列
营业外支出	根据“营业外支出”科目的发生额分析填列
利润总额	反映企业实现的营业利润,如为亏损,本项目以“－”号填列
所得税费用	根据“所得税费用”科目的发生额分析填列
净利润	反映企业实现的净利润,如为亏损,本项目以“－”号填列

4)利润表示例

根据例9.1资料,填制利润表,如表9.4所示。

表9.4　利润表

编制单位:广达公司　　　　2008年12月　　　　单位:元

项　目	本期金额	上期金额
一、营业收入	2 500 000	(略)
减:营业成本	780 000	
营业税金及附加	780 000	
销售费用	60 000	
管理费用	50 000	
财务费用	170 000	
资产减值损失		
加:公允价值变动收益(损失以“－”号填列)		
投资收益(损失以“－”号填列)		

续表

项　目	本期金额	上期金额
其中:对联营企业和合营企业的投资收益		
二、营业利润(亏损以“-”号填列)	660 000	
加:营业外收入	100 000	
减:营业外支出	40 000	
其中:非流动资产处置损失		
三、利润总额(亏损总额以“-”号填列)	720 000	
减:所得税费用	172 600	
四、净利润(净亏损以“-”号填列)	547 400	
五、每股收益:		
(一)基本每股收益		
(二)稀释每股收益		

【想一想】利润表为我们提供哪些重要信息呢?

【做一做】

编制利润表(资料见任务8做一做)

江北公司2008年8月有关损益类账户结转前发生额如下表。

账户名称	本期发生额	
	借　方	贷　方
主营业务收入		8 300 000
其他业务收入		90 000
主营业务成本	2 180 000	
其他业务成本	49 000	
销售费用	100 000	
管理费用	270 000	
财务费用	10 000	
营业税金及附加	70 000	
所得税费用	1 427 800	

利润表

会企02表

编制单位:江北公司　　　　2008年8月31日　　　　单位:元

项　目	本期金额	上期金额
一、营业收入	8 390 000	(略)
减:营业成本	2 229 000	
营业税金及附加	70 000	
销售费用	100 000	
管理费用	270 000	
财务费用	10 000	
资产减值损失		
加:公允价值变动收益(损失以"-"号填列)		
投资净收益(损失以"-"号填列)		
二、营业利润(亏损以"-"号填列)	5 711 000	
加:营业外收入		
减:营业外支出		
其中:非流动资产处置损失		
三、利润总额(亏损以"-"号填列)	5 711 000	
减:所得税费用	1 427 800	
四、净利润(净亏损以"-"号填列)	4 283 200	
五、每股收益:		
(一)基本每股收益		
(二)稀释每股收益		

【任务回顾】

通过本任务学习,我们不仅了解利润表的内容、结构,还要明白利润表为我们提供企业在一定会计期间收入、费用、利润(或亏损)的数额、构成情况等信息,还要熟练掌握利润表的编制方法。

【名词速查】

利润表

利润表是指反映企业在一定会计期间的经营成果的报表。

【任务检测】

一、填空题

1. 财务会计报表由__________、__________、__________所有者权益变动表以及附注构成。

2. 企业的财务会计报表按编制期间分为__________和__________财务报表。

3. 资产负债表结构有账户式和报告式，我国资产负债表按__________反映。

4. 资产负债表是反映企业某一特定日期__________的会计报表。利润表是反映企业一定期间生产__________的会计报表。

5. 利润表的结构有多步式和单步式两种，我国一般采用__________利润表格式。

6. 现金流量表是以__________为基础编制的财务状况变动表。

7. 资产负债表左方的__________与报表右方的__________和__________应保持平衡。

二、单项选择题

1. 下列不属于财务报表主表的是(　　)。

A. 资产负债表　B. 利润表　C. 利润分配表　D. 现金流量表

2. 以下资产负债表项目金额不可能在报表中使用“－”号的是(　　)。

A. 应付工资薪酬　B. 应交税金　C. 未分配利润　D. 累计折旧

3. “应收账款”明细账中若有贷方余额，应将其计入资产负债表中的(　　)项目。

A. 应收账款　B. 预收账款　C. 应付账款　D. 其他应付款

4. 资产负债表项目中，根据相应总账账户期末余额直接填列的项目是(　　)。

A. 长期待摊费用　B. 在建工程　C. 长期债权投资　D. 预付账款

5. 资产负债表中的“未分配利润”项目，应根据(　　) 账户余额填列。

A. “利润分配”　B. “本年利润”

C. “本年利润”和“利润分配”计算后　D. “盈余公积”

6. 利润表中的“净利润”是根据企业的利润总额扣除(　　)后的净额。

A. 所得税费　　B. 盈余公积　　C. 应付利润　　D. 营业利润

三、多项选择题

1. 资产负债表的基本要素有(　　)。

A. 资产　　B. 负债　　C. 所有者权益　　D. 收入

2. 按照现行会计制度的规定,在资产负债表中应作为"存货"项目列示的有(　　)。

A. 生产成本　　B. 在途物资　　C. 制造费用　　D. 委托代销商品

3. 资产负债表的数据来源,可以通过(　　)方式取得。

A. 据总账期末余额直接填列

B. 根据总账账户余额分析计算填列

C. 根据明细账余额计算填列

D. 根据总账和明细账余额分析计算填列

4. 下列项目中,属于计算"营业利润"考虑的因素有(　　)。

A. 营业收入　　B. 营业成本

C. 营业税金及附加　　D. 销售费用

5. 资产负债表的货币资金项目包括(　　)。

A. 库存现金　　B. 银行存款　　C. 应收票据　　D. 其他货币资金

6. 资产负债表中,根据若干总账账户期末余额计算填列的项目有(　　)。

A. 货币资金　　B. 存货　　C. 应付债券　　D. 资本公积

7. 资产负债表中,根据有关账户余额直接填列的项目有(　　)。

A. 实收资本　　B. 应付职工薪酬　　C. 货币资金　　D. 存货

四、判断题

1. 资产负债表是反映企业一定时期经营成果的报表。(　　)

2. 企业资产负债表中的"应收票据"不包括已贴现的商业汇票。(　　)

3. 编制资产负债表时,"预收账款"科目所属有关明细科目若有借方余额,应合并在"应收账款"项目内填列。(　　)

4. 企业以前年度未分配的利润,可以并入本年度提取盈余公积。(　　)

5. 企业对资产负债表中的所有资产都拥有所有权。(　　)

6. 资产负债表的资产总计等于负债和所有者权益总计。(　　)

7. 利润表中的净利润等于利润总额减去所得税。(　　)

8. 利润表是反映企业在某一特定日期财务状况的财务报表。(　　)

9. 企业的利润总额即是反映企业一定时期所实现的营业利润。(　　)

五、实训题

1. 目的:练习利润表的编制

2. 资料:

某公司2008年12月有关账户发生额如下表

账户名称	本期发生额		本期累计	
	借　方	贷　方	借　方	贷　方
主营业务收入	960 000	960 000	5 789 000	5 789 000
主营业务成本	470 000	470 000	2 980 000	2 980 000
营业税金及附加	98 000	98 000	369 500	369 500
销售费用	110 000	110 000	840 000	840 000
管理费用	85 800	85 800	650 000	650 000
财务费用	14 000	14 000	128 600	128 600
其他业务收入	11 800	11 800	32 000	32 000
其他业务成本	7 900	7 900	18 700	18 700
营业外收入	36 000	36 000	91 000	91 000
营业外支出	21 000	21 000	70 000	70 000
所得税费用	66 693	66 693	282 546	282 546

3. 根据资料编制该公司2008年12月的利润表。

参考答案

【任务检测参考答案】

一、填空

1. 资产负债表　利润表　现金流量表

2. 中期财务报表　年度财务报表

3. 账户式

4. 财务状况　经营成果

5. 多步式

6. 现金

7. 资产　负债　所有者权益

二、单项选择

1. C　2. D　3. B　4. B　5. C　6. A

三、多项选择

1. ABC　2. ABD　3. ABCD　4. ABCD　5. ABD

6. AB　7. AB

四、判断题

1. ×　2. ×　3. √　4. √　5. √　6. √　7. √　8. ×　9. ×

五、实训题

利润表

会企02表

编制单位:　　　　年　　月　　　　单位:元

项　目	本期金额	本年累计
一、营业收入	971 800	5 821 000
减:营业成本	477 900	2 998 700
营业税金及附加	9 800	369 500
销售费用	110 000	840 000
管理费用	85 800	650 000
财务费用	14 000	128 600
资产减值损失		
加:公允价值变动收益(损失以"－"号填列)		

续表

项　目	本期金额	本年累计
投资净收益(损失以"－"号填列)		
二、营业利润(污损以"－"号填列)	186 100	834 200
加:营业外收入	36 000	91 000
减:营业外支出	21 000	70 000
其中:非流动资产处置损失		
三、利润总额(亏损以"－"号填列)	201 100	855 200
减:所得税费用	66 693	282 546
四、净利润(净亏损以"－"号填列)	134 407	572 654
五、每股收益:		
(一)基本每股收益		
(二)稀释每股收益		

任务 10
账务处理程序

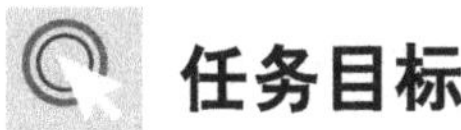

任务目标

学会记账凭证账务处理程序和科目汇总表账务处理程序。

学时建议

2 课时

【导学语】

京城服装公司原本是一家小规模的服装生产企业，经过几年的打拼，已发展成为规模较大、业务量较多的中型企业。在财会部门实习了近半年的章华林同学，看到如此规模的企业，每天有"川流不息"的单据发生和人头攒动，使他深深地体会到实际工作中经济业务的复杂性，从原始凭证的产生、到记账凭证的制作、到会计账簿的登记，直至会计报表的形成，还有纳税申报等，而财会部门的师傅们把这一系列工作做得有条不紊，显现了企业财会人员扎实的专业功底。是什么使得企业会计账目管理得井井有条呢？其实很简单，那就是要充分把握会计账务处理程序。

【学一学】

10.1 账务处理程序概述

10.1.1 账务处理程序的概念

所谓会计账务处理程序，也称会计核算程序或会计核算形式，就是规定凭证、账簿的种类、格式和登记方法及各种凭证之间、账簿之间和报表之间，以及各种凭证和账簿之间、各种账簿与报表之间的相互联系及编制的程序。它包括了会计凭证怎样编制、审核和传递，各种账簿根据什么来登记，会计报表又根据什么来编制等一系列的方法和程序。

【想一想】会计核算方法体系中3个基本环节是什么？

经济业务发生后，会计是通过设置账户、复式记账、填制记账凭证、登记账簿、成本计算、编制会计报表等一系列会计核算方法来记录、反映、提供会计信息。在各种会计核算方法中，填制会计凭证、登记会计账簿、编制会计报表又是会计核算方法体系中3个基本环节。

随着会计的发展，已形成了一整套系统、全面、高效的会计核算方法，概括地说，账务处理程序的基本过程如图10.1所示。

一般的会计核算程序由以下几个步骤组成：

①接受并审核原始凭证，并据以填制记账凭证。

②登记序时账和分类账(总分类账，明细分类账)。

③对账。

④调整应计账项并计算成本和损益，结账并试算平衡。

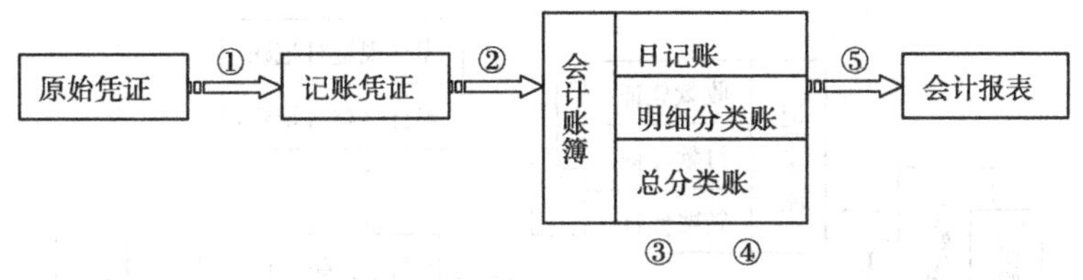

图 10.1　会计核算的基本程序

⑤编制会计报表并提出会计报告。

10.1.2　账务处理程序的种类和选择要求

目前,我国所采用的会计账务处理程序有记账凭证账务处理程序、科目汇总表账务处理程序、汇总记账凭证账务处理程序、日记总账账务处理程序、多栏式日记账账务处理程序等。这几种核算形式之间的区别在于登记总账的依据和方法不同。

选择合理的账务处理程序一般应符合以下要求:

①要适应本单位经济活动的特点、规模的大小和业务的繁简等实际情况。

②要能够及时、正确、系统和全面地提供必需的核算资料,满足本单位和有关部门宏观管理的需要。

③要在保证核算资料正确、完整的前提下,力求简化核算手续,节约人力和物力,提高核算工作的效率。

下面让我们重点学习记账凭证账务处理程序和科目汇总表账务处理程序。

10.2　记账凭证账务处理程序

记账凭证账务处理程序是指对所有发生的经济业务,都要以原始凭证或原始凭证汇总表编制记账凭证,根据记账凭证逐笔登记总分类账的一种账务处理程序。它是最基本的会计核算程序,在一定意义上,其他账务处理程序都是在记账凭证账务处理程序基础上的延伸和发展。

在记账凭证账务处理程序下,记账凭证可以采用通用格式,也可以采用收款凭证、付款凭证和转账凭证 3 种格式。账簿的组织一般应设置库存现金日记账、银行存款日记账、总分类和明细分类账。日记账和总账均采用三栏式,而明细分类账则可根据管理的需要设置,分别采用三栏式、数量金额三栏式和多栏式等格式。

记账凭证账务处理程序的一般步骤如图 10.2 所示。

①根据原始凭证或原始凭证汇总表填制记账凭证。

②根据收款和付款凭证逐笔登记库存现金日记账和银行存款日记账。

③根据原始凭证、原始凭证汇总表或记账凭证登记各种明细分类账。

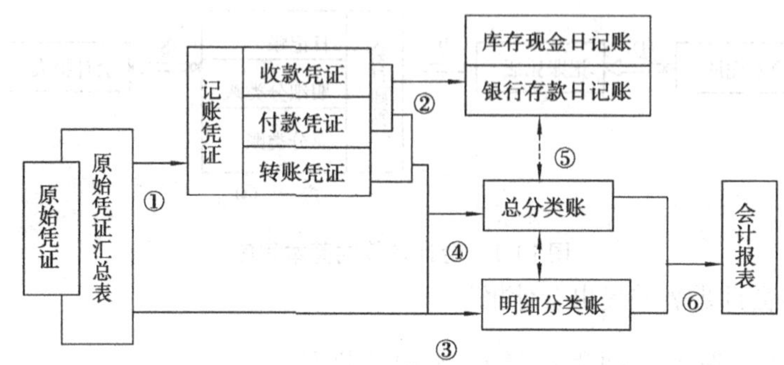

图 10.2　记账凭证账务处理程序流程图

④根据记账凭证逐笔登记总分类账。

⑤月末,将库存现金日记账、银行存款日记账的余额,以及各种明细分类账的余额合计数,分别与总分类账中相关账户的余额核对相符。

⑥月末,根据核对无误的总分类账和明细分类账的相关资料,编制会计报表。

记账凭证账务处理程序简单明了,易于理解,总分类账可以较详细地反映经济业务的发生情况。其缺点是:登记总分类账的工作量较大。该账务处理程序适用于规模较小、经济业务量较少的单位。

此账务处理程序特别适宜于计算机处理,因为利用计算机可以弥补其工作量大的缺点。同时,在手工记账下,为了减少记账凭证的数量和登记总账的工作量,可以尽量将同类经济业务的原始凭证进行汇总,编制汇总原始凭证,再根据汇总原始凭证编制记账凭证。

10.3　科目汇总表账务处理程序

科目汇总表又称记账凭证汇总表。科目汇总表账务处理程序是一种根据记账凭证定期编制科目汇总表,并据此登记总账的账务处理程序。其特点是:定期将所有记账凭证汇总编制成科目汇总表,然后再根据科目汇总表登记总账。

在这种账务处理程序下,其凭证设置、账簿组织、编制报表方法等与记账凭证账务处理程序基本一致,所不同的只是增加了一张科目汇总表,并据此登记总账。

科目汇总表是根据一定时期内全部记账凭证(或收款凭证、付款凭证和转账凭证),按总账科目归类、汇总计算每一总账科目的本期借方发生额和贷方发生额,编制在一张表格内,用以作为登记总账依据的一种凭证。为了便于登记总账,科目汇总表上的科目排列应按总分类账上科目排列的顺序来定。科目汇总表的编制时间,应按各单位经济业务量多少而定,可以每日、每 3 日或每 5 日编制一张,也可以每 10 天、半月或一个月编制一张。科目汇总表的一般格式如表 10.1 所示。

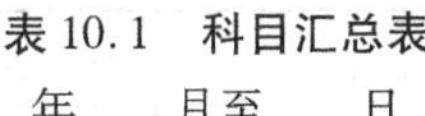

表10.1　科目汇总表

年　　月至　　日

会计科目	总账页数	本期发生额		记账凭证起止号数
		借方金额	贷方金额	
合　计				

科目汇总表账务处理程序如图10.3所示：

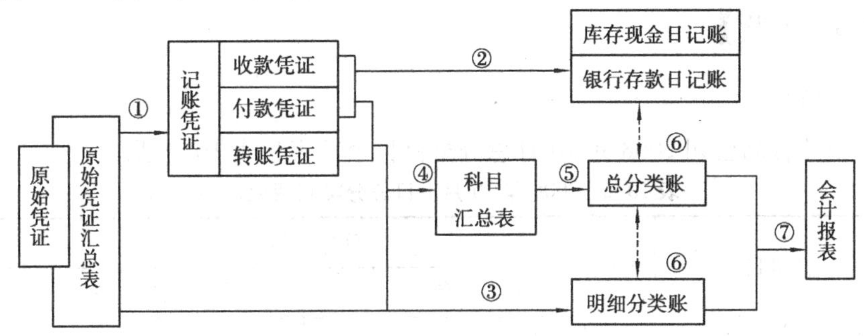

图10.3　科目汇总表账务处理程序流程图

①根据原始凭证或原始凭证汇总表编制记账凭证（或者收款凭证、付款凭证和转账凭证）。

②根据记账凭证登记库存现金日记账、银行存款日记账。

③根据原始凭证、原始凭证汇总表或记账凭证逐笔登记各种明细分类账。

④根据记账凭证定期编制科目汇总表。

⑤根据科目汇总表登记总分类账。

⑥月终，将库存现金日记账、银行存款日记账的余额以及各种明细分类账的余额合计数分别与相应的总分类账户余额核对是否相符。

⑦月末，根据核对无误的总分类账和明细分类账的相关资料，编制会计报表。

采用科目汇总表账务处理程序，由于总分类是根据科目汇总表登记的，因此简化了登记总分类账的工作量。同时在登记总分类账之前，通过编制科目汇总表，起了试算平衡的作用，可以保证总分类记录的正确性。但由于科目汇总表和总分类账中，不反映账户的对应关系，因而不便于查对账目和分析经济业务的来龙去脉。这种账务处理程序一般适用于规模较大、经济业务量较多的企业。

【想一想】记账凭证账务处理程序与科目汇总表账务处理程序各有什么特点？

账务处理程序	基本流程	优　点	缺　点	适用范围
记账凭证处理程序	原始凭证→记账凭证→账簿→报表	简单明了	工作量大	规模较小业务少
科目汇总表处理程序	原始凭证→记账凭证→科目汇总表→账簿→报表	简明易懂	不能反映账户间的对应关系	规模较大业务多

在众多的账务处理程序中,科目汇总表账务处理程序是最常见的。请大家通过以下提供的资料体会一下科目汇总表账务处理程序的具体运用。

【做一做】

一、资料

1. 爱芬食品公司2008年10月总分类科目余额表如表10.2所示。

表10.2　2008年10月1日总分类科目余额表

会计科目	总分类科目	
	借方余额	贷方余额
库存现金	4 000	
银行存款	200 000	
应收账款	2 000	
原材料	55 000	
库存商品	90 000	
固定资产	150 000	
累计折旧		6 000
短期借款		65 000
应交税费		7 200
实收资本		400 000
本年利润		22 800

爱芬食品公司2008年10月发生下列经济业务:

(1)2日,从新艺公司购进生产用原材料——乳酪1 000千克,单价50元,计货款50 000元,增值税8 500元,价税合计58 500元,材料已验收入库,款项已用银行存款支付。

(2)5 日,生产巧克力产品领用原材料——乳酪 400 千克,单价 50 元,计 20 000元。

(3)8 日,销售巧克力 100 件给利民公司,单价 230 元,计货款 23 000 元,增值税 3 910 元,价税合计 26 910 元,并已收到存入银行。

(4)10 日,销售巧克力 200 件给祥和公司,单价 210 元,计货款 42 000 元,增值税 7 140 元,价税合计 49 140 元,款项尚未收到。

(5)12 日,吴明出差,预借差旅费 2 000 元,以现金支付。

(6)15 日,收到祥和公司货款 49 140 元,并已存入银行。

(7)21 日,吴明出差回来。报销差旅费 1 630 元,余款以现金收回。

(8)26 日,从银行提取现金 6 000 元备用。

(9)30 日,计提生产设备固定资产折旧费 3 000 元。

(10)31 日,预提本月短期借款利息 320 元。

(11)31 日,将本月发生的制造费用 6 000 元转入生产成本。

(12)31 日,结转本月已销产品成本 54 000 元。

(13)31 日,结转本月各项收入。

(14)31 日,结转本月各项费用支出。

二、要求

根据上述资料,按照科目汇总表核算形式的账务处理程序完成以上经济业务的处理。(设该公司采用全月一次进行科目汇总。)

【任务回顾】

通过本任务学习,大家了解了账务处理程序的概念和种类,认识了记账凭证账务处理程序和科目汇总账务处理程序,特别是通过实例深入领会了科目汇总表账务处理程序。

【名词速查】

1. 账务处理程序

账务处理程序也称会计核算程序或会计核算形式,就是规定凭证、账簿的种类、格式和登记方法及各种凭证之间、账簿之间和报表之间,以及各种凭证和账簿之间、各种账簿与报表之间的相互联系及编制的程序。

2. 记账凭证账务处理程序

这是指对所有发生的经济业务,都要以原始凭证或原始凭证汇总表编制记账凭证,根据记账凭证逐笔登记总分类账的一种账务处理程序。

3. 科目汇总表账务处理程序

这是一种根据记账凭证定期编制科目汇总表,并据此登记总账的账务处理程序。

【任务检测】

一、单项选择题

1. 在下列账务处理程序中,最基本的会计核算形式是(　　)。

A. 日记总账会计核算形式　　B. 汇总记账凭证会计核算形式

C. 科目汇总表会计核算形式　　D. 记账凭证会计核算形式

2. 根据记账凭证逐笔登记总分类账是(　　)会计核算形式的主要特点。

A. 汇总记账凭证　B. 科目汇总表　C. 多栏式日记账　D. 记账凭证

3. 根据科目汇总表登记总分类账是(　　)会计核算形式的主要特点。

A. 汇总记账凭证　B. 科目汇总表　C. 多栏式日记账　D. 记账凭证

4. 科目汇总表的汇总范围是汇总各总分类账的(　　)。

A. 期初余额　　B. 期末余额

C. 本期发生额　　D. 期初余额、期末余额和本期发生额

5. 各种会计核算形式的主要区别是(　　)。

A. 登记明细分类账的依据不同　　B. 总账的格式不同

C. 登记总分类账的依据和方法不同　　D. 编制会计报表的依据不同

二、多项选择题

1. 在科目汇总表核算程序下,记账凭证是用来(　　)的依据。

A. 登记库存现金日记账　　B. 登记银行存款日记账

C. 登记总分类账　　D. 登记明细分类账

2. 采用科目汇总表会计核算形式时,月末应将(　　)与总分类账进行核对。

A. 库存现金日记账　　B. 银行存款日记账

C. 各种明细分类账　　D. 科目汇总表

3. 各种账务处理程序所具有的共同点是(　　)。

A. 根据记账凭证登记总分类账

B. 根据记账凭证登记库存现金日记账、银行存款日记账

C. 根据原始凭证编制汇总原始凭证

D. 根据总账和明细账编制会计报表

4. 在各种会计核算形式下,明细分类账可以根据(　　)登记。

A. 原始凭证　　　　　　　　　　B. 原始凭证汇总表

C. 记账凭证　　　　　　　　　　D. 汇总记账凭证

三、判断题

1. 账务处理程序也就是会计核算程序,是会计核算的基本方法之一。（　）

2. 记账凭证会计核算形式是其他各种会计核算形式的基础。（　）

3. 由于各单位的经营规模不同,经济业务多少不一,管理要求有高有低,人员素质参差不齐,所采用的账务处理程序也不一样。（　）

4. 采用记账凭证核算形式,不仅可以简化登记总分类账的工作,而且便于检查和分析经济业务。（　）

5. 无论采用何种会计核算形式,报表的编制方法是相同的。（　）

参考答案

【做一做】参考答案

第一步:根据经济业务编制记账凭证。

该企业采用通用记账凭证,其记账凭证的主要内容编制如表 10.3 所示:

表 10.3　编制记账凭证

2008 年		凭证	摘　要	总账科目	明细	借方	贷方
月	日	号数			科目	金额	金额
				原材料	乳酪	50 000	
10	2	记 1	购进原材料款付货到	应交税费	应交增值税	8 500	
				银行存款			58 500
10	5	记 2	生产领用原材料	生产成本	巧克力	20 000	
				原材料	乳酪		20 000
10	8	记 3	销售产品	银行存款		26 910	
				主营业务收入	巧克力		23 000
				应交税费	应交增值税		3 910
10	10	记 4	销售产品	应收账款	祥和公司	49 140	
				主营业务收入	巧克力		42 000
				应交税费	应交增值税		7 140
10	12	记 5	以现金支付吴明出差费	其他应收款	吴明	2 000	
				库存现金			2 000
10	15	记 6	收到祥和公司货款	银行存款		49 140	
				应收账款	祥和公司		49 140
10	21	记 7	吴明出差回来报销,余款收回	管理费用	差旅费	1 630	
				库存现金		370	
				其他应收款	吴明		2 000
10	26	记 8	提现备用	库存现金		6 000	
				银行存款			6 000
10	30	记 9	计提生产设备折旧费用	制造费用	折旧费	3 000	
				累计折旧			3 000
10	31	记 10	计提短期借款利息	财务费用	利息	320	
				应付利息			320
10	31	记 11	将制造费用转入生产成本	生产成本	巧克力	3 000	
				制造费用			3 000
10	31	记 12	结转本月已销产品成本	主营业务成本		54 000	
				库存商品	巧克力		54 000

续表

2008年		凭证	摘 要	总账科目	明细	借方	贷方
月	日	号数			科目	金额	金额
10	31	记13	结转本月各项收入	主营业务收入		65 000	
				本年利润			65 000
10	31	记14	结转本月各项费用支出	本年利润		55 950	
				主营业务成本			54 000
				管理费用			1 630
				财务费用			320

第二步:根据审核无误的记账凭证逐笔按时间顺序登记库存现金日记账和银行存款日记账。详细内容见表10.4、表10.5。

表10.4 库存现金日记账

2008年		凭证	摘 要	对方科目	借 方	贷 方	余 额
月	日	号数					
10	1		期初余额				4 000
10	12	记5	以现金支付吴明出差费	其他应收款		2 000	2 000
10	21	记7	收回多余出差款	其他应收款	370		2 370
10	26	记8	提现备用	银行存款	6 000		8 370
10	30		本月合计		6 370	2 000	8 370

表10.5 银行存款日记账

2008年		凭证	摘 要	对方科目	借 方	贷 方	余 额
月	日	号数					
10	1		期初余额				200 000
10	2	记1	支付购料款	原材料等		58 500	141 500
10	8	记3	销售产品	主营业务收入等	26 910		168 410
10	16	记6	收到货款	应收账款	49 140		217 550
10	26	记8	提现备用	库存现金		6 000	211 550
10	31		本月合计		76 050	64 500	211 550

第三步:根据审核无误的记账凭证或原始汇总表分别登记有关明细账。

本实例共涉及:"原材料"、库存商品、生产成本、制造费用、应收账款、其他应收款、累计折旧、应交增值税、应付利息、主营业务收入、主营业务成本、管理费用、财务费用、本年利润等科目的明细分类账。明细账页格式有三栏式、数量金额三栏式和多栏式3种。具体内容详见表10.6至10.19。

表10.6 原材料明细账

类别:乳酪　　计量单位:千克

2008年		凭证号数	摘要	借方			贷方			余额		
月	日			数量	单价	金额	数量	单价	金额	数量	单价	金额
10	1		期初余额							1 100	50	55 000
10	2	记1	购料	1 000	50	50 000				2 100	50	105 000
10	5	记2	生产领料				400	50	20 000	1 700	50	85 000
10	31		本月合计	1 000	50	50 000	400	50	20 000	1 700	50	85 000

表10.7 库存商品明细账

类别:巧克力　　计量单位:千克

2008年		凭证号数	摘要	借方			贷方			余额		
月	日			数量	单价	金额	数量	单价	金额	数量	单价	金额
10	1		期初余额							500	180	90 000
10	31	记12	结转产品销售成本				300	180	54 000	200	180	36 000
10	31		本月合计				300	180	54 000	200	180	36 000

表10.8 生产成本明细账

类别:巧克力

2008 年		凭证号数	摘要	借方	贷方	借或贷	余额
月	日						
10	5	记2	领料	20 000		借	20 000
10	31	记11	结转制造费用	3 000		借	23 000
10	31		本月合计	23 000		借	23 000

表10.9 制造费用明细账

2008 年		凭证号数	摘要	借方	贷方	借或贷	余额
月	日						
10	30	记9	计提折旧	3 000		借	3 000
10	31	记11	结转制造费用		3 000	平	0
10	31		本月合计	3 000	3 000	平	0

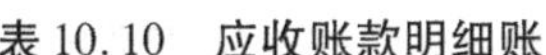

表 10.10　应收账款明细账

2008 年		凭证号数	摘　要	借　方	贷　方	借或贷	余　额
月	日						
10	10	记4	销售产品	49 140		借	49 140
10	15	记6	收回销货款		49 140	平	0
10	31		本月合计	49 140	49 140	平	0

表 10.11　其他应收款明细账

2008 年		凭证号数	摘　要	借　方	贷　方	借或贷	余　额
月	日						
10	12	记5	吴明借支差旅费	2 000		借	2 000
10	21	记7	报销差旅费		2 000	平	0
10	31		本月合计	2 000	2 000	平	0

表 10.12　累计折旧明细账

2008 年		凭证号数	摘　要	借　方	贷　方	借或贷	余　额
月	日						
10	1		期初余额			贷	6 000
10	30	记9	计提折旧		3 000	贷	9 000
10	31		本月合计		3 000	贷	9 000

表 10.13　应交增值税明细账

2008 年		凭证号数	摘　要	借　方			贷　方			借或贷	余　额
月	日			进项税额	已交税额	合计	销项税额	进项税额转出	合计		
10	1	记1	购料	8 500		8 500				借	8 500
10	8	记3	销售				3 910		3 910	借	4 590
10	10	记4	销售				7 140		7 140	贷	2 550
10	31		本月合计	8 500		8 500	11 050		11 050	贷	2 550

表 10.14　应付利息明细账

2008年		凭证号数	摘　要	借　方	贷　方	借或贷	余　额
月	日						
10	31	记10	计提短期借款利息		320	贷	320
10	31		本月合计		320	贷	320

表 10.15　主营业务收入明细账

2008年		凭证号数	摘　要	借　方	贷　方	借或贷	余　额
月	日						
10	8	记3	销售		23 000	贷	23 000
10	10	记4	销售		42 000	贷	65 000
10	31	记13	期末结转收入	65 000		平	0
10	31		本月合计	65 000	65 000	平	0

表 10.16　主营业务成本明细账

2008年		凭证号数	摘　要	借　方	贷　方	借或贷	余　额
月	日						
10	31	记12	结转本月产品销售成本	54 000		借	54 000
10	31	记14	结转各项支出		54 000	平	0
10	31		本月合计	54 000	54 000	平	0

表 10.17　管理费用明细账

2008年		凭证号数	摘　要	借　方	借方发生额分析				
月	日				差旅费	—	—	—	—
10	21	记7	报销差旅费	1 630	1 630				
10	31	记14	期末结转费用	-1 630					
10	31		本月合计	0	1 630				

表 10.18　财务费用明细账

2008 年		凭证号数	摘　要	借　方	借方发生额分析				
月	日				差旅费	—	—	—	—
10	31	记 11	计提利息	320	320				
10	31	记 14	期末结转费用	-320					
10	31		本月合计	0	320				

表 10.19　本年利润明细账

2008 年		凭证号数	摘　要	借　方	贷　方	借或贷	余　额
月	日						
10	1		期初余额			贷	22 800
10	31	记 13	结转各项收入		65 000	贷	87 800
10	31	记 14	结转各项费用支出	55 950		贷	31 850
10	31		本月合计	55 950	65 000	贷	31 850

第四步:根据记账凭证全月一次汇总编制科目汇总表,如表 10.20 所示。

表 10.20　科目汇总表

2008 年 10 月 1—31 日　　　　科汇字第 1 号

会计科目	借方发生额	贷方发生额	过　账
库存现金	6 370	2 000	
银行存款	76 050	64 500	
应收账款	49 140	49 140	
其他应收款	2 000	2 000	
原材料	50 000	20 000	
库存商品		54 000	
累计折旧		3 000	
应交税费	8 500	11 050	
应付利息		320	
本年利润	55 950	65 000	

续表

会计科目	借方发生额	贷方发生额	过　账
生产成本	23 000		
制造费用	3 000	3 000	
主营业务收入	65 000	65 000	
主营业务成本	54 000	54 000	
管理费用	1 630	1 630	
财务费用	320	320	
合　计	394 960	394 960	

第五步:根据科目汇总表登记各总分类账。

本实例共涉及:库存现金、银行存款、原材料、库存商品、生产成本、制造费用、应收账款、其他应收款、累计折旧、应交增值税、应付利息、主营业务收入、主营业务成本、管理费用、财务费用、本年利润等总分类账。总分类账均采用三栏式账页格式。

具体内容详见表10.21至表10.36。

表10.21　总分类账

一级科目:库存现金

2008年		凭证号数	摘　要	借　方	贷　方	借或贷	余　额
月	日						
10	1		期初余额			借	4 000
10	31	科汇1	1—31日汇总过入	6 370	2 000	借	8 370
10	31		本月合计	6 370	2 000	借	8 370

表10.22　总分类账

一级科目:银行存款

2008年		凭证号数	摘　要	借　方	贷　方	借或贷	余　额
月	日						
10	1		期初余额			借	200 000
10	31	科汇1	1—31日汇总过入	76 050	64 500	借	211 550
10	31		本月合计	76 050	64 500	借	211 550

表 10.23　总分类账

一级科目:应收账款

2008 年		凭证号数	摘　要	借　方	贷　方	借或贷	余　额
月	日						
10	1		期初余额			借	2 000
10	31	科汇 1	1—31 日汇总过入	49 140	49 140	借	2 000
10	31		本月合计	49 140	49 140	借	2 000

表 10.24　总分类账

一级科目:其他应收款

2008 年		凭证号数	摘　要	借　方	贷　方	借或贷	余　额
月	日						
10	31	科汇 1	1—31 日汇总过入	2 000	2 000	平	0
10	31		本月合计	2 000	2 000	平	0

表 10.25　总分类账

一级科目:原材料

2008 年		凭证号数	摘　要	借　方	贷　方	借或贷	余　额
月	日						
10	1		期初余额			借	55 000
10	31	科汇 1	1—31 日汇总过入	50 000	20 000	借	85 000
10	31		本月合计	50 000	20 000	借	85 000

表 10.26　总分类账

一级科目:库存商品

2008 年		凭证号数	摘　要	借　方	贷　方	借或贷	余　额
月	日						
10	1		期初余额			借	90 000
10	31	科汇 1	1—31 日汇总过入		54 000	借	36 000
10	31		本月合计		54 000	借	36 000

表 10.27　总分类账

一级科目:累计折旧

2008 年		凭证号数	摘　要	借　方	贷　方	借或贷	余　额
月	日						
10	1		期初余额			贷	6 000
10	31	科汇 1	1—31 日汇总过入		3 000	贷	9 000
10	31		本月合计		3 000	贷	9 000

表 10.28　总分类账

一级科目:应交税费

2008 年		凭证号数	摘　要	借　方	贷　方	借或贷	余　额
月	日						
10	1		期初余额			贷	7 200
10	31	科汇 1	1—31 日汇总过入	8 500	11 050	贷	9 750
10	31		本月合计	8 500	11 050	贷	9 750

表 10.29　总分类账

一级科目:应付利息

2008 年		凭证号数	摘　要	借　方	贷　方	借或贷	余　额
月	日						
10	31	科汇 1	1—31 日汇总过入		320	贷	320
10	31		本月合计		320	贷	320

表 10.30　总分类账

一级科目:生产成本

2008 年		凭证号数	摘　要	借　方	贷　方	借或贷	余　额
月	日						
10	31	科汇 1	1—31 日汇总过入	23 000		借	23 000
10	31		本月合计	23 000		借	23 000

表 10.31　总分类账

一级科目:制造费用

2008 年		凭证号数	摘　要	借　方	贷　方	借或贷	余　额
月	日						
10	31	科汇 1	1—31 日汇总过入	3 000	3 000	借	3 000
10	31		本月合计	3 000	3 000	借	3 000

表 10.32　总分类账

一级科目:主营业务收入

2008 年		凭证号数	摘　要	借　方	贷　方	借或贷	余　额
月	日						
10	31	科汇 1	1—31 日汇总过入	65 000	65 000	平	0
10	31		本月合计	65 000	65 000	平	0

表 10.33　总分类账

一级科目:主营业务成本

2008 年		凭证号数	摘　要	借　方	贷　方	借或贷	余　额
月	日						
10	31	科汇 1	1—31 日汇总过入	54 000	54 000	平	0
10	31		本月合计	54 000	54 000	平	0

表 10.34　总分类账

一级科目:管理费用

2008 年		凭证号数	摘　要	借　方	贷　方	借或贷	余　额
月	日						
10	31	科汇 1	1—31 日汇总过入	1 630	1 630	平	0
10	31		本月合计	1 630	1 630	平	0

表 10.35 总分类账

一级科目:财务费用

2008 年		凭证号数	摘 要	借 方	贷 方	借或贷	余 额
月	日						
10	31	科汇 1	1—31 日汇总过入	320	320	平	0
10	31		本月合计	320	320	平	0

表 10.36 总分类账

一级科目:本年利润

2008 年		凭证号数	摘 要	借 方	贷 方	借或贷	余 额
月	日						
10	1		期初余额			贷	22 800
10	31	科汇 1	1—31 日汇总过入	55 950	65 000	贷	31 850
10	31		本月合计	55 950	65 000	贷	31 850

第六步:根据对账的具体要求,将库存现金日记账、银行存款日记账和各种明细分类账定期与总分类账相互核对,以保证账簿数据的正确。

第七步:月末,编制期末总分类账发生额及余额试算平衡表,根据总分类账和明细分类账的有关资料编制会计报表。详细内容见表 10.37 至表 10.39。

表 10.37 总分类账发生额及余额试算平衡表

2008 年 10 月 31 日　　单位:元

科目名称	期初余额		本期发生额		期末余额	
	借方	贷方	借方	贷方	借方	贷方
库存现金	4 000		6 370	2 000	8 370	
银行存款	200 000		76 050	64 500	211 550	
应收账款	2 000		49 140	49 140	2 000	
其他应收款			2 000	2 000	0	
原材料	55 000		50 000	20 000	85 000	
库存商品	90 000			54 000	36 000	
固定资产	150 000				150 000	

续表

科目名称	期初余额		本期发生额		期末余额	
	借方	贷方	借方	贷方	借方	贷方
累计折旧		6 000		3 000		9 000
短期借款		65 000				65 000
应交税费		7 200	8 500	11 050		9 750
应付利息				320		320
实收资本		400 000				400 000
本年利润		22 800	55 950	65 000		31 850
生产成本			23 000		23 000	
制造费用			3 000	3 000		
主营业务收入			65 000	65 000		
主营业务成本			54 000	54 000		
管理费用			1 630	1 630		
财务费用			320	320		
合　计	501 000	501 000	394 960	394 960	515 920	515 920

表 10.38　资产负债表

会企 01 表

编制单位:爱芬食品公司　　　　2008 年 10 月 31 日　　　　单位:元

资　产	期末余额	年初余额	负债和所有者权益	期末余额	年初余额
流动资产:		(略)	流动负债:		(略)
货币资金	219 920		短期借款	65 000	
交易性金融资产			交易性金融负债		
应收票据			应付票据		
应收账款	2 000		应付账款		
预付账款			预收账款		
应收股息			应付职工薪酬		
其他应收款			应交税费	9 750	

续表

资　产	期末余额	年初余额	负债和所有者权益	期末余额	年初余额
存货	144 000		应付利息	320	
一年内到期的非流动资产			应付股利		
其他流动资产			其他应付款		
流动资产合计	365 920		一年内到期的非流动负债		
非流动资产：			其他流动负债		
可供出售金融资产			流动负债合计	75 050	
持有至到期投资			非流动负债：		
投资性房地产			长期借款		
长期股权投资			应付债券		
长期应收款			长期应付款		
固定资产	141 000		专项应付款		
在建工程			预计负债		
工程物资			递延所得税负债		
固定资产清理			其他非流动负债		
生产性生物资产			非流动负债合计		
无形资产			负债合计	75 050	
开发支出			所有者权益：		
商誉			实收资本	400 000	
长期待摊费用			资本公积		
其他非流动资产			盈余公积		
递延所得税资产			未分配利润	31 850	
非流动资产合计	141 000		所有者权益合计	431 850	
资产总计	506 920		负债和所有者权总计	506 920	

提示:资产负债表中个别项目填写方法:

①货币资金 =“库存现金”账户期末余额 +“银行存款”账户期末余额 =8 370 元 +211 550 元 =219 920 元

②存货 =“原材料”账户期末余额 +“库存商品”账户期末余额 =85 000 元 +36 000元 +23 000 元 =144 000 元

③固定资产 =“固定资产”账户期末余额 -“累计折旧”账户期末余额 =150 000元 -9 000 元 =141 000 元

表 10.39　利润表

会企 02 表

编制单位:爱芬食品公司　　　　2008　年 10　月　　　　单位:元

项　目	行次	本月数	本年累计数	上年同期累计数
一、营业收入	1	65 000	(略)	(略)
减:营业成本	2	54 000		
营业税费	3			
销售费用	4			
管理费用	5	1 630		
财务费用(收益以“ - ”号填列)	6	320		
资产减值损失	7			
加:公允价值变动净损益(净损失以“ - ”号填列)	8			
投资净收益(净损失以“ - ”号填列)	9			
二、营业利润(亏损以“ - ”号填列)	10	9 050		
加:营业外收入	11			
减:营业外支出	12			
其中:非流动资产处置净损失(净收益以“ - ”号填列)	13			
三、利润总额(亏损以“ - ”号填列)	14	9 050		
减:所得税费用	15			
四、净利润(净亏损以“ - ”号填列)	16			

【任务检测参考答案】

一、单项选择题

1. D　　2. D　　3. B　　4. D　　5. C

二、多项选择题

1. ABC　　2. ABC　　3. BCD　　4. BC　　5. ABC

三、判断题

1. ×　　2. √　　3. √　　4. ×　　5. √

任务 11
会计工作的组织与管理

任务目标

1. 清楚企业会计机构的设置与会计人员的配备；

2. 认识会计法规和会计制度；

3. 学会整理和装订会计档案，并做好会计档案的保管工作。

学时建议

2 课时

【导学语】

京城服装公司虽说是一家小规模的服装生产企业，但企业管理得井井有条，各个部门各司其职，财务部门也不例外。一天，毕业生章华林像往常一样来到会计处实习，他看到管总账报表的王会计正在办公桌前整理着一大堆资料，原来是一些会计账本、凭证需要装订。于是他就问："师傅，这个工作不是由负责会计档案的李会计做的吗？"王会计说："李会计前几天住院做手术了，一时半会儿还不能来上班。这不，会计处长就叫我临时接替她的工作。你来得正好，可以帮我一下。""没问题。不过您那么忙，怎么不把这个工作交给出纳小张去做呢？我看她的工作比较清闲的。"王会计说："怎么你还不清楚，会计工作是要严格执行《会计基础工作规范》，会计岗位的设置要体现企业内部控制制度。"原来如此！这时章华林想起了在学校老师曾经讲过的会计工作的组织与管理。就让我们一起来重新认识吧！

【学一学】

会计工作是指运用一系列会计专门方法，对会计事项进行处理的活动。会计工作是一项系统工作，只有在这个系统中各部分都组织得合理有序，互相协调，才能使整个会计工作得以顺利地进行。

会计工作的组织，就是各单位根据会计工作的特点和要求，设置会计机构，配备会计人员，制定并执行会计规章和制度，以保证会计工作合理、有效进行的综合考虑过程。

《中华人民共和国会计法》规定：单位负责人对本单位的会计工作和会计资料的真实性、完整性负责，应当保证财务会计报告的真实、完整；应当保证会计机构和会计人员依法履行职责；不得授意、指使、强令会计机构和会计人员违法办理会计事项。单位负责人是指单位法定代表人或者法律、行政法规定代表单位行使单位职权的主要负责人。

11.1 会计机构

11.1.1 会计机构的设置

《中华人民共和国会计法》第 32 条规定："各单位应当根据会计业务的需要，设置会计机构，或者在有关机构中设置会计人员并指定会计主管人员；不具备设置条件的，应当委托经批准设立从事会计代理记账业务的中介机构代理记账。"这就是说，企业会计机构并非是一个必须设立的职能部门。特别是对那些规模很小，经济业务简单,职能履行粗放的小企业,不一定要单独设置会计机构。但是没有机构不等于不要求进行企业的经济核算。无论是从其他机构中指定有关人员从事会计工作,还是采取委托中介机构代理记账,都说明了会计核算工作的必不可少。

知识拓展:一个单位是否单独设置会计机构,主要取决于以下几个因素:

一是单位规模大小。一般来说,实行企业化管理的事业单位或集团公司、股份公司、有限公司等应当单独设置会计机构,以便及时组织对本单位各项经济活动和财务收支的核算,实施有效的会计监督。

二是经济业务和财务收支的繁简。具有一定规模的行政、事业单位,以及财务收支数额较大、会计业务较多的社会团体和其他经济组织,也应单独设置会计机构,以保证会计工作的效率和会计信息的质量。

三是经营管理的要求。一个单位在经济管理上的要求越高,对会计信息的需求也会相应增加,对会计信息系统的要求越高,从而决定了该单位设置会计机构的必要性。

【想一想】是不是企业规模小、业务简单就可以不设置会计机构,也可以不进行会计核算呢?

必须要明确不设置会计机构不等于不开展会计工作,会计工作必须依法开展,不得因为没有会计机构而对会计工作放任不管,这是法律所不允许的。不设置会计机构的单位,可将会计工作岗位纳入其他职能部门并设置会计人员,同时指定会计主管人员。这是会计机构的另一种表现形式,是提高工作效率、明确岗位责任的内在要求,同时也是由会计工作专业性强、政策性强等特点所决定的。会计主管人员的目的是强化责任制度,防止出现会计工作无人负责的局面。

11.1.2　会计工作岗位设置

会计工作岗位是指一个单位的会计机构内部根据业务分工而设置的职能岗位。在会计机构内部定人员、定岗位,明确分工,各司其职,有利于会计工作程序化、规范化,有利于落实责任,有利于会计人员钻研分管的业务,有利于提高工作效率和工作质量。

会计岗位一般分为:总会计师岗位,会计机构负责人岗位,出纳岗位,稽核岗位,资本基金核算岗位,收入、支出、债权债务核算岗位,工资核算、成本费用核算、财务成果核算岗位,财产物资的核算岗位,总账岗位,财务会计报告编制岗位,会计电算化岗位,会计档案管理岗位等。

知识拓展:财政部发布的《会计基础工作规范》中对会计岗位设置的原则作了如下规定:

一是根据本单位会计业务的需要设置会计工作岗位。

二是符合内部牵制制度的要求。根据规定,会计工作岗位可以一人一岗、一人多岗或者一岗多人。但出纳人员不得兼管稽核、会计档案保管和收入、费用、债权债务账目的登记工作。由于出纳人员是各单位专门从事货币资金收付业务的会计人员,根据复式记账规则,每发生一笔资金收付业务,必然会引起收入、费用或债权债务等账簿记录的变化,如果由同一人担任这些不相容职务,就会既管理又记账,难以监控,给贪污舞弊行为大开方便之门。同样道理,如果稽查核算和内部档案保管工作由出纳人同经管,也难以防范抽换单据、涂改记录手段进行舞弊的行为。但出纳人员兼记固定资产明细账还是可以的。

三是会计人员工作岗位要有计划地进行轮岗,以促进会计人员全面熟悉业务和不断提高业务素质。

11.2 会计人员

合理配备会计人员和不断提高会计人员的素质是做好会计工作的决定因素。会计人员是会计机构内部取得会计从业资格,从事会计工作的全体成员。按职责不同可分为总会计师、会计主管、出纳员、成本员、稽核员、记账员,按职称不同可分为高级会计师、会计师、助理会计师、会计员。国有的和国有资产占控股地位的大中型企业必须设总会计师。总会计师由具有会计师以上专业技术职称的人员担任。

11.2.1 会计人员从业资格

《中华人民共和国会计法》规定:"从事会计工作的人员,必须取得会计从业资格证书。"各单位应当根据会计业务的需要,配备持有会计从业资格证书的会计人员,未取得会计从业资格证书的人员不得从事会计工作。担任会计机构负责人的,除取得会计从业资格证书外,还应当具备会计师以上专业技术职务资格或者从事会计工作3年以上经历。无工作单位的人员需要申请取得会计从业资格的,按属地原则,由户籍所在地的财政部门负责管理。

11.2.2　会计人员职业道德

会计人员的职业道德主要要求是:忠于职守,坚持原则,不提供虚假财务报告,不做假账,不得隐匿或者故意销毁会计凭证、会计账簿、财务会计报告,不贪污、挪用公款,不从事职务侵占等与会计职务有关的违法行为。

11.2.3　会计人员继续教育

根据规定,会计人员继续教育的对象为在职会计人员,具体包括在国家机关、社会团体、企业、事业单位和其他组织从事会计工作并已取得会计从业资格的会计人员。会计人员继续教育分为高级会计人员继续教育、中级会计人员继续教育和初级会计人员继续教育。会计人员继续教育的形式主要是接受培训。根据《会计从业资格管理办法》第20条的规定,持证人员应当接受继续教育,每年参加继续教育不得少于24小时。

继续教育的内容要本着理论联系实际、讲求实效、学以致用的原则。主要包括:会计理论与实务;财务、会计法规制度;会计职业道德规范;其他相关的知识与法规。

11.2.4　会计人员工作交接

会计工作交接,也称会计人员工作交接,是指会计人员调动工作或者离职时,与接管人员办理交接手续的一种工作程序。会计工作交接制度,是会计工作的一项重要制度,也是会计基础工作的重要内容。办理好会计工作交接,有利于保持会计工作的连续性,有利于明确责任。会计工作交接制度主要内容有:基本要求、办理移交手续前的准备工作、按照移交清册逐项移交、专人负责监交、临时工作交接和移交后的责任等。

11.3　会计法律制度

目前,我国基本形成了以《中华人民共和国会计法》为主体的比较完整的会计法规体系。

11.3.1　会计法律

会计法律是指由国家最高权力机关——全国人民代表大会及其常委会经过一定的立法程序制定的有关会计工作的法律,如1999年10月31日九届全同人大常委会第十二次会计修订通过的《中华人民共和国会计法》。《中华人民共和国会计法》是会计制度中层次最高的法律，是制定其他会计法规的依据，是指导会计工作的最高法律。

11.3.2 会计行政法规

会计行政法规是指由国家最高行政管理机关——国务院制定并发布，或者由国务院有关机构拟定并经国务院批准后发布，调整经济生活中某些方面会计关系的法律规范。其制定依据是《中华人民共和国会计法》，它通常以条例、办法、规定等具体名称出现，如 1990 年 12 月 31 日国务院发布的《总会计师条例》，2000 年 6 月 21 日国务院发布的《企业财务会计报告条例》等。

11.3.3 国家统一的会计制度

国家统一的会计制度是指国务院财政部门根据《中华人民共和国会计》制定的关于会计核算、会计监督、会计机构和会计人员以及会计工作管理的制度，包括规章和规范性文件。

会计规章是指根据《立法法》规定的程序，由国务院财政部制定，并由部门首长签署命令予以公布的制度办法。会计规章的制定是《中华人民共和国会计法》和会计行政法规，如《注册会计师注册办法》《会计从业资格管理办法》等。

会计规范性文件是指主管全国会计工作的行政部门即国务院财政部门就会计工作中某些方面的内容所制定并发布的规范性文件。会计规范文件有：财政部发布的 38 项具体准则、《企业会计制度》《金融企业会计制度》《小企业会计制度》《会计电算化管理办法》《会计档案管理办法》以及有关会计专业技术资格管理办法等。

11.3.4 地方性会计法规

地方性会计法规是指省、自治区、直辖市人民代表大会及其常委会在与会计法律、会计行政法规不相抵触的前提下制定的地方性会计法规。

11.4 会计档案

11.4.1 会计档案的内容

会计档案是指会计凭证、会计账簿和财务报告等会计核算专业材料，是记录和反映单位经济业务的重要史料和证据。由此可见，会计档案是机关团体和企事业单位在其日常经营活动的会计处理过程中形成的，并按照规定保存备查的会计信息载体，以及其他有关财务会计工作应予以集中保管的财务成本计划、重要的经济合同等文件资料。

根据《会计法》的规定，企业当年形成的会计档案，在会计年度终了，有关会计人员要对会计资料严格审核，确保其完整、准确、符合会计制度的规定，在此基础上将会计资料整理归档，立卷保存。对会计档案应建立严密的保管制度，妥善管理，不得丢失、损坏、抽换或任意销毁。

1）会计档案的内容

按照《会计档案管理办法》规定，企业单位的会计档案包括以下具体内容：

①会计凭证类：原始凭证、记账凭证、汇总凭证和其他凭证。

②会计账簿类：总账、明细账、日记账、固定资产卡片、辅助账簿和其他账簿。

③财务报告类：月度、季度、年度财务报告，包括会计报表、附表、附注及说明和其他财务报告。

④其他类：银行存款余额调节表、银行对账单、其他应当保存的会计核算专业资料、会计档案移交清册、会计档案清册和会计档案销毁清册。

2）会计档案管理的基本内容

（1）会计档案的归档

根据财政部、国家档案局联合发布的《会计档案管理办法》，各单位每年形成的会计档案，都应由财务会计部门按照归档的要求，负责整理立卷或装订成册。当年形成的档案，在会计年度终了后，可暂由本单位财务会计部门保管一年。期满以后，原则上应由财务部门编造清册，移交本单位档案部门保管；未设立档案部门的，应由财务会计部门内部指定专人保管。出纳人员不得兼管会计档案。移交到本单位档案机构保管的会计档案，原则上应当保持原卷册的封装。个别需要拆封重新整理的，档案机构应当会同会计机构和经办人员共同拆封整理，以分清责任。

（2）会计档案的保管期限

会计档案的重要程度不同，其保管的期限也有所不同。各种会计档案的保管期限，根据其特点，可分永久、定期两类。定期保管期限分为 3 年、5 年、10 年、15 年、25 年 5 种。会计档案的保管期限，从会计年度终了的第一天算起。具体的会计档案保管期限按照《会计档案管理办法》的规定执行。企业和其他组织会计档案保管期限如表 11.1 所示。

表 11.1　企业和其他组织会计档案保管期限

序　号	档案名称	保管期限	备　注
一	会计凭证类		
1	原始凭证	15 年	
2	记账凭证	15 年	
3	汇总凭证	15 年	
二	会计账簿类		
4	总账	15 年	包括日记总账
5	明细账	15 年	
6	日记账	15 年	库存现金和银行存款账保管 25 年
7	固定资产卡片		固定资产报废清理后保管 5 年
8	辅助账簿	15 年	
三	财务报告类		
9	月、季度财务报告	3 年	包括文字分析
10	年度财务报告(决算)	永久	包括文字分析
四	其他类		
11	会计档案移交清册	15 年	
12	会计档案保管清册	永久	
13	会计档案销毁清册	永久	
14	银行存款余额调节表	5 年	
15	银行对账单	5 年	

(3)会计档案的查阅、复制和销毁

各单位应建立健全会计档案的查阅、复制登记制度。各单位保存的会计档案不得借出。如有特殊需要,经本单位负责人批准,可以提供查阅或复制,并需办理登记手续。查阅或复制会计档案的人员,严禁在会计档案上涂画、拆封和抽换。

会计档案保管期满要销毁时,由本单位档案管理部门提出销毁意见,会同财务会计部门共同鉴定和审查,编造会计档案销毁清册。会计档案销毁清册是销毁会计档案的记录和批报文件,一般包括:会计档案的名称、卷号、册数、起止年度和档案编号、应保管期限、销毁日期等内容。单位负责人应当在会计档案销毁清册上签署意见。

对于保管期满但未结清的债权债务以及涉及其他未了事项的原始凭证不得销毁，应单独抽出，另行立卷，由档案部门保管到未了事项完结为止。单独抽出立卷的会计档案，应当在会计档案销毁和会计档案保管清册中列明。

个别单位按规定销毁会计档案时，应由档案部门和会计部门共同派员监销。国家机关销毁会计档案时，还应由同级财政部门、审计部门派员参加监销。各级财政部门销毁会计档案时，由同级审计派员参加监销。

监销员在销毁会计档案时，应当按会计档案销毁清单所列内容认真进行清点核对所要销毁的会计档案，销毁后，应当在销毁清册上签名盖章，并将销毁情况上报本单位负责人。

11.4.2 会计档案的装订

会计档案的装订主要包括会计凭证、会计账簿、会计报表及其他资料的装订。

1）会计凭证的装订

凭证装订是会计资料整理的基础工作，需要做得十分细致。凭证什么时候装订，应按企业会计资料管理要求而定，但最少每月就装订一次。

会计凭证装订前的准备工作：

①分类整理，按顺序排列，检查日数、编号是否齐全。

②按凭证汇总日期归集（如按上、中、下旬汇总归集），确定装订成册的本数。

③摘除凭证内的金属物（如订书钉、大头针、回形针），连同原始凭证或原始凭证汇总表折叠对齐（一般为左上角对齐），对较大的张页或附件要折叠成记账凭证大小，且要避开装订线，以便翻阅时保持数字完整。

④整理检查凭证顺序号，如有颠倒要重新排列，发现缺号要查明原因。再检查附件有否漏缺；对于数量过多的原始凭证，可以单独进行装订保管，但在凭证封面上要注明记账凭证编号及日期，同时在记账凭证上注明“附件另订”字样。

⑤检查记账凭证上有关人员（如财务主管、复核、记账、制单等）的印章是否齐全。

会计凭证装订时的要求：

①用“三针引线法”装订，装订凭证应使用棉线，在左上角部位打上三个针眼，实行三眼一针打结，结扣应是活的，并放在凭证封皮的里面，装订时尽可能缩小所占部位，使记账凭证及其附件保持尽可能大的显露面，以便于事后查阅。

②凭证外面要加封面，封面纸用质好的牛皮纸印制，封面规格略大于所附记账凭证。

③装订凭证厚度一般为1.5～2.0厘米，方可保证装订牢固，美观大方。

会计凭证装订后的注意事项：

①每本封面上填写凭证种类、起止号码、凭证张数、会计主管人员和装订人员签章。

②在封面上编好卷号，按编号顺序入柜，并要在显露处标明凭证种类编号，以便于调阅。

2）会计账簿的装订

各种会计账簿年度结账后，除跨年使用的账簿外，其他账簿应按时整理立卷。基本要求如下：

（1）装订前的准备工作

账簿装订前，首先按账簿启用表的使用页数核对各个账户是否相符，账页数是否齐全，序号排列是否连续；然后按会计账簿封面、账簿启用表、账户目录、该账簿按页数顺序排列的账页、会计账簿装订封底的顺序装订。

（2）活页账簿装订要求

①保留已使用过的账页，将账页数填写齐全，去除空白页和撕掉账夹，用质好的牛皮纸做成封面、封底，装订成册。

②多栏式活页账、三栏式活页账、数量金额式活页账等不得混装，应按同类业务、同类账页装订在一起。

③在已装订的账簿封面上填写好账目的种类，编好卷号，由会计主管人员和装订人（经办人）签章。

（3）账簿装订后的其他要求

①会计账簿应牢固、平整，不得有折角、缺角、错页、掉页、加空白纸的现象。

②会计账簿的封口要严密，封口处要加盖有关印章。

③封面项目应齐全、平整，并注明所属年度及账簿名称、编号，编号为一年一编，编号顺序为总账、库存现金日记账、银行存（借）款日记账、分户明细账。

④会计账簿按保管期限分别编制卷号，如库存现金日记账全年按顺序编制卷号；总账、种类明细账、辅助账全年按顺序编制卷号。

3）会计报表的装订

会计报表编制完成及时报送后，留存的报表应按月装订成册，谨防丢失。小企业可按季装订成册。装订要求是：

①会计报表装订前要按编报目录核对是否齐全，整理报表页数，上边和左边对

齐压平,防止折角,如有损坏部位修补后,完整无缺地装订。

②会计报表装订顺序为:会计报表封面、会计报表编制说明、各种会计报表按会计报表的编号顺序排列、会计报表的封底。

③按保管期限编制卷号。

4)其他资料

除以上三类外,银行存款余额调节表、银行对账单、各种经济合同、各种涉外经济文件等重要的会计专业资料,也需要整理、保存。对于这些文件,应分门别类地进行整理、登记,并根据企业需要装订成册。

【任务回顾】

通过本任务的学习,懂得会计工作的组织与管理的意义,知道会计机构的设置与会计人员的配备,理解会计法规和会计制度的构成,并学会会计档案的整理与装订。

【名词速查】

1. 会计工作的组织

会计工作的组织就是各单位根据会计工作的特点和要求,设置会计机构,配备会计人员,制定并执行会计规章和制度,以保证会计工作合理、有效地进行的综合考虑过程。

2. 会计档案

会计档案是指会计凭证、会计账簿和财务报告等会计核算专业材料,是记录和反映单位经济业务的重要史料和证据。

【任务检测】

一、单项选择题

1. 根据《会计法》的规定,主管全国的会计工作是(　　)。

A. 国务院财政部门　　B. 国务院

C. 审计部门　　D. 各级人民政府

2. 在一些规模小、会计业务简单的单位,应(　　)。

A. 单独设置会计机构

B. 在其他有关机构中设置会计人员

C. 不设置会计机构

D. 在单位行政领导机构中设置会计人员

3. 国家统一的会计制度由(　　)根据《中华人民共和国会计法》制定并公布。

A. 国务院财政部门　　B. 国务院

C. 全国人大　　D. 各级人民政府

4. 根据《会计法》的规定,担任单位会计机构负责人的,除取得会计从业资格证书外,还应当具有的法定条件是(　　)。

A. 会计员专业技术职务资格或从事会计工作二年的经历

B. 具备助理会计师专业职务资格或从事会计工作二年的经历

C. 具备会计师以上专业技术职务资格或从事会计工作三年以上的经历

D. 具备注册会计师资格或者从事会计工作三年以上的经历

5. (　　)对本单位的会计工作和会计资料的真实性、完整性负责。

A. 会计主管　　B. 单位负责人　　C. 会计人员　　D. 审核人

6. 我国从事会计工作人员的基本任职条件是(　　)。

A. 具有会计专业技术资格　　B. 具有会计从业资格证书

C. 具有中专以上专业学历　　D. 担任会计专业职务

7. 会计法规体系的核心是(　　)。

A. 会计法　　B. 会计制度　　C. 会计准则　　D. 会计机构

8. 会计法律是由(　　)经过一定的立法程序制定的有关会计工作的法律。

A. 全国人民代表大会及其常委会　　B. 国务院

C. 国务院财政部门　　D. 各级人民政府

9. 根据《会计档案管理办法》,企业库存现金和银行存款日记账的保管期限为(　　)。

A. 10 年　　B. 15 年　　C. 25 年　　D. 永久

10. 根据《会计档案管理办法》,企业银行存款余额调节表的保管期限为(　　)。

A. 1 年　　B. 5 年　　C. 10 年　　D. 15 年

11. 原始凭证、记账凭证和汇总凭证的保管期限为(　　)。

A. 5 年　　B. 10 年　　C. 15 年　　D. 20 年

12. 根据《会计从业资格管理办法》第 20 条的规定,持证人员应当接受继续教育,每年参加继续教育不得少于(　　)。

A. 12 小时　　B. 24 小时　　C. 40 小时　　D. 48 小时

二、多项选择题

1. 出纳人员不得兼管下列工作(　　)。

A. 稽核　　B. 会计档案保管
C. 收入、费用的登记　　D. 债权债务账目的登记

2. 以下属于会计工作岗位的有（　　）。
A. 会计机构负责人岗位　　B. 出纳岗位
C. 稽核岗位　　D. 医院门诊收费人员从事的岗位

3. 会计档案包括（　　）。
A. 原始凭证　　B. 会计账簿　　C. 财务会计报告　　D. 记账凭证

4. 会计档案的保管期分为（　　）等。
A. 8 年　　B. 定期　　C. 12 年　　D. 永久

5. 按照《会计档案管理办法》的规定，下列不是原始凭证的保管期限有（　　）。
A. 3 年　　B. 5 年　　C. 15 年　　D. 永久

三、判断题

1. 一个单位可以根据会计业务的繁简和实际情况来决定是设置会计机构还是在有关机构中设置专职的会计人员。（　　）

2. 一个单位可以根据会计业务的繁简和实际情况来决定是否开展会计工作。（　　）

3. 无工作的人员需要申请取得会计从业资格的，按属地原则，由户籍所在地的财政部门负责管理。（　　）

4. 会计人员继续教育接受培训的学时要求每年不得少于 48 小时。（　　）

5. 会计工作交接，也称会计人员工作交接，是指会计人员调动工作或者离职时，与接管人员办理交接手续的一种工作程序。（　　）

参考答案

【任务检测参考答案】

一、单项选择题

1. A　2. B　3. A　4. C　5. B　6. B　7. A　8. A　9. B　10. B　11. C　12. B

二、多项选择题

1. ABCD　2. ABC　3. ABCD　4. BD　5. ABD

三、判断题

1. √　2. ×　3. √　4. ×　5. √

任务 12
基础会计综合模拟实训

任务目标

综合运用会计核算的基本方法，能够对企业会计实务中常见经济业务进行证账表的处理，并在老师的引导下，基本完成从会计核算的建账，阅读原始凭证，登记日记账、明细账和总账，到期末对账、结账，报表编制等工作，逐步达到从会计理论转到实践的目标。

学时建议

10 课时

【导学语】

老师，前面讲的那些知识我基本都会了，可要我完成企业一整套会计账簿处理，该怎么做呢？

别着急，老师会指导的。由于作业题量大，你们也可以两三位同学为一组合作完成。做完这套题后，去一个小企业当个会计就有可能了。哈哈……

【做一做】

让我们先从认识模拟公司的基本情况开始吧。

一、公司基本情况

公司名称:武汉爱芬食品公司
经营地址:湖北省武汉市江汉区建设大道 686 号
电话:027-85714214
法人代表:郭检
经营范围:德芙巧克力等商品的生产与销售业务。
税务登记:一般纳税人,增值税税率 17%
国税税务登记号:514093862387652
地税税务登记号:514093841701625
基本存款账户:中国工商银行江汉支行
账　　　号:40586123768
所属行业:生产企业

二、公司内部会计制度

1. 公司记账方法采用借贷记账法。

2. 公司账务处理程序采用科目汇总表账务处理程序。

3. 公司会计制度依据2007年颁布的《企业会计准则》,仍执行《小企业会计制度》。

4. 公司采用通用格式的记账凭证,凭证编号按月顺序编号。

5. 原材料收发均按实际成本计价,材料明细账核算按品种设置。

6. 产品的生产成本按生产的产品品种组织明细核算。由于是全封闭流水线生产,月末在产品数量较少且稳定,在计算产品成本时,为简化计算,假设期初和期末在产品均为零,即当月发生的生产费用(直接材料费、生产工人工资费用及福利费、制造费用)即为当月完工产品的成本。企业设有一个基本生产车间。(注:本月有两次完工产品交库,但集中计算完工产品成本)

7. 库存商品按实际成本计价,完工产品成本和发出库存商品的成本均于月末计算结转,已销产品生产成本按本月完工产品单位成本进行计算并结转。

8. 固定资产折旧采用直线法,营业用房月折旧率1‰,机器设备月折旧率2‰。

9. 利润采用“账结法”计算,每月计算出利润总额。

10. 有关税费计算标准如下:

城市维护建设税率按应缴税金的7%缴纳;

教育费附加率按应缴税金的3%缴纳;

所得税率25%(计税工资标准每人每月1 600元,设该公司本月工资总额暂无超过计税标准)。

11. 有关福利项目计提标准如下:

公司养老金、医疗保险、住房公积金等费用按有关比例计提;

工会教育经费按工资总额的2%计提;

职工教育经费按工资总额的1.5%计提;

职工福利费据实支付;

暂不考虑其他福利项目的计提。

三、公司会计相关资料

1. 武汉爱芬食品公司2008年5月初有关总账账户余额,如表12.1所示。

表 12.1　武汉爱芬食品公司 2008 年 5 月初有关总账账户及明细账余额表

总分类账户	明细分类账户	借方余额	贷方余额
库存现金		10 000.00	
银行存款	工商银行江汉支行	2 600 000.00	
其他货币资金	外埠存款	342 100.00	
应收票据	常州新业食品公司	480 000.00	
应收账款	武汉鹏达贸易公司	286 000.00	
原材料	可可脂	24 000.00	
	白砂糖	3 000.00	
库存商品	巧克力	300 000.00	
固定资产	经营用房(管理部门)	4 500 000.00	
	机器设备(生产车间)	2 990 000.00	
累计折旧			1 490 000.00
短期借款	工商银行江汉支行		630 000.00
应付账款	上海佳美贸易中心		424 000.00
应付职工薪酬			85 000.00
应交税费	应交城市维护建设税		14 000.00
	应交教育费附加		6 000.00
实收资本			6 040 000.00
资本公积			214 000.00
本年利润			1 430 000.00
利润分配	未分配利润(年初余额)		562 100.00
盈余公积			640 000.00
生产成本			
制造费用			
管理费用			
合　计		11 535 100.00	11 535 100.00

2. 原材料、库存商品明细资料如表12.2所示：

表12.2　原材料、库存商品明细

总分类账	明细账户	期初余额			
		计量单位	数　量	单位成本/元	金额/元
原材料	可可脂	千克	1 500	12.00	18 000.00
			600	10.00	6 000.00
	白砂糖	千克	1 000	3.00	3 000.00
库存商品	巧克力	箱	600	500.00	300 000.00

3. 其他相关说明：

(1)短期借款：借款日2008年1月1日，半年期、按月支付利息到期还本。

(2)应收票据：系公司2008年2月12日对常州新业食品公司签发的为期3个月的银行承兑汇票。

四、要求

1. 根据提供的公司经济业务资料，编制记账凭证或会计分录。
2. 完成相关账簿的建账、登记和期末结账（无条件的话也可用"T"形账代替）。
3. 编制公司2008年5月31日资产负债表、2008年5月利润表。

五、经济业务

2008年5月武汉爱芬食品公司发生经济业务如下：

1. 1日，向上海佳美贸易中心支付上月购货款。

2. 3日，从广州同乐贸易公司购进生产用材料白砂糖16 000千克，单位进价3.50元，计56 000元，增值税9 520元。款项已支付，材料已验收入库。

3. 6日，向成都东兴贸易公司销售产品巧克力500箱，单位售价900元，计货款450 000元，增值税76 500元，产品已发出，款项收回存入银行。

4. 7日，开出支票支付本月职工工资。（为简化核算，设无代扣款项）

5. 9日，开出支票支付广告费20 000元。

6. 10日，上缴城市维护建设税和教育费附加。

7. 12日，收到已到期的银行承兑汇票款项480 000元。

8. 13日，从富安商贸公司购进生产用材料可可脂20 000千克，单位进价12.50元，计250 000元，增值税42 500元。购买款当即以支票结清，材料已入库。

9. 15日，基本生产车间领用生产用材料：白砂糖12 000千克，可可脂12 100千克。

10.18 日，收到本月 6 日所售成都东兴贸易公司货款 527 500 元。

11.19 日，支付本月短期借款的利息 315 元。

12.20 日，将多余材料可可脂 5 000 千克，单价 14 元，计货款 70 000 元，增值税 11 900 元出售，所收价款已存入银行。

13.21 日，结算本月水费共计 300 吨，其中生产车间用 200 吨，行政部门用 100 吨。

14.22 日，结算本月电费共计 1 000 度，其中生产车间用 650 度，行政部门用 350 度。

15.27 日，向天津商场销售产品巧克力 500 箱，单位售价 900 元，计 450 000 元，产品已发出，收到天津商场开出的为期 3 个月的银行承兑汇票一张，票面金额为 526 500 元。

16.30 日，计提本月固定资产折旧费。

17.30 日，分配本月职工工资。

18.30 日，计提本月职工基本基本保险费、工会经费和职工教育经费。

19.30 日，结转本月制造费用。

20.31 日，结转本月完工产品的生产成本。

21.31 日，结转本月已销售产品成本。

22.31 日，计算结转本月应交增值税。

23.31 日，计提本月城市维护建设税和教育费附加。

24. 将损益类各账户结转到本年利润账户中。

25.31 日，计提并结转本月应交所得税。

26. 按法定比例 10% 计提盈余公积，公司董事会决议按 20% 向投资者分配利润。

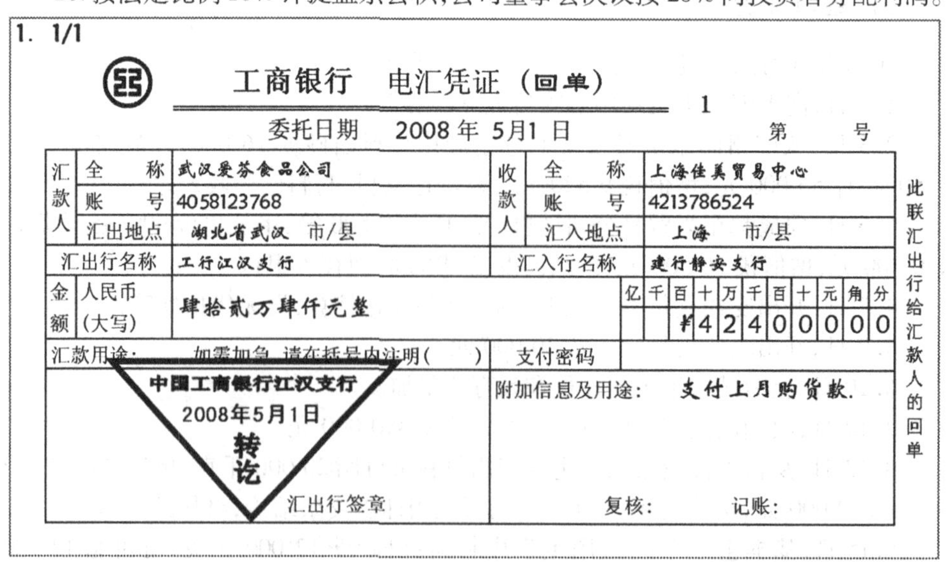
1. 1/1

工商银行　电汇凭证（回单）　1

委托日期　2008 年 5月1 日　　第　　号

汇款人	全称	武汉爱芬食品公司	收款人	全称	上海佳美贸易中心
	账号	4058123768		账号	4213786524
	汇出地点	湖北省武汉 市/县		汇入地点	上海 市/县
汇出行名称		工行江汉支行	汇入行名称		建行静安支行
金额	人民币（大写）	肆拾贰万肆仟元整	亿千百十万千百十元角分		¥42400000
汇款用途：		加需加急，请在括号内注明（　）	支付密码		
中国工商银行江汉支行 2008年5月1日 转讫　汇出行签章			附加信息及用途：支付上月购货款. 复核：　记账：		

此联汇出行给汇款人的回单

2. 1/4

广东省增值税专用发票

抵 扣 联
广东省
国家税务局监制

NO 02645654

开票日期: 2008年 5月 3日

购货单位	名称: 武汉爱芬食品公司 纳税人识别号: 514093862387652 地址、电话: 武汉市江汉区建设大道686号 开户行及账号: 中国工商银行江汉支行 40586123768			密码区	124587478/>+<1248<-< 加密版本:01 *+--457-</148<-22-45 02645645 *-3-65>879458136845<7+0 14785412 9/92/279>>->98>><1 478131		
货物或应税劳务名称	规格型号	单位	数量	单价	金额	税率	税额
白砂糖		千克	16 000	3.50	56 000.00	17%	9 520.00
合计	人民币陆万伍仟伍佰贰拾元整				(小写) ¥65 520.00		
销货单位	名称: 广州同乐贸易公司 纳税人识别号: 6874634581463 地址、电话: 广州市东风大道南25号 开户行及账号: 中国交通银行广州支行 35467756146			备注	广州同乐贸易公司 发票专用章		

收款人: 董俊林　　复核: 孙静　　开票人: 袁枚

第一联 抵扣联 购货方抵扣凭证

2. 2/4

广东省增值税专用发票

发 票 联
广东省
国家税务局监制

NO 02645654

开票日期: 2008年 5月 3日

购货单位	名称: 武汉爱芬食品公司 纳税人识别号: 514093862387652 地址、电话: 武汉市江汉区建设大道686号 开户行及账号: 中国工商银行江汉支行 40586123768			密码区	124587478/>+<1248<-< 加密版本:01 *+--457-</148<-22-45 02645645 *-3-65>879458136845<7+0 14785412 9/92/279>>->98>><1 478131		
货物或应税劳务名称	规格型号	单位	数量	单价	金额	税率	税额
白砂糖		千克	16 000	3.50	56 000.00	17%	9 520.00
合计	人民币陆万伍仟伍佰贰拾元整				(小写) ¥65 520.00		
销货单位	名称: 广州同乐贸易公司 纳税人识别号: 6874634581463 地址、电话: 广州市东风大道南25号 开户行及账号: 中国交通银行广州支行 35467756146			备注	广州同乐贸易公司 发票专用章		

收款人: 董俊林　　复核: 孙静　　开票人: 袁枚

第二联 发票联 购货方记账凭证

2. 3/4

入　库　单

2008 年　5 月 3 日　　　　专字　第 1 号

名称	编号	规格	单位	数量	单价	成本总额									
						千	百	十	万	千	百	十	元	角	分
白砂糖	101		千克	16000	3.50				5	6	0	0	0	0	0
备注:															

主管:　　记账:　　验收:　　制单: 张芳

第三联 财务记账

2. 4/4

第 023号

委 电　　**委托收款** 凭证（付款通知）　　5　委托号码017832

委托日期 2008 年5月3 日　　付款期限07年5月6日

付款人	全称	武汉爱芬食品公司	收款人	全称	广州同乐贸易公司		
	账号或地址	40586123768		账号	35467756146		
	开户银行	工行江汉支行		开户银行	交行广州支行	行号	42786

委收金额	人民币（大写） 陆万伍仟伍佰贰拾元整	千	百	十	万	千	百	十	元	角	分
				¥	6	5	5	2	0	0	0

款项内容		委托收款凭据名称		附寄单证张数	

备注: 电划

付款人注意：
1. 应于见票当日通知开户银行划款。
2. 如需拒付，应在规定期限内，将拒付理由书并附债务证明退交开户银行。

中国工商银行江汉支行 2008年5月3日 转讫

单位主管　　会计　　复核　　记账　　付款人开户行收到日期 2007 年 5月 3日

支付日期 2008 年 5月 3日

此联付款人开户银行给付款人按期付款的通知

3．1/3

湖北省增值税专用发票

此联不作报销、扣税凭证使用　　NO 06738815

开票日期：2008 年 5月 6日

购货单位	名称：成都东兴贸易公司 纳税人识别号：357024846 地址、电话：成都龙泽大道63号84122578 开户行及账号：建行成都支行 2879643521	密码区	124587478/>+<1248<-< 加密01 *+--457-</148<-22-45 06738815 *-3-65>879458136845<7+0 785412 9/92/279>>->98>><1 478131	

货物或应税劳务名称	规格型号	单位	数量	单价	金额	税率	税额
巧克力		箱	500	900.00	450 000.00	17%	76 500.00
合计	人民币伍拾贰万陆仟伍佰元整				（小写）¥526 500.00		

销货单位	名称：武汉爱芬食品公司 纳税人识别号：514293862387 地址、电话：武汉市江汉区建设大道686号 开户行及账号：工行江汉支行 40586123768	备注	

收款人：肖丽江　　复核：陈明　　开票人：王清

第三联 记账联 销货方记账凭证

3．2/3

出 库 单

发货仓库：　　第 1 号

提货单位：　　2008 年 5 月 6 日

名称	编号	规格	单位	应发数量	实发数量	单位成本	金额
巧克力			箱	500	500		
备注：							

主管：　　经手：　　保管：　　填单：张芳

第三联 财务记账

3．3/3

第 046号

委 电　　**委托收款 凭证（回单）**　　1　　委托号码017832

委托日期 2008年5月6日

<table>
<tr><td rowspan="3">付款人</td><td>全　称</td><td>成都东兴贸易公司</td><td rowspan="3">收款人</td><td>全　称</td><td colspan="3">武汉爱芬食品公司</td></tr>
<tr><td>账号或地址</td><td>2879643524</td><td>账　号</td><td colspan="3">40586123768</td></tr>
<tr><td>开户银行</td><td>建行成都支行</td><td>开户银行</td><td>工行江汉支行</td><td>行号</td><td>42786</td></tr>
<tr><td>委收金额</td><td colspan="4">人民币（大写） 伍拾贰万陆仟伍佰元整</td><td colspan="3">千 百 十 万 千 百 十 元 角 分
　 ¥ 5 2 6 5 0 0 0 0</td></tr>
<tr><td>款项内容</td><td></td><td>委托收款凭据名称</td><td colspan="2"></td><td>附寄单证张数</td><td colspan="2"></td></tr>
<tr><td colspan="3">备注：
电划</td><td colspan="5">付款人注意：
1. 应于见票当日通知开户银行划款。
2. 如需拒付，应在规定期限内，将拒付理由书并附债务证明退交开户银行。
中国工商银行江汉支行 2008年5月6日 办讫
收款人开户银行签章　　年　　月　　日</td></tr>
</table>

此联付款人开户银行给付款人按期付款的通知

单位主管　　会计　　复核　　记账

4．1/2

中国工商银行

转账支票存根

支票号码 NO 4327850

科　　目

对方科目

签发日期　2008 年 5 月 7 日

收款人：	武汉爱芬食品公司
金　额：	¥266 220.00
用　途：	支付工资
备　注：	

单位主管　　　　会计 吴江

4. 2/2

武汉爱芬食品公司工资结算汇总表

2008年5月

编号	部门	基本工资		津贴	奖金	缺勤应扣		应付工资	代扣款项（略）	实发工资
		计时工资	计件工资			事假	迟到早退			
1	生产车间工人	140 000	10 000	6 220	20 000			176 220		176 220
2	车间管理人员	20 000		1 000	9 000			30 000		30 000
3	行政管理人员	50 000		2 500	7 500			60 000		60 000
合计		210 000	10 000	9 720	36 500			266 220		266 220

审核：　　　　复核：肖成应　　　　制表：童小华

5. 1/2

中国工商银行

转账支票存根

支票号码 NO 4327851

科　　目

对方科目

签发日期　2008年 5 月9 日

收款人：	武汉广告公司
金　额：	￥20 000.00
用　途：	支付广告费
备　注：	

单位主管　　　　会计 吴江

5. 2/2

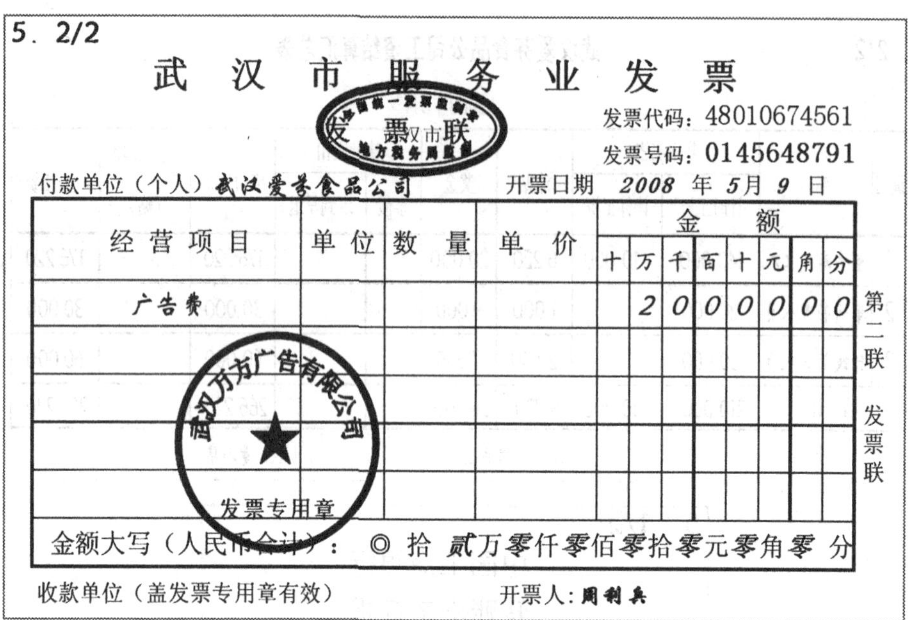

武汉市服务业发票

发票联

发票代码：48010674561

发票号码：0145648791

付款单位（个人）武汉爱芬食品公司　　开票日期 2008 年 5月 9 日

经营项目	单位	数量	单价	十	万	千	百	十	元	角	分
广告费					2	0	0	0	0	0	0
金额大写（人民币合计）：◎ 拾 贰万零仟零佰零拾零元零角零 分											

第二联 发票联

收款单位（盖发票专用章有效）　　开票人：周利兵

武汉万方广告有限公司 发票专用章

6. 1/1

中华人民共和国 税收通用缴款书

(20066)汉国/80180770号　地

隶属关系：区

注册类型：国营公司　　填发日期：2008年5月10日　　征收机关：江汉区征收局

缴款单位（个人）			预算科目		
	代码	05136465		编码	617854314
	全称	武汉爱芬食品公司		名称	城市维护建设税
	开户银行	工行江汉支行		级次	省30%　市35%　区35%
	账号	40586123768	收缴国库		市国库
税款所属时期	2008年4月1日至2008年4年30日		税款限缴日期	2008 年 5月 10日	

品目名称	课税数量	计税金额或销售收入	税率或单位税额	应缴税额	已缴或扣除额	千	百	十	万	千	百	十	元	角	分
城市维护建设税		200 000.00	7%	14,000.00					1	4	0	0	0	0	0
教育费附加		200 000.00	3%	6,000.00						6	0	0	0	0	0
税款小计															
滞纳金	逾期　天，每天按税款合计加收　‰														
金额合计（大写）	人民币贰万元整							¥	2	0	0	0	0	0	0
缴款单位（个人）（盖章）经办人（章）	征税专用章 填票人：刘海		上列款项已收妥并划转收款单位账户 国库（银行）盖章 2008 年 5月 10 日			备注									

银行收讫章无

第一联（收据）国库（经收处）收款盖章后退缴款单位（个人）作完税凭证

中国工商银行江汉支行 2008年5月10日 转讫

武汉市江汉区国家税务局 3号

逾期不缴按税法规定加收滞纳金　　中日合资浙江莱织华印刷有限公司印制

7. 1/1

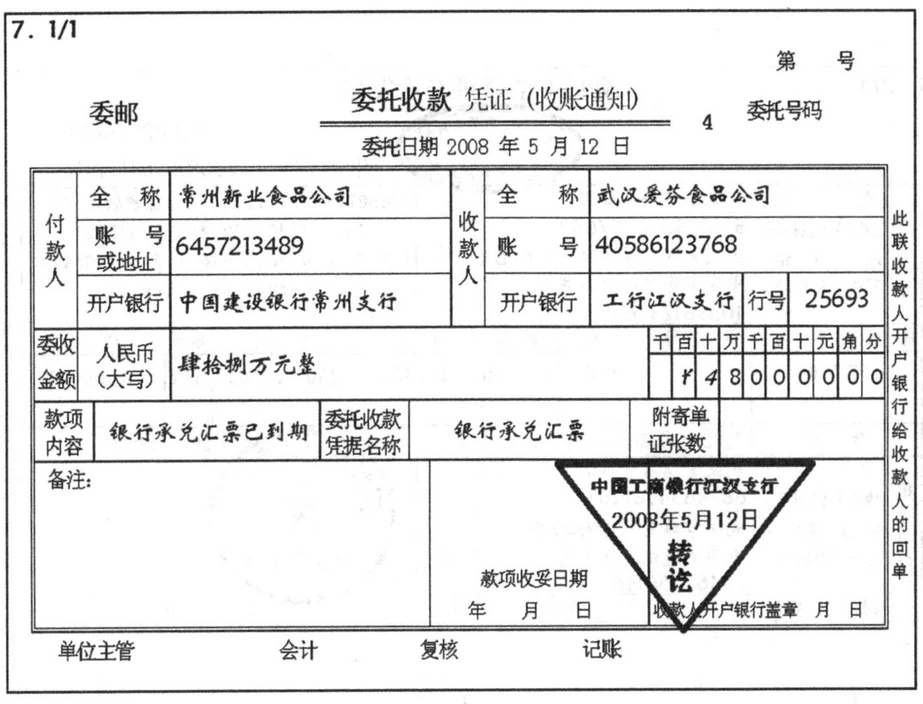

第　　号

委邮　　**委托收款** 凭证（收账通知）　　4　　委托号码

委托日期 2008 年 5 月 12 日

付款人	全　称	常州新业食品公司	收款人	全　称	武汉爱芬食品公司	
	账　号或地址	6457213489		账　号	40586123768	
	开户银行	中国建设银行常州支行		开户银行	工行江汉支行	行号 25693
委收金额	人民币（大写）	肆拾捌万元整				￥480000000
款项内容	银行承兑汇票已到期	委托收款凭据名称	银行承兑汇票	附寄单证张数		
备注：		款项收妥日期 年 月 日		中国工商银行江汉支行 2008年5月12日 转讫 收款人开户银行盖章 月 日		

单位主管　　会计　　复核　　记账

此联收款人开户银行给收款人的回单

8、1/4

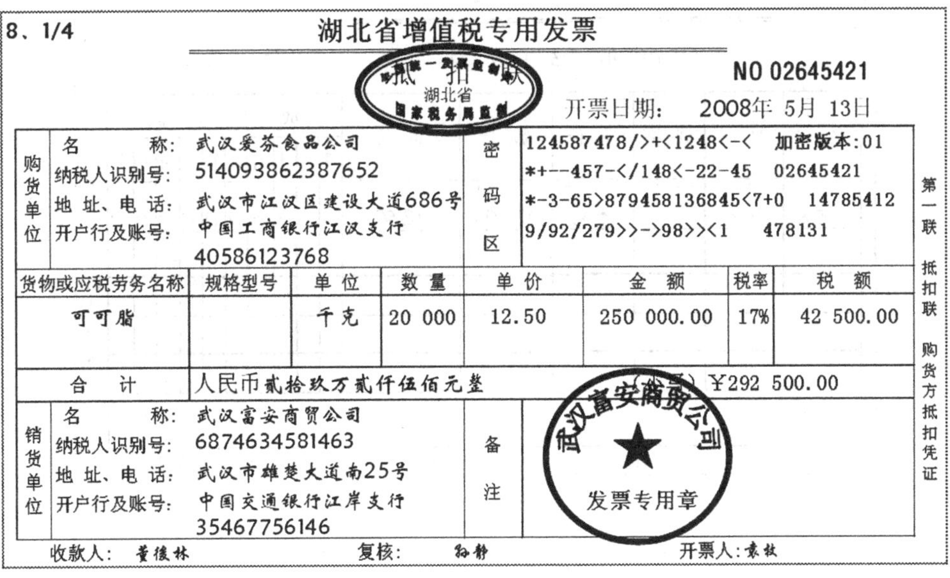

湖北省增值税专用发票

抵扣联　湖北省 国家税务局监制

NO 02645421

开票日期：　2008年 5月 13日

购货单位	名　　称：武汉爱芬食品公司 纳税人识别号：514093862387652 地 址、电 话：武汉市江汉区建设大道686号 开户行及账号：中国工商银行江汉支行 40586123768	密码区	124587478/>+<1248<-< 加密版本:01 *+--457-</148<-22-45 02645421 *-3-65>879458136845<7+0 14785412 9/92/279>>->98>><1 478131				
货物或应税劳务名称	规格型号	单位	数量	单价	金额	税率	税额
可可脂		千克	20 000	12.50	250 000.00	17%	42 500.00
合　计	人民币贰拾玖万贰仟伍佰元整				（小写）￥292 500.00		
销货单位	名　　称：武汉富安商贸公司 纳税人识别号：6874634581463 地 址、电 话：武汉市雄楚大道南25号 开户行及账号：中国交通银行江岸支行 35467756146	备注	武汉富安商贸公司 发票专用章				

收款人：黄俊林　　复核：孙静　　开票人：袁枚

第一联 抵扣联 购货方抵扣凭证

8．2/4

湖北省增值税专用发票

发 票 联

NO 02645421

开票日期： 2008年 5月 13日

购货单位	名称：武汉爱芬食品公司 纳税人识别号：51409386238765 地址、电话：武汉市江汉区建设大道686号 开户行及账号：中国工商银行江汉支行 40586123768	密码区	124587478/>+<1248<-< 加密版本：01 *+--457-</148<-22-45 02645421 *-3-65>879458136845<7+0 14785412 9/92/279>>->98>><1 478131

货物或应税劳务名称	规格型号	单位	数量	单价	金额	税率	税额
可可脂		千克	20 000	12.50	250 000.00	17%	42 500.00
合计	人民币贰拾玖万贰仟伍佰元整				(小写) ¥292 500.00		

销货单位	名称：武汉富安商贸公司 纳税人识别号：6874634581463 地址、电话：武汉市雄楚大道南25号 开户行及账号：中国交通银行江岸支行 35467756146	备注	武汉富安商贸公司 发票专用章

收款人：董俊林 复核：孙静 开票人：袁枚

第二联 发票联 购货方记账凭证

8．3/4

入 库 单

2008 年 5 月 13 日 专字 第 2 号

名称	编号	规格	单位	数量	单价	成本总额 千	百	十	万	千	百	十	元	角	分
可可脂	102		千克	20 000	12.50			2	5	0	0	0	0	0	0
备注：															

主管： 记账： 验收： 制单：张芳

第三联 财务记账

8．4/4

中国工商银行
转账支票存根

支票号码 NO 4327852
科 目
对方科目
签发日期 2008 年 5 月13 日

收款人：	武汉永安商贸公司
金 额：	¥292 500.00
用 途：	支付购货款.
备 注：	

单位主管 会计 吴江

9．1/1

领 料 单

领料车间：基本生产车间

用途：产品生产 2008年5月15日

编 号	名 称	计量单位	数量		实际成本
			请领	实发	
101	白砂糖	千克	12 000	12 000	41 500.00
102	可可脂	千克	12 100	12 100	149 000.00
备 注	采用先进先出法计算发出材料实际成本。				

第三联 财务记账

负责人： 经手： 保管：

10．1/1

第　号

委邮　**委托收款 凭证（收账通知）**　4　委托号码

委托日期 2008 年 5 月 18 日

付款人	全称	成都东兴贸易公司	收款人	全称	武汉爱芬食品公司		
	账号或地址	2879643521		账号	40586123768		
	开户银行	中国建设银行成都支行		开户银行	工行江汉支行	行号	25693

委收金额	人民币（大写）	伍拾贰万柒仟伍佰元整	千	百	十	万	千	百	十	元	角	分
				￥	5	2	7	5	0	0	0	0

款项内容	支付本月6日购货款	委托收款凭据名称		附寄单证张数	
备注：		款项收妥日期 年 月 日		收款人开户银行盖章 月 日	

（印章：中国工商银行江汉支行 2008年5月18日 转讫）

此联收款人开户银行给收款人的回单

单位主管　　会计　　复核　　记账

11．1/2

中国工商银行　利息传票

2008 年 5 月 19 日

付款人	户名	武汉爱芬食品公司	收款人	户名	中国工商银行江汉支行
	账号	40586123768		账号	542178931
	开户银行	中国工商银行江汉支行		开户银行	中国工商银行江汉支行
金额	(大写) 人民币叁佰壹拾伍元整			(小写) ￥315元	
____户第 季度利息 摘要：结算本月短期借款利息 利率 积数：				科目	
				对方科目	
				复核员：唐代明　记账员：李春	

（印章：中国工商银行 江汉 业务专用章）

第一联　作借方传票（或客户通知）

11. 2/2

中国工商银行贷款利息凭证

2008 年 5月 19日

收款单位	账号	542178931	付款单位	账号	40586123768
	户名	中国工商银行江汉支行		户名	武汉爱芬食品公司
	开户银行	工行江汉支行		开户银行	工行江汉支行
积数：		利率：		利息：315.00	
中国工商银行江汉支行 2008年5月19日 转讫 ______户第 季度利息			科目______ 对方科目______ 复核员：詹代明 记账员：李泰		

此联出票人开户银行交给出票人的回单

12. 1/3

湖北省增值税专用发票

此联不作报销、扣税凭证使用　　NO 06738816

开票日期：2008 年 5月 20日

购货单位	名称：武汉友谊食品公司 纳税人识别号：4789261345 地址、电话：龙旭大道63号84862578 开户行及账号：商行龙阳支行 2354761235			密码区	124587478/>+<1248<-< 加密01 *+--457-</148<-22-45 06738816 *-3-65>879458136845<7+0 785412 9/92/279>>->98>><1 478131		
货物或应税劳务名称	规格型号	单位	数量	单价	金额	税率	税额
可可脂		千克	5 000	14.00	70 000.00	17%	11 900.00
合计	人民币捌万壹仟玖佰元整				(小写) ¥81 900.00		
销货单位	名称：武汉爱芬食品公司 纳税人识别号：514293862387 地址、电话：武汉市江汉区建设大道686号 开户行及账号：工行江汉支行 40586123768			备注			

收款人：肖丽江　　复核：陈明　　开票人：王清

第三联 记账联 销货方记账凭证

12．2/3

出库单

发货仓库:　　　　　　　　　　　　　　　　　　　　　　　　　　　第 2 号

提货单位：武汉友谊食品公司　　　　2008 年 5 月 20 日

名称	编号	规格	单位	应发数量	实发数量	单位成本	金额
可可脂			千克	5 000	5 000	12.50	62 500.00
备注：因该材料过多，积压.（可同时结转材料的实际成本）							

主管：　　经手：　　保管：　　填单：张芳

第三联 财务记账

12．3/3

银行进账单（收账通知） 3

2008 年 5月 20 日

出票人	全　称	武汉友谊食品公司
	账　号	商行龙阳支行
	开户银行	2354761235
金额	人民币（小写）	￥81 900.00
收款人	全　称	武汉爱芬食品公司
	账　号	4058613?768
	开户银行	工行江汉支行
票据种类	转账支票	票据张数：1张
票据号码	VI I 4 1 5 1 3 9 0	
备注		

（印章：中国工商银行江汉支行 2008年5月20日 转讫）

复核　　记账

13．1/4

湖北省增值税专用发票

抵 扣 联　（武汉市 国家税务局监制）

NO 02645823

8

购货单位		密码区	
名　　称：	武汉爱芬食品公司		124587478/>+<1248<-<　加密版本:01
纳税人识别号：	514093862387652		*+--457-</148<-22-45　02645823
地 址、电 话：	武汉市建设大道686号		*-3-65>879458136845<7+0　14785412
开户行及账号：	中国工商银行江汉支行 40586123768		9/92/279>>->98>><1　478131

货物或应税劳务名称	规格型号	单 位	数 量	单 价	金 额	税率	税 额
自来水		立方	300	1.50	450.00	6%	27.00
合　计	人民币肆佰柒拾柒元整				（小写）￥477.00		

销货单位		备注
名　　称：	武汉市自来水公司	武汉市自来水公司 发票专用章
纳税人识别号：	487463458146	
地 址、电 话：	江汉区建设大道78号	
开户行及账号：	中国交通银行江汉支行 45647756725	

收款人：刘林　　复核：吴邦城　　开票人：王化生

第一联　抵扣联　购货方抵扣凭证

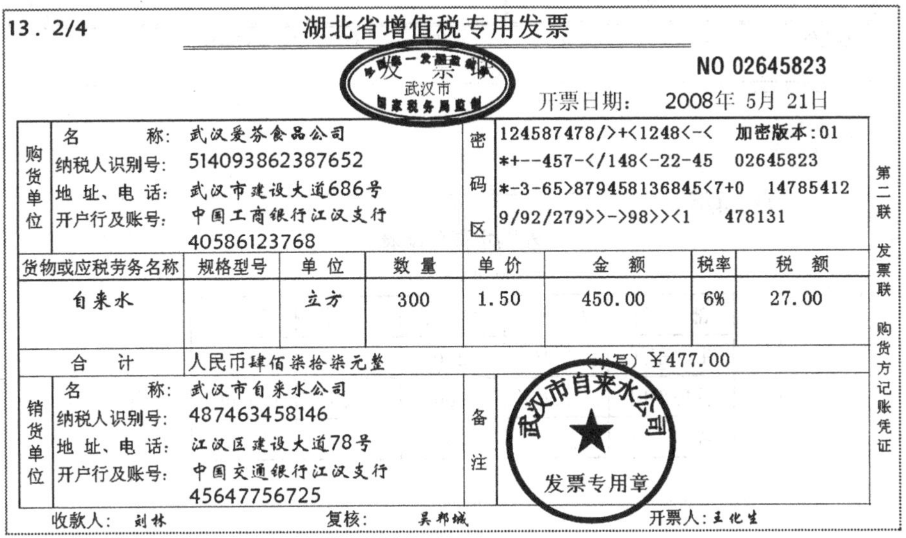

13．2/4

湖北省增值税专用发票

发 票 联　（武汉市 国家税务局监制）

NO 02645823

开票日期：　2008年 5月 21日

购货单位		密码区	
名　　称：	武汉爱芬食品公司		124587478/>+<1248<-<　加密版本:01
纳税人识别号：	514093862387652		*+--457-</148<-22-45　02645823
地 址、电 话：	武汉市建设大道686号		*-3-65>879458136845<7+0　14785412
开户行及账号：	中国工商银行江汉支行 40586123768		9/92/279>>->98>><1　478131

货物或应税劳务名称	规格型号	单 位	数 量	单 价	金 额	税率	税 额
自来水		立方	300	1.50	450.00	6%	27.00
合　计	人民币肆佰柒拾柒元整				（小写）￥477.00		

销货单位		备注
名　　称：	武汉市自来水公司	武汉市自来水公司 发票专用章
纳税人识别号：	487463458146	
地 址、电 话：	江汉区建设大道78号	
开户行及账号：	中国交通银行江汉支行 45647756725	

收款人：刘林　　复核：吴邦城　　开票人：王化生

第二联　发票联　购货方记账凭证

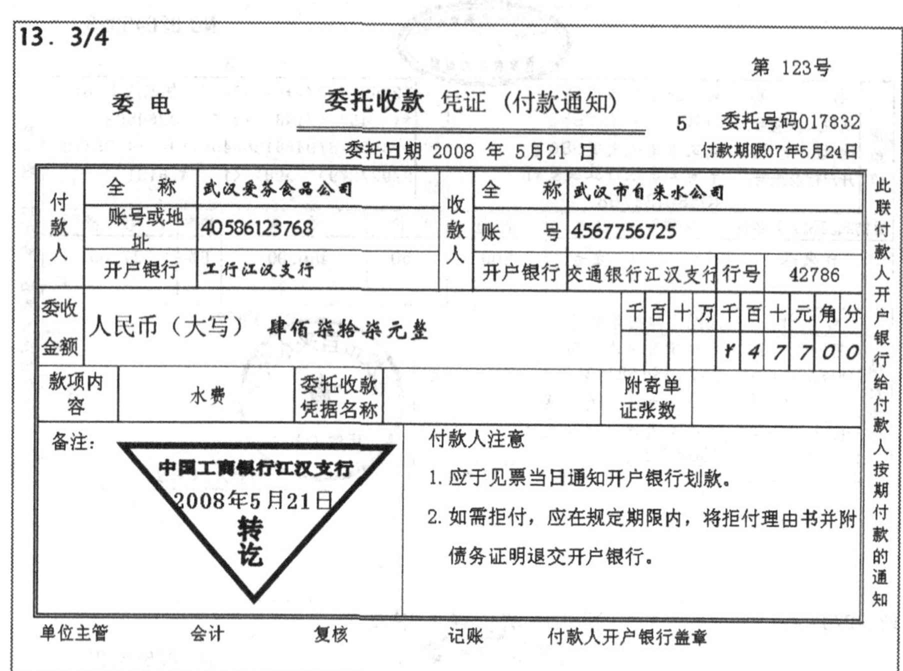

13．3/4

第 123号

委 电　　委托收款 凭证（付款通知）　　5　委托号码017832

委托日期 2008 年 5月21 日　　付款期限07年5月24日

付款人	全　称	武汉爱芬食品公司	收款人	全　称	武汉市自来水公司		
	账号或地址	40586123768		账　号	4567756725		
	开户银行	工行江汉支行		开户银行	交通银行江汉支行	行号	42786
委收金额	人民币（大写）肆佰柒拾柒元整						￥477.00
款项内容	水费	委托收款凭据名称		附寄单证张数			
备注：			付款人注意				

中国工商银行江汉支行 2008年5月21日 转讫

付款人注意

1. 应于见票当日通知开户银行划款。
2. 如需拒付，应在规定期限内，将拒付理由书并附债务证明退交开户银行。

单位主管　　会计　　复核　　记账　　付款人开户银行盖章

此联付款人开户银行给付款人按期付款的通知

13．4/4

外购水费分配表

2008年5月21日

部　门	单　位	数　量	单　价	金　额
生产车间	立方	200	1.50	300.00
管理部门	立方	100	1.50	150.00
合　计		300		450.00

14. 1/4

湖北省增值税专用发票

抵扣联

NO 02645896

开票日期：　2008年 5月 22日

购货单位	名　称：武汉爱芬食品公司 纳税人识别号：514093862387652 地址、电话：武汉市江汉区建设大道686号 开户行及账号：中国工商银行江汉支行 40586123768	密码区	124587478/>+<1248<-<　加密版本:01 *+--457-</148<-22-45　02645896 *-3-65>879458136845<7+0　14785412 9/92/279>>->98>><1　478131

货物或应税劳务名称	规格型号	单位	数量	单价	金额	税率	税额
电		度	1 000	0.6	600	17%	102
合计	人民币柒佰零贰元整				（小写）¥702.00		

销货单位	名　称：武汉市供电局 纳税人识别号：42646345814648 地址、电话：江汉区建设大道57号 开户行及账号：中国商业银行江汉支行 514093862387652	备注	武汉市供电局 发票专用章

收款人：董俊林　　复核：孙静　　开票人：袁枚

第一联 抵扣联 购货方抵扣凭证

14. 2/4

湖北省增值税专用发票

发票联

NO 02645896

开票日期：　2008年 5月 22日

购货单位	名　称：武汉爱芬食品公司 纳税人识别号：514093862387652 地址、电话：武汉市江汉区建设大道686号 开户行及账号：中国工商银行江汉支行 40586123768	密码区	124587478/>+<1248<-<　加密版本:01 *+--457-</148<-22-45　02645896 *-3-65>879458136845<7+0　14785412 9/92/279>>->98>><1　478131

货物或应税劳务名称	规格型号	单位	数量	单价	金额	税率	税额
电		度	1 000	0.6	600	17%	102
合计	人民币柒佰零贰元整				（小写）¥702.00		

销货单位	名　称：武汉市供电局 纳税人识别号：42646345814648 地址、电话：江汉区建设大道57号 开户行及账号：中国商业银行江汉支行 514093862387652	备注	武汉市供电局 发票专用章

收款人：董俊林　　复核：孙静　　开票人：袁枚

第二联 发票联 购货方记账凭证

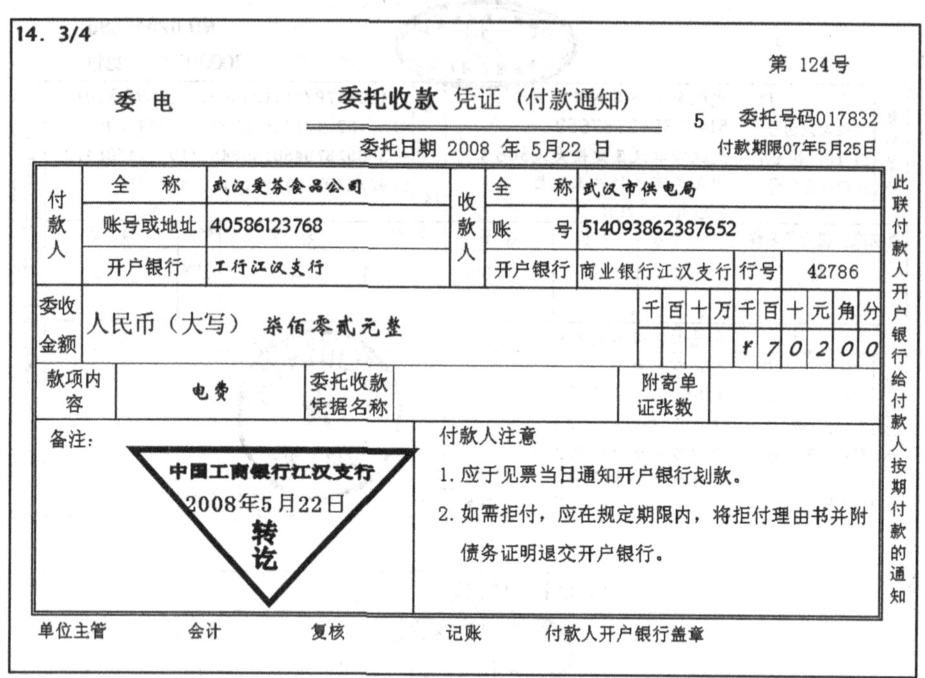

14．3/4

第 124号

委 电 **委托收款** 凭证（付款通知） 5 委托号码017832

委托日期 2008 年 5月22 日 付款期限07年5月25日

付款人	全　称	武汉爱芬食品公司	收款人	全　称	武汉市供电局		
	账号或地址	40586123768		账　号	514093862387652		
	开户银行	工行江汉支行		开户银行	商业银行江汉支行	行号	42786
委收金额	人民币（大写） 柒佰零贰元整				￥702.00		
款项内容	电费	委托收款凭据名称		附寄单证张数			
备注：	中国工商银行江汉支行 2008年5月22日 转讫		付款人注意 1. 应于见票当日通知开户银行划款。 2. 如需拒付，应在规定期限内，将拒付理由书并附债务证明退交开户银行。				

单位主管　　会计　　复核　　记账　　付款人开户银行盖章

此联付款人开户银行给付款人按期付款的通知

14．4/4

外购电费分配表

2008年5月22日

部　门	单　位	数　量	单　价	金　额
生产车间	度	650	0.60	390.00
管理部门	度	350	0.60	210.00
合　计		1 000		600.00

15. 1/3

湖北省增值税专用发票

此联不作报销、扣税凭证使用　　NO 06738817

开票日期：2008年5月27日

购货单位	名称：天津商场 纳税人识别号：4789261345 地址、电话：天津市淮海路63号88457936 开户行及账号：建设银行天津支行 2479483505	密码区	124587478/>+<1248<-< 加密01 *+--457-</148<-22-45 06738817 *-3-65>879458136845<7+0 785412 9/92/279>>->98>><1 478131

货物或应税劳务名称	规格型号	单位	数量	单价	金额	税率	税额
巧克力		箱	500	900.00	450 000.00	17%	76 500.00
合计	人民币伍拾贰万陆仟伍佰元整				（小写）¥526 500.00		

销货单位	名称：武汉爱芬食品公司 纳税人识别号：514293862387 地址、电话：武汉市江汉区建设大道686号 开户行及账号：工行江汉支行 40586123768	备注	

收款人：肖丽江　　复核：陈明　　开票人：王清

第三联 记账联 销货方记账凭证

15. 2/3

出 库 单

发货仓库：　　第 3号

提货单位：　　2008年5月27日

名称	编号	规格	单位	应发数量	实发数量	单位成本	金额
巧克力			箱	500	500		
备注：							

主管：　　经手：　　保管：　　填单：张芳

第三联 财务记账

15. 3/3

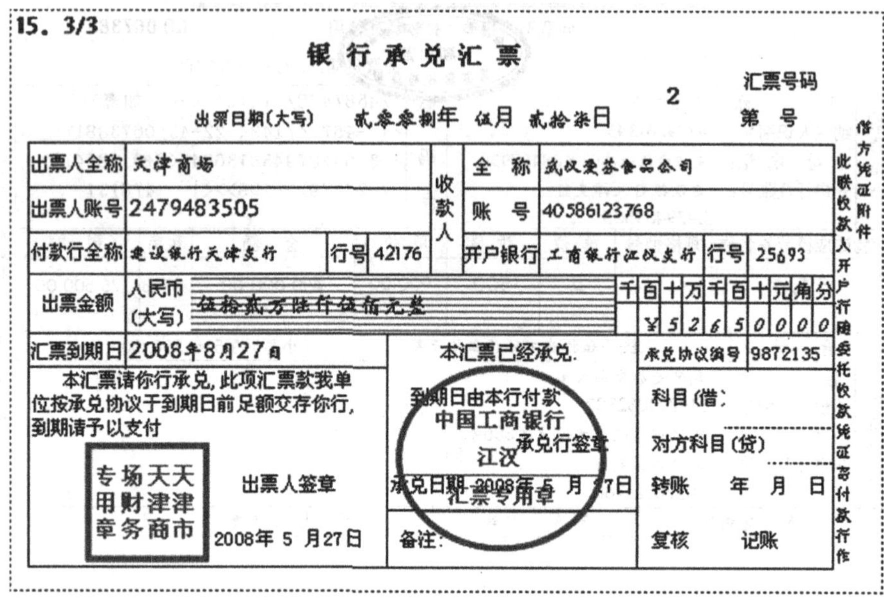

银行承兑汇票

汇票号码 2 第 号

出票日期（大写） 贰零零捌年 伍月 贰拾柒日

出票人全称	天津商场	收款人	全称	武汉爱芬食品公司
出票人账号	2479483505		账号	40586123768
付款行全称	建设银行天津支行 行号 42176		开户银行	工商银行江汉支行 行号 25693
出票金额	人民币（大写） 伍拾贰万陆仟伍佰元整		千百十万千百十元角分	¥52650000
汇票到期日	2008年8月27日	本汇票已经承兑，到期日由本行付款	承兑协议编号	9872135

本汇票请你行承兑，此项汇票款我单位按承兑协议于到期日前足额交存你行，到期请予以支付

天津商场财务专用章

出票人签章 2008年 5 月27日

中国工商银行江汉汇票专用章

承兑行签章

承兑日期 2008年 5 月 27日

备注：

科目（借）

对方科目（贷）

转账 年 月 日

复核 记账

此联收款人开户行随委托收款凭证寄付款行作借方凭证附件

16. 1/1

固定资产折旧计提表

2008 年 *5* 月

名　称	应计提折旧的固定资产原值	月折旧率（%）	月折旧额
营业用房（行政部门）	4 500 000.00	1‰	4 500.00
生产设备（生产车间）	2 990 000.00	2‰	5 980.00
合　计			10 480.00

审核：　　　　制表：

17．1/2

武汉爱芬食品公司工资结算汇总表

2008 年 5 月

编号	部门	基本工资		津贴	奖金	缺勤应扣		应付工资	代扣款项（略）	实发工资
		计时工资	计件工资			事假	迟到早退			
1	生产车间工人	140 000	10 000	6 220	20 000			176 220		176 220
2	车间管理人员	20 000		1 000	9 000			30 000		30 000
3	行政管理人员	50 000		2 500	7 500			60 000		60 000
合计		210 000	10 000	9 720	36 500			266 220		266 220

审核： 复核：肖成房 制表：董小华

17．2/2

工资费用分配表

2008 年 5月

应借科目 \ 项目	工资分配金额
生产成本	176 220.00
制造费用	30 000.00
管理费用	60 000.00
合 计	266 220.00

审核：肖诚房 制表：董小华

18．1/1

武汉爱芬食品公司基本保险及有关经费计提简表

2008年5月30日

部门 \ 内容	基本保险	工会经费	职工教育经费	合 计
生产工人	39 400.00	3 520.00	2 640.00	45 560.00
生产车间	12 000.00	600.00	450.00	13 050.00
行政部门	24 000.00	120.00	900.00	25 020.00
合 计	75 400.00	4 240.00	3 990.00	83 630.00

19、1/1

制造费用分配表

2008年 5月 30日

项目 分配对象	折旧费	工 资	基本保险	工会经费	职工教育经费	水 费	电 费	合 计
巧克力	5 980.00	30 000.00	12 000.00	600.00	450.00	300.00	390.00	49 720.00

20. 1/2

产成品入库单

交库部门：基本生产车间　　2008年 5 月 31 日　　专字第 1 号

编 号	名 称	规 格	计量单位	交库数量	千	百	十	万	千	百	十	元	角	分
10056	巧克力		箱	924			4	6	2	0	0	0	0	0
备 注：集中计算本月完工产品成本.														

第三联　财务记账

负责人：　　记账：　　验收：　　填单：

20. 2/2

完工产品成本计算单

2008 年 5月 31日

项目 名称	直接材料	直接工资及其他直接费用	制造费用	完工产品总成本	完工产品产量	单位成本
巧克力	190 500.00	221 780.00	49 720.00	462 000.00	924箱	500.00

审核　　记账　　制单

21. 1/1

商品销售成本计算表

2008年5月 31日

商品名称	销售数量	单位成本	金 额
巧克力	1000箱	500元	500 000.00
合 计			

审核: 制单:

22. 1/1

增值税计算表

2008 年 5月 31日

项 目	金 额	备 注
销项税额	164 900.00	
加：进项税额转出		
出口退税		
减：进项税额	52 149.00	
已交税金		
减免税款		
出口抵减内销产品应纳税额		
应交增值税额	112 751.00	

审核: 制表:

23. 1/1

营业税金及附加计算表

2008年5月31日

项 目	计提基数	比例 /%	计提金额
城市维护建设税	112 751.00		7 892.57
教育费附加	112 751.00		3 382.53
合 计			11 275.10

审核: 制表:

损益类账目结转计算表

账户名称	结转前余额	结转前余额	转入本年利润	
	借方	贷方	借方	贷方
主营业务收入		900 000		900 000
其他业务收入		70 000		70 000
主营业务成本	500 000		500 000	
其他业务成本	62 500		62 500	
营业税金及附加	11 275.10		11 274	
销售费用	20 000		20 000	
管理费用	89 880		89 880	
财务费用	315		315	

25. 1/1

所得税计算表

2008 年 *5* 月

项　目	金　额	备　注
应纳税所得额(无调整项目)	286 029.90	
适用税率	25%	
应交所得税	71 507.48	

审核：　　　　制表：

利润分配计算表

项　目	计提基数	比　例	计提额（元）
法定盈余公积	214 522.42	10%	21 422.24
投资者分配利润	214 522.42	20%	42 904.48
合　计	—	—	64 326.72

参考答案

【基础会计实训参考答案】

1. 编制会计分录。

(1)借:应付账款——佳美 424 000
　　贷:银行存款 424 000

(2)借:原材料——白砂糖 56 000
　　应交税费——应交增值税(进) 9 520
　　贷:银行存款 65 520

(3)借:应收账款——成都 526 500
　　贷:主营业务收入——巧克力 450 000
　　　应交税费——应交增值税(销) 76 500

(4)借:应付职工薪酬——工资 266 220
　　贷:银行存款 266 220

(5)借:销售费用——广告费 20 000
　　贷:银行存款 20 000

(6)借:应交税费——应交城建税 14 000
　　　　——应交教育费附加 6 000
　　贷:银行存款 20 000

(7)借:银行存款 480 000
　　贷:应收票据——常州 480 000

(8)借:原材料——可可脂 250 000
　　应交税费——应交增值税(进) 42 500
　　贷:银行存款 292 500

(9)借:生产成本——巧克力 190 500
　　贷:原材料——白砂糖 41 500
　　　　——可可脂 149 000

(10)借:银行存款 526 500
　　贷:应收账款——成都 526 500

(11)借:财务费用——利息 315
　　贷:银行存款 315

(12)借:银行存款　　81 900
　　贷:其他业务收入——可可脂　　70 000
　　　　应交税费——应交增值税(销)　　11 900
　借:其他业务成本　　62 500
　　贷:原材料——可可脂　　62 500
(13)借:制造费用——水费　　300
　　管理费用——水费　　150
　　应交税费——应交增值税(进)　　27
　　贷:银行存款　　477
(14)借:制造费用——电费　　390
　　管理费用——电费　　210
　　应交税费——应交增值税(进)　　102
　　贷:银行存款　　702
(15)借:应收票据——天津商场　　526 500
　　贷:主营业务收入——巧克力　　450 000
　　　　应交税费——应交增值税(销)　　76 500
(16)借:管理费用——折旧费　　4 500
　　制造费用——折旧费　　5 980
　　贷:累计折旧　　10 480
(17)借:生产成本——工资　　176 220
　　制造费用——工资　　30 000
　　管理费用——工资　　60 000
　　贷:应付职工薪酬——工资　　266 000
(18)借:生产成本——保险及工会、教育经费　　45 560
　　制造费用——保险及工会、教育经费　　13 050
　　管理费用——保险及工会、教育经费　　25 020
　　贷:应付职工薪酬——保险　　75 400
　　　　　　　　　——工会经费　　4 240
　　　　　　　　　——职工教育经费　　3 990
(19)借:生产成本——巧克力　　49 720
　　贷:制造费用　　49 720

(20)借:库存商品　　462 000
　　贷:生产成本　　462 000
(21)借:主营业务成本　　500 000
　　贷:库存商品　　500 000
(22)借:应交税费——应交增值税(转出未交增值税)　　112 751
　　贷:应交税费——未交增值税　　112 751
(23)借:营业税金及附加——城建税　　7 892.57
　　　　　　　　　——教育费附加　　3 382.53
　　贷:应交税费——应交城建税　　7 892.57
　　　　　　　——应交教育费附加　　3 382.53
(24)①借:主营业务收入　　900 000
　　其他业务收入　　70 000
　　贷:本年利润　　970 000
②借:本年利润　　683 970.10
　　贷:主营业务成本　　500 000
　　　其他业务成本　　62 500
　　　营业税金及附加　　11 275.10
　　　销售费用　　20 000
　　　管理费用　　89 880
　　　财务费用　　315
利润总额 =286 029.90 元
(25)借:所得税费用　　71 507.48
　　贷:应交税费——应交所得税　　71 507.48
借:本年利润　　71 507.48
　　贷:所得税费用　　71 507.48
净利润 =214 522.42 元
(26)借:利润分配——提取法定盈余公积　　21 422.24
　　　　　　——向投资者分利　　42 904.48
　　贷:盈余公积　　21 422.24
　　　应付股利　　42 904.48

2. 完成相关账簿的建账、登记和期末结账。

会 计 科 目 汇 总 表

2008 年 5月 1日至 5月31日　　汇字第 1 号

科目名称	借方发生额	贷方发生额
银行存款	1 088 400.00	1 089 734.00
应收票据	526 500.00	480 000.00
应收账款	526 500.00	526 500.00
原材料	306 000.00	253 000.00
库存商品	462 000.00	500 000.00
累计折旧		10 480.00
应付账款	424 000.00	
应付职工薪酬	266 220.00	349 850.00
应交税费	184 900.00	360 433.58
应付股利		42 904.48
本年利润	755 477.58	970 000.00
利润分配	64 326.72	
盈余公积		21 422.24
生产成本	462 000.00	462 000.00
制造费用	49 720.00	49 720.00
主营业务收入	900 000.00	900 000.00
其他业务收入	70 000.00	70 000.00
主营业务成本	500 000.00	500 000.00
其他业务成本	62 500.00	62 500.00
营业税金及附加	11 275.10	11 275.10
销售费用	20 000.00	20 000.00
管理费用	89 880.00	89 880.00
财务费用	315.00	315.00
所得税费用	71 507.48	71 507.48
合　计	6 841 521.88	6 841 521.88

审核：　　　　编制：

试 算 平 衡 表

2008年5月31日

总账科目	期初余额		本期发生额		期末余额	
	借方余额	贷方余额	借方发生额	贷方发生额	借方余额	贷方余额
库存现金	10 000.00				10 000.00	
银行存款	2 600 000.00		1 088 400.00	1 089 734.00	2 598 666.00	
其他货币资金	342 100.00				342 100.00	
应收票据	480 000.00		526 500.00	480 000.00	526 500.00	
应收账款	286 000.00		526 500.00	526 500.00	286 000.00	
原材料	27 000.00		306 000.00	253 000.00	80 000.00	
库存商品	300 000.00		462 000.00	500 000.00	262 000.00	
固定资产	7 490 000.00				7 490 000.00	
累计折旧		1 490 000.00		10 480.00		1 500 480.00
短期借款		630 000.00				630 000.00
应付账款		424 000.00	424 000.00			0.00
应付职工薪酬		85 000.00	266 220.00	349 850.00		168 630.00
应交税费		20 000.00	184 900.00	360 433.58		195 533.58
应付股利				42 904.48		42 904.48
实收资本		6 040 000.00				6 040 000.00
资本公积		214 000.00				214 000.00
盈余公积		640 000.00		21 422.24		661 422.24
本年利润		1 430 000.00	755 477.58	970 000.00		1 644 522.42
利润分配		562 100.00	64 326.72			497 773.28
合　计	11 535 100.00	11 535 100.00	4 604 324.30	4 604 324.30	11 595 266.00	11 595 266.00

3. 编制公司2008年5月31日资产负债表,2008年5月利润表。

资产负债表

会企01表

编制单位:武汉爱芬食品公司　　　2008　年5月31　日　　　单位:元

资　产	期末余额	年初余额	负债和所有者权益	期末余额	年初余额
流动资产:		(略)	流动负债:		(略)
货币资金	2 950 766		短期借款	630 000	
交易性金融资产			交易性金融负债		
应收票据	526 500		应付票据		
应收账款	286 000		应付账款		
预付账款			预收账款		

续表

资　产	期末余额	年初余额	负债和所有者权益	期末余额	年初余额
应收股息			应付职工薪酬	168 630	
其他应收款			应交税费	195 533.58	
存货	342 000		应付利息		
一年内到期的非流动资产			应付股利	42 904.48	
其他流动资产			其他应付款		
流动资产合计	4 105 266		一年内到期的非流动负债		
非流动资产：			其他流动负债		
可供出售金融资产			流动负债合计	1 037 068.06	
持有至到期投资			非流动负债：		
投资性房地产			长期借款		
长期股权投资			应付债券		
长期应收款			长期应付款		
固定资产	5 989 520		专项应付款		
在建工程			预计负债		
工程物资			递延所得税负债		
固定资产清理			其他非流动负债		
生产性生物资产			非流动负债合计		
无形资产			负债合计	1 037 068.06	
开发支出			所有者权益：		
商誉			实收资本	6 040 000	
长期待摊费用			资本公积	214 000	
其他非流动资产			盈余公积	661 422.24	
递延所得税资产			未分配利润	2 142 295.70	
非流动资产合计	5 989 520		所有者权益合计	9 057 717.94	
资产总计	10 094 786		负债和所有者权总计	10 094 786	

利润表

会企02表

编制单位:武汉爱芬食品公司 2008 年5月 单位:元

项 目	行次	本月数	本年累计数	上年同期累计数
一、营业收入	1	970 000	(略)	(略)
减:营业成本	2	562 500		
营业税费	3	11 275.10		
销售费用	4	20 000		
管理费用	5	89 880		
财务费用(收益以“—”号填列)	6	315		
资产减值损失	7			
加:公允价值变动净损益(净损失以“—”号填列)	8			
投资净收益(净损失以“—”号填列)	9			
二、营业利润(亏损以“—”号填列)	10	286 029.90		
加:营业外收入	11			
减:营业外支出	12			
其中:非流动资产处置净损失(净收益以“—”号填列)	13			
三、利润总额(亏损以“—”号填列)	14	286 029.90		
减:所得税费用	15	71 507.48		
四、净利润(净亏损以“—”号填列)	16	214 522.42		
五、每股收益:	17			
(一)基本每股收益	18			
(二)稀释每股收益	19			

参考文献

[1] 财政部会计司. 会计基础工作规范[M]. 北京:经济科学出版社,1998.

[2] 中华人民共和国财政部. 企业会计准则[M]. 北京:经济科学出版社,2006.

[3] 中华人民共和国财政部. 企业会计准则应用指南[M]. 北京:经济科学出版社,2006.

[4] 赵筠. 基础会计. 大连[M]:东北财经大学出版社,2008.

[5] 赵秀云. 基础会计[M]. 北京:中国劳动和社会保障出版社,2008.

[6] 王俊生. 基础会计学[M]. 北京:中国财政经济出版社,2004.

[7] 张玉森,陈伟清. 基础会计[M]. 北京:高等教育出版社,2005.